T0243391

La terapia familiar

Carles Pérez Testor
Anna Vilaregut Puigdesens
(editores)

La terapia familiar

Una mirada psicoanalítica y sistémica

herder

Diseño de la cubierta: Toni Cabré

© 2023, *Carles Pérez Testor, Anna Vilaregut Puigdesens*
© 2023, *Herder Editorial, S. L., Barcelona*

ISBN: 978-84-254-5088-4

Imprenta: QPPrint
Depósito legal: B-17.398-2023
Printed in Spain - Impreso en España

herder

Índice

Agradecimientos

Los editores de este libro queremos expresar nuestro agradecimiento a los autores que han participado en él. Gracias por su trabajo y compromiso.

A Herder Editorial, por confiar en nuestro proyecto y su disposición a que el libro forme parte de su prestigioso catálogo.

A Victor Cabré, por el prefacio y la revisión de todos los capítulos. Su experiencia en el ámbito de la edición ha sido de gran ayuda.

A Juan Luis Linares, maestro y amigo, por aceptar escribir el prólogo que también la integra.

A la Facultat de Psicologia, Ciències de l'Educació i l'Esport Blanquerna, institución fundadora de la Universitat Ramon Llull de Barcelona, por haber estimulado la publicación de este libro, dirigido a estudiantes de grado, máster y doctorado interesados en el ámbito de la familia, y a los profesionales que busquen una visión de conjunto respecto a los avances de los paradigmas psicoanalítico y sistémico en el abordaje de la familia.

De forma destacada, queremos agradecer la labor de nuestros maestros. Su trabajo y supervisión nos han permitido aprender y trabajar en este ámbito apasionante.

Un recuerdo muy especial a todos aquellos que nos han dejado, y que siguen muy presentes en nuestra memoria: Rodolfo de Bernart, Vittorio Cigoli (profesor invitado de la Universitat Ramon Llull), Mony Elkaïm, Eduardo Grinspon, Sonia Kleiman, Jean G. Lemaire, Salvador Minuchin (Doctor Honoris Causa por la Universitat Ramon Llull), Luigi Onnis, Janine Puget, Guillermo Salvador, Roberto Losso y Susana Vega.

Por último, a las parejas y familias que hemos atendido en nuestras consultas. Gracias a ellas este libro ha sido posible.

Autores

Editores

CARLES PÉREZ TESTOR

Doctor en Medicina y Cirugía por la Universitat Autònoma de Barcelona. Especialista en Psiquiatría, psicoterapeuta de pareja y familia de la Fundació Vidal i Barraquer (FVB) y supervisor docente (FEAP y FEATF). Catedrático emérito de la Universitat Ramon Llull (URL) en la Facultad de Psicología, Ciencias de la Educación y del Deporte (FPCEE) Blanquerna-URL. Investigador del Grup de Recerca de Parella i Família (URL).

ANNA VILAREGUT PUIGDESENS

Doctora en Psicología por la Universitat Ramon Llull. Profesora Titular de la FPCEE Blanquerna-URL. Coordinadora de los estudios de máster Universitarios de la FPCEE Blanquerna-URL. Miembro del equipo de coordinación y docente del Máster en Terapia Familiar de la URL. Psicoterapeuta familiar y de pareja, y supervisora docente (FEATF y FEAP). Vicepresidenta de la Sociedad Catalana de Terapia Familiar. Vocal de la Junta General de la FEAP. Investigadora Principal del Grup de Recerca de Parella i Família (URL).

Autores

EULÀLIA ARIAS-PUJOL

Doctora en Psicología por la Universitat de Barcelona. Psicóloga especialista en psicología clínica. Profesora de la FPCEE Blanquerna-URL. Coordinadora del título de Experto Universitario en Psicología Perinatal y Salud Materno-Infantil de la FPCEE Blanquerna-URL. Investigadora del Grup de Recerca de Parella i Família (URL).

LOURDES ARTIGAS MIRALLES
Doctora en Psicología por la Universitat Ramon Llull. Psicóloga General Sanitaria (URL). Psicoterapeuta familiar y de pareja (FEATF). Profesora Asociada de la FPCEE Blanquerna-URL. Miembro del equipo de coordinación y docente del Máster en Terapia Familiar de la URL. Miembro del equipo de coordinación del Máster en Terapia Familiar (URL). Investigadora del Grup de Recerca de Parella i Família (URL).

BERTA AZNAR-MARTÍNEZ
Doctora en Psicología por la Universitat Ramon Llull. Graduada en Educación Primaria y Psicología (URL). Coordinadora del doble grado en Educación y Psicología y profesora en los grados de Educación y el Máster en Psicología General Sanitaria y el Máster de Terapia Familiar de la FPCEE Blanquerna-URL. Investigadora del Grup de Recerca de Parella i Família (URL) y del PSITIC.

IGNACIO BOLAÑOS
Doctor en Psicología por la Universitat Autònoma de Barcelona. Profesor del Departamento de Personalidad, Evaluación y Psicología Clínica (UCM).

MERITXELL CAMPRECIÓS ORRIOLS
Doctora en Psicología por la Universitat Ramon Llull. Psicóloga General Sanitaria (URL). Terapeuta familiar (FEATF). Profesora Asociada de la FPCEE Blanquerna-URL y docente del Máster en Terapia Familiar (URL). Miembro del equipo de coordinación del Máster Universitario en Psicología General Sanitaria (URL). Investigadora del Grup de Recerca de Parella i Família (URL).

JOSEP A. CASTILLO-GARAYOA
Doctor en Psicología por la Universitat Ramon Llull. Psicólogo especialista en Psicología Clínica. Profesor Titular de la FPCEE

Blanquerna-URL. Psicólogo clínico de l'Associació in via. Investigador del Grup de Recerca de Parella i Família (URL).

MARIA ROSA COCA
Licenciada en Psicología por la Universitat de Barcelona. Psicóloga especialista en Psicología Clínica (MEC). Psicóloga especialista en Psicoterapia (EFPA). Profesora del Máster de Terapia Familiar (URL). Psicoterapeuta de la Unitat de Psicoteràpia d'Adults de Sant Pere Claver, Fundació Sanitaria.

ANA MARÍA GIL IBÁÑEZ
Licenciada en Psicología. Psicóloga Clínica. Máster en Terapia Familiar. Psicoterapeuta familiar y de pareja (FEATF y FEAP). Profesora Asociada de la FPCEE Blanquerna-URL. Supervisora docente del Máster de Terapia Familiar de la URL. Tesorera de la Sociedad Catalana de Terapia Familiar. Vocal de la Junta General de la FEAP.

MARTA GOMÀ
Doctora en Psicología por la Universitat Ramon Llull. Psicoterapeuta EuroPsy y psicoanalista en formación IPB. Coordinadora del título de Experto Universitario de Psicología Perinatal y Salud Materno-Infantil de la FPCEE Blanquerna-URL. Responsable de investigación y docencia de Bruc Salut. Investigadora del Grup de Recerca de Parella i Família (URL).

JAUME GRANÉ MORCILLO
Doctorando FI en Psicología en la Universitat Ramon Llull. Premio extraordinario del grado en Psicología 2019 (URL). Psicólogo General Sanitario (URL). Ayudante de investigación (GRPF y WWP-EN). Cursa el Máster en Terapia Relacional Sistémica.

CRISTINA GÜNTHER-BEL
Doctora en Psicología por la Universitat Ramon Llull. Psicoterapeuta familiar y de pareja acreditada por la FEATF. Profesora Asociada en la FPCEE-Blanquerna (URL). Investigadora del Grup de Recerca de Parella i Família (URL).

JUDITH LORENTE-DE-SANZ
Doctoranda en Psicología en la Universitat Ramon Llull. Máster en Psicología General Sanitaria (URL). Máster en Psicoterapia Psicoanalítica (URL). Psicoterapeuta en el Centre Mèdic Psicològic (FVB). Investigadora del Grup de Recerca de Parella i Família (URL).

ANTÒNIA LLAIRÓ
Psicóloga Clínica. Psicoterapeuta (FEAP) y psicoanalista SEP-IPA. Investigadora del GRPF. Docente del Título de Experto Universitario de Psicología Perinatal y Salud Materno-Infantil FPCEE Blanquerna-URL. Directora clínica de Bruc Salut.

ELENA LLOBERAS LÓPEZ
Doctoranda en Psicología en la Universitat Ramon Llull y gestora de proyectos en el Grup de Recerca de Parella i Família (URL). Posgraduada en Psicopatología Clínica por la Universitat de Barcelona. Máster en Psicopatología Clínica (FVB-URL). Máster en Psicoterapia Psicoanalítica (FVB-URL). Psicóloga psicoterapeuta en la Unitat de Psicoterapia Psicoanalítica d'Adults (UPPA) de la Fundació Sanitària Sant Pere Claver y en el Centre Emili Mira.

CLARA MATEU MARTÍNEZ
Doctora en Psicología por la Universitat Ramon Llull. Psicóloga General Sanitaria (URL). Psicoterapeuta familiar y de pareja (FEATF). Profesora Asociada de la FPCEE Blanquerna-URL. Profesora del Máster de Terapia Familiar (URL). Miembro del equipo de coordinación del Máster Universitario en Psicología General Sanitaria (URL). Investigadora del Grup de Recerca de Parella i Família (URL).

CRISTINA NOFUENTES
Licenciada en Medicina por la Universitat de Barcelona. Trabaja en la Fundació Vidal i Barraquer como psiquiatra y psicoterapeuta individual y de pareja y familia, tanto en la asistencia pública como privada. Es profesora del Máster en Terapia Fa-

miliar (URL). Investigadora del Grup de Recerca de Parella i
Família (URL).

ANNA PAGÉS SANTACANA
Doctora en Educación. Profesora Titular de la FPCEE-Blanquer-
na-URL. Miembro del Grup de Recerca en Pedagogia, Societat i
Innovació amb el Suport de les Tecnologies de la Informació i la
Comunicació (PSITIC).

JULIETA PIASTRO BEHAR
Historiadora por la Universidad Nacional Autónoma de Mé-
xico y doctora por la Universidad Autónoma de Barcelona.
Profesora Titular de Pensamiento Contemporáneo en la FPCEE
Blanquerna-URL. Investigadora del Grup de Recerca de Parella
i Família (URL).

TERESA PRETEL
Doctora en Psicología. Profesora de la FPCEE Blanquerna-URL.
Miembro del grupo de investigación COMSAL (URL).

EVA DE QUADRAS AYUSO
Licenciada en Psicología por la Universitat de Barcelona. Máster
en Psicodiagnóstico por la Universitat Pompeu Fabra y Máster en
Psicoterapia Psicoanalítica por la FVB (URL). Posgrado en Grupos.
Escenoterapeuta. Terapeuta de pareja y familia. Docente en el
Máster de Terapia Familiar (URL). Terapeuta psicoanalítica indivi-
dual, de parejas, familias y UNADOM en la FVB.

MARIONA ROCA SANTOS
Doctora en Psicología por la Universitat Ramon Llull. Psicóloga
General Sanitaria (URL). Psicoterapeuta individual, familiar y de
pareja. Investigadora del Grup de Recerca de Parella i Família (URL).

SONIA TORRAS
Licenciada en Psicología por la Universitat Ramon Llull. Psicóloga General Sanitaria (URL). Psicoterapeuta individual, familiar y de
pareja. Investigadora del Grup de Recerca de Parella i Família (URL).

Berta Vall Castelló
Doctora en Psicología. Profesora de la FPCEE-Blanquerna. Coordinadora de la Cátedra de Violencia de Género de la Universitat Ramon Llull. Coordinadora de investigación y desarrollo en la Red Europea del Trabajo con Agresores de Violencia de Género (WWP-EN). Investigadora del Grup de Recerca de Parella i Família (URL).

Prefacio

Víctor Cabré
Doctor en Psicología
Especialista en Psicología Clínica y en Psicoterapia

Para los profesionales que trabajan en el campo de la salud mental, este era un libro necesario. Hacía falta reunir en un mismo texto las principales aportaciones sistémicas y psicoanalíticas en el trabajo con las familias, y la publicación de este trabajo, a cargo de Carles Pérez Testor y Anna Vilaregut Puigdesens, lo ha hecho posible.

Ellos mismos impulsaron, en el año 2016, el Máster de Terapia Familiar impartido por la Universitat Ramon Llull en Barcelona, coorganizado por la FPCEE Blanquerna, el IUSM Vidal i Barraquer y la Escuela de Terapia Familiar de Sant Pau, combinando de forma rigurosa ambas orientaciones teóricas en el proyecto de formación de nuevos terapeutas.

En este libro, además, han sabido reunir a diversos autores con unas condiciones óptimas de desempeño para exponer sus experiencias de forma clara, directa y honesta: son clínicos experimentados, docentes universitarios e investigadores con una notable producción científica. Así, en cada uno de los capítulos de teoría, técnica o investigación, los editores han sabido articular con coherencia un libro que actualiza la terapia familiar, ampliando sus límites con una propuesta valiente y novedosa. *La terapia familiar. Una mirada psicoanalítica y sistémica* nos propone un verdadero diálogo que suma esfuerzos por comprender y tratar el sufrimiento familiar, incorporando las aportaciones de la investigación desde ambas perspectivas y la experiencia clínica acumulada hasta nuestros días. En palabras de Anna Maria Nicolò, «un diálogo entre lo intrapsíquico y lo interpersonal» (Nicolò, 2019).

Es en el seno de la familia donde tienen lugar los primeros aprendizajes del individuo y donde se forjan los primeros modos predominantes de aprendizaje del niño. El modelo que Meltzer y Harris (1989) desarrollaron durante la década de 1960 vincula la dinámica del desarrollo mental del sujeto a la comunidad de la que forma parte: a sus escuelas, lugares de trabajo, entorno cultural, económico y social. A partir de un modelo multidimensional de la vida mental, estos autores se proponían explorar hasta qué punto el comportamiento y las relaciones entre los miembros de la familia —que surgen de la cultura familiar— proporcionan las formas específicas de soporte emocional que necesitan los niños y los jóvenes para llegar a ser «personas educables» a lo largo de su trayectoria vital. De esta forma, el individuo adquiere del sistema familiar las sucesivas maneras de experimentar y aprender la realidad. También Jorge Thomas (1989) propone una idea de familia como «marco de crecimiento emocional» en el que su función básica es proveer de «las necesidades físicas, emocionales y sociales que comportan el crecimiento». Su incidencia, por tanto, tendrá enorme repercusión ya no solo a nivel educativo o sanitario, sino en todos los ámbitos que prefiguran el desarrollo humano. Otro reconocido terapeuta familiar, Guillermo Salvador, lo expresa con estas bellas palabras: «La familia, con su funcionamiento, configura una experiencia grupal básica con la que el ser humano encuentra una opción para afrontar los dos grandes retos de la existencia: sobrevivir y crecer» (Salvador, 2009).

Considero que trabajar terapéuticamente con familias es una de las tareas más difíciles que existen.

La psicoterapia individual encierra una gran complejidad: a la comprensión de los síntomas o de las conductas que configuran una demanda debemos añadir la dificultad de intentar comprender qué motivaciones, conscientes o inconscientes, son resultado o en qué medida responden a particulares estrategias defensivas.

En el caso de una familia, este entramado individual se ve multiplicado por el número de individuos que la integran. Como ocurre en los tratamientos grupales, cada uno de los miembros encierra, dentro de sí mismo, una particular idiosincrasia que combina ansiedades, defensas y conductas que responden a distintos niveles de constructos tanto cognitivos como emocionales, tanto conscientes como inconscientes. Al igual que ocurre en los grupos, este entramado individual interactúa con el de los otros componentes, incorporando el vector relacional como una variable que modifica estructuralmente las estrictamente individuales. De esta forma, tanto las ansiedades como las defensas y, por supuesto, las conductas de cada individuo se verán profundamente transformadas al entrar en relación con los otros miembros del grupo, ya sean otros pacientes o los mismos terapeutas. Los fenómenos transferenciales, tanto horizontales como verticales, añadirán elementos de comprensión respecto de los estilos de relación de cada uno de los participantes y, al mismo tiempo, una trama relacional más amplia y compleja.

En el grupo familiar, además, estas relaciones entre los miembros están teñidas de afectos particulares que a menudo tienen ya un largo recorrido temporal. Entre los miembros que constituyen una pareja hay afectos de gran intensidad que pueden dar lugar a vinculaciones extremadamente establecidas e incluso a diferentes tipos de colusión. En las relaciones paternofiliales, las expectativas, temores y fantasías condicionan determinadas actitudes hacia el otro miembro de la familia que con frecuencia permanecen alejadas de la conciencia. En las relaciones fraternales puede estar presente la presión intergeneracional, al mismo tiempo que puede constituir el escenario idóneo para la representación de rivalidades y «cuentas pendientes». Así pues, a la dificultad de los tratamientos individuales y a la complejidad de los tratamientos grupales se suman aquí especificidades familiares que a menudo tienen que ver con contenidos implícitos e incluso «secretos de familia».

Por todo ello, cuando el terapeuta reúne en un mismo espacio y en un mismo tiempo a diversos miembros de un mismo grupo familiar, no asiste solamente a la exposición poliédrica de diferentes versiones de un mismo hecho o acontecimiento, sino a una verdadera representación *in vivo* de la trama familiar. Ante sus ojos la familia «vive» una porción de su tiempo, de su historia, de su intimidad y de sus interacciones, ofrecida generosamente para ser comprendida. De forma análoga se expresa Vittorio Cigoli:

Lo familiar necesita de una puesta en escena teatral, en la cual, más que la narración, cuenta el intercambio, el diálogo y la acción cumplida u omitida por los personajes. [...] De hecho, frecuentemente somos nosotros los que necesitamos a los familiares; de este modo, conquistarlos y traerlos a escena forma parte del trabajo clínico. (Cigoli, 2012)

Guillermo Salvador también desarrolla esta idea de escenario, papel y representación que tiene lugar en el grupo familiar:

Frente a las adversidades, una de las formas que tiene el ser humano para poder sobrellevar y superar la dureza de los conflictos vitales es poder acceder a la capacidad simbólica. Entonces, el símbolo abre las puertas al pensamiento como función primigenia de la vida mental. (Salvador, 2009)

Una de las grandes virtudes de este libro es que amplía la mirada hacia la familia sin restarle ni un ápice de profundidad. Las orientaciones teóricas dialogan de forma creativa enriqueciéndose mutuamente, las modalidades técnicas se articulan alrededor de objetivos comunes y la experiencia clínica contribuye a armonizar el resultado. Además, se enfrenta al reto de actualizar un ámbito del conocimiento que está en permanente evolución.

Las nuevas realidades sociales suponen un gran número de nuevas configuraciones familiares: configuraciones más complejas que dan lugar a «nuevos» problemas, pero que también conllevan grandes beneficios y ofrecen «nuevas» soluciones. Junto con la pretendida estabilidad de modelos clásicos de familia, aparecen modelos en los que predomina la espontaneidad relacional; junto con el predominio de los vínculos de sangre, aparecen los vínculos promovidos por las más variadas elecciones afectivas; junto con la fragmentación producida por las rupturas, aparecen las reconstrucciones (familias reconstituidas); junto con las carencias de algunas figuras parentales esenciales, pueden aparecer figuras «alternativas» que pueden disponer de nuevos recursos, etcétera. Precisamente todo ello hace muy necesario el desarrollo de nuevos instrumentos y de nuevos objetivos de investigación que nos permitan comprender mejor y, si fuera necesario, intervenir.

La familia, en cuanto ente dinámico y cambiante, no puede ser observada desde la objetividad. No podemos acceder a la comprensión del grupo familiar desde las opiniones que nos merecen sus conductas, sino más bien a partir de la relación que establecen con nosotros y desde las emociones que nos transmiten. Lo más difícil para el profesional es encontrar desde dónde mira y cómo mira, y para ello necesita emplear un modelo. Un modelo como el que, generosamente, nos ofrecen los editores y los autores de este libro.

Referencias

CIGOLI, V. (2012). *El árbol de la descendencia. Clínica de los cuerpos familiares*. Barcelona: Herder.

MELTZER, D. y HARRIS, M. (1989). *El paper educatiu de la família. Un model psicoanalític del procés d'aprenentatge*. Barcelona: Espaxs [ed. cast.: *El papel educativo de la familia*, Bogotá, Arango Editores, 2019].

NICOLÒ, A.M. (2014). *Psicoanálisis y familia*. Barcelona: Herder.

SALVADOR, G. (2009). *Familia. Experiencia grupal básica*. Barcelona: Paidós.

THOMAS. J. (1995). *Niveles de la organización mental*. Madrid, EEPP.

Prólogo

Juan Luis Linares
Doctor en Medicina
Profesor, Universitat Autònoma de Barcelona

Cuenta la leyenda que, cuando Stanley y Livingston se encontraron a orillas del lago Tanganika un buen día de 1871, el primero pronunció su famosa frase: «¿El Sr. Livingston, supongo?». Este llevaba años perdido por el corazón de África buscando las fuentes del Nilo, y Stanley lo buscaba a él, aunque acabó contagiándose también de su pasión exploradora.

Las fuentes del Nilo eran sinónimo de misterio, de lo que hoy podríamos llamar complejidad: muchos las buscaron partiendo de las más diversas plataformas, enormemente distantes entre sí, sin que ninguna expedición descalificara a las otras por creerse en posesión de la verdad absoluta. Todas eran, conscientes de la dificultad de la empresa, capaces de hacer gala del elegante laconismo de Stanley.

Algo parecido ocurre con la infinita complejidad del psiquismo humano, que ha dado pie, y que sin duda continúa legitimando, a la proliferación de modelos psicoterapéuticos, de los que el psicoanalítico y el sistémico son dos ejemplos significativos. Por eso, cuando la Universitat Ramon Llull se ofreció a acoger nuestro Máster de Terapia Familiar Sistémica, reconvirtiéndolo en Máster de Terapia Familiar que reuniera la perspectiva psicoanalítica y la sistémica, yo celebré el encuentro, aunque se produjera a orillas del modesto río Llobregat y no del exótico lago Tanganika. Y emulé a Stanley dando la bienvenida al Sr. Livingston. No íbamos a descubrir las fuentes del Nilo, ya sobradamente exploradas, pero sí a hacer historia aventurándonos juntos, sistémicos y psicoanalistas, en los fascinantes y procelosos territorios de la familia humana.

Y así ha ocurrido.

Son muchas las cosas que la psicoterapia debe al modelo psicoanalítico, en cuanto pionero, y por eso se le puede perdonar a este que en algunos momentos haya pretendido situarse en un nivel lógico superior. Claro está, que se le perdona siempre y cuando no reincida en tamaño error epistemológico. Compartir un máster en pie de igualdad es la prueba de fuego de que esas viejas mañas están felizmente superadas.

De entre las grandes aportaciones que debemos al psicoanálisis, quizá la que merece ser citada en primer lugar sea la que constituye la piedra angular de la teoría psicoanalítica, nada menos que el complejo de Edipo. Hay que reconocer la maestría de Freud para, desde su vastísima cultura, encontrar en la obra de Sófocles la referencia literaria precisa para ilustrar la más sencilla, popular y trascendental modalidad de triangulación: «mata a su padre y se casa con su madre». Nosotros la llamamos «triangulación manipulatoria» y la situamos en las bases relacionales de los trastornos neuróticos, rindiendo homenaje desde aquí a la extraordinaria sagacidad del padre del psicoanálisis. No suscribimos su universalidad como tal triangulación, aunque sí, en tono menor, como una *constelación edípica* que tiñe gran parte de nuestras vivencias. Destacamos también otras modalidades de triangulación, igualmente importantes en el campo psicopatológico, como la «triangulación desconfirmadora», puerta de entrada al universo psicótico, y la «triangulación equívoca», parte importante de las bases relacionales del universo límite.

El juego transferencia/contratransferencia constituye otra de las contribuciones importantes del psicoanálisis al acervo psicoterapéutico. Transferir es poner en un lugar algo que hay en otro. A los efectos que aquí nos interesan, significa depositar en una persona u objeto lo que en realidad corresponde al Yo o al *self*. En definitiva, para Freud, el paciente transfiere al terapeuta sus vivencias inconscientes, permitiéndole interpretarlas en términos terapéuticos. Pero, en justa correspondencia, la transferencia del paciente desencadena en el terapeuta un proceso similar, la contratransferencia, que este debe aprender a controlar para que, en vez de un obstáculo, sea una herramienta en el tratamiento.

Para Daurella (2018), en el psicoanálisis relacional «no se trata de encontrar la interpretación transferencial exacta sino de facilitar interacciones óptimas para el progreso terapéutico del paciente, en un encuentro de dos subjetividades, cocreativo y lo más genuino posible». Estaríamos aquí cerca de la filosofía sistémica posmoderna, en la que las hipótesis, más que «acertar» con la verdad, tratarían de crear contextos adecuados para la resolución de los problemas.

Elkaïm (2009) propone el concepto de «resonancia» aludiendo al fenómeno que se produce en los acoplamientos en los encuentros humanos, y ciertamente en aquellos entre terapeutas y pacientes, definidos por elementos semejantes, capaces de generar emociones significativas en los primeros.

En definitiva, cuestionada la objetividad en la epistemología sistémica desde bastante pronto («How real is real?», Watzlawick), quedó libre el camino para una receptividad a ideas psicoanalíticas tan importantes como las de transferencia y contratransferencia.

Sin embargo, es necesario matizar. La historia de ambos modelos es diametralmente opuesta. El psicoanálisis nace, crece, se construye y se consolida de la mano de un único autor, Freud, cuya obra gigantesca y monolítica adquiere tintes bíblicos: frente a ella, la disidencia equivale a herejía. Y así ocurre, prácticamente, durante la vida del genio vienés. Luego, resulta lógico, la vinculación ortodoxa se va relajando, pero el camino está trazado para que la proliferación de escuelas se produzca como reacción y en referencia a la gran propuesta freudiana.

En contraste, la terapia familiar sistémica nace de la confluencia de aportaciones diversas. La más importante, quizá, la de Bateson y Jackson, representando el segundo la experiencia clínica de la cual el primero carecía por completo. ¿Pueden imaginarse roles más distintos que los de estos y Freud? Porque, además, en el núcleo central de la teoría que sistematizará Watzlawick, junto a los aportes de Bateson, especialmente la teoría del doble vínculo y la cismogénesis, figuran propuestas tan variopintas como la teoría general de sistemas de Von Bertalanffy, la cibernética de Wiener y la teoría de los juegos de Von Neumann. Y todo ello en el círculo de Palo Alto, gracias en gran parte al soporte de la Macy

Foundation. Pero aún hay que sumar las contribuciones de otros pioneros como Bowen, Boszormenyi-Nagy, Framo, Whitaker y, muy especialmente, Minuchin, heredero intelectual de Ackerman y fundador de la escuela estructural.

Tan grandes son las diferencias que mientras el comunicacionalismo de Palo Alto se inspira en la esquizofrenia para sus propuestas teóricas (el doble vínculo le está claramente dedicado), el estructuralismo de la Costa Este lo hace en la familia multiproblemática. Ambas corrientes, junto con varias otras, mantendrán sus denominaciones distintas hasta que, ya en la década de 1980, confluyan bajo el denominador común de «sistémica», sobre todo gracias al empeño de Mara Selvini, otra pionera, europea en este caso.

El resultado de esta historia singular es que la terapia familiar sistémica no ha conocido prácticamente cismas ni heterodoxias, apenas algunas corrientes que, salvo contadísimas excepciones, continúan publicando en las mismas revistas, perteneciendo a las mismas sociedades científicas y asistiendo a los mismos congresos. Al contrario, la trayectoria del psicoanálisis es la de una permanente fragmentación en escuelas antagónicas que apenas se reconocen entre sí.

Pero no todo son luces en la permeabilidad de un modelo integrador, cual es la terapia familiar sistémica, para con otro conceptualmente blindado, como ha sido históricamente el psicoanálisis. Existen propuestas psicoanalíticas llenas de sentido que no han sido aceptadas nunca por la ideología sistémica. Por ejemplo, la «resistencia». La idea, de origen selviniano, de que «no existen familias resistentes sino terapeutas incompetentes» se convirtió en un lugar común en el universo sistémico, a pesar de que no solo contradice la más elemental lógica cibernética (la causalidad circular no cancela a la lineal, sino que la supera dialécticamente, integrándola en un nivel superior de complejidad), sino que amenaza con culpabilizar injustamente a cualquier terapeuta en apuros. Llámesele o no resistencia, no hay duda de que las dificultades de las terapias, proporcionales a la gravedad de las patologías que afrontan, dependen de determinadas características estructurales o comunicacionales, disfuncionales, de las familias.

Y así tocamos otra de las zonas de penumbra del modelo sistémico, que tiene que ver con el diagnóstico. El hecho de que Bateson, carente de formación clínica, definiera el diagnóstico psicopatológico como «concepto dormitivo», la más severa descalificación de que era capaz, ha ejercido una enorme influencia en el desarrollo del modelo. Cabe imaginar que el psicoanálisis no se ha sentido cómodo con las rigideces de la psicopatología clásica, pero hay que reconocerle que ha sabido soslayar ese obstáculo, mostrándose más flexible que la terapia familiar en su rechazo frontal. Es una diferencia importante, no solo por la obvia inevitabilidad del diagnóstico, sino por los aspectos estratégicos inherentes al caso: rechazándolo no se puede ocupar un espacio reconocido en el campo de la salud mental.

No querría que los aires autocríticos que incorporan estas líneas pudieran ser malentendidos. No hay en ellas el menor atisbo de autodescalificación, ya que se formulan desde el orgullo de quien se mueve en un modelo llamado a influir poderosamente al conjunto de la psicoterapia.

Como ejemplo, baste recordar el método sistémico de supervisión directa, válido tanto para la formación como para la intervención terapéutica propiamente dicha, si se consigue el privilegio de trabajar en equipo. No existe mejor manera de enseñar la psicoterapia, como han ido reconociendo otros modelos, incluidas algunas escuelas de psicoanálisis, al incorporarla a sus programas. Y como rectificar es de sabios, quedan lejos para esas escuelas los tiempos en que se rechazaba la supervisión directa por «perversa» y «persecutoria», entre otras pintorescas argumentaciones.

Sin embargo, la cosa es bastante simple. Basta con una cámara Gesell, desde la que el equipo, y ciertamente el supervisor, siguen, a través de un espejo unidireccional, el desarrollo de la sesión, que a su vez es grabada. Además, este se reserva la posibilidad de intervenir, ya sea indicándole al terapeuta algunas directrices por el interfono, ya sea entrando personalmente en la sesión para comunicar un mensaje más complejo. En un contexto de formación, y a veces también en uno meramente clínico, esto se desarrolla en un esquema que incluye «presesión», «pausa» y «postsesión». Durante la presesión se prepara la sesión, partiendo de las hipótesis que a tal efecto se manejan. En la pausa se interrumpe brevemente la sesión para preparar la devolución conclusiva. Y en la postsesión se comparten con el conjunto del equipo las incidencias de la sesión y se comienza a preparar la próxima.

Es interesante saber que, con el mismo equipo y una sencilla instalación de «luz y sonido», se puede trabajar con «equipo reflexivo». Se trata de una ingeniosa técnica ideada por Andersen (1995) con la que, en determinados momentos de la sesión, se invierte el sentido de la observación y de la escucha a través del espejo unidireccional, siendo la familia la que asiste a la discusión «de su caso» por parte del equipo.

Releyendo lo escrito, me doy cuenta de que me ha salido un prólogo bastante de diálogo entre psicoanálisis y terapia familiar sistémica. Y bueno, no hay de qué arrepentirse. Al fin y al cabo, en nuestro máster se trata de eso precisamente. ¿El Sr. Livingston, supongo?

Referencias

ANDERSEN, T. (1995). Reflecting Processes: acts of informing and forming. You can borrow my eyes, but you must not take them away from me. En: S. Friedman (ed.), *The reflecting team in action. Collaborative practice in family therapy.* Nueva York: Guilford Press.

DAURELLA, N. (2018). El psicoanálisis en los últimos veinte años. II. La técnica. *Aperturas Psicoanalíticas,* 59(27), 1-21.

ELKAÏM, M. (2008). *Si me amas, no me ames. Psicoterapia con enfoque sistémico.* Barcelona: Gedisa.

WATZLAWICK, P. (2003). *¿Es real la realidad? Confusión, desinformación, comunicación.* Barcelona: Herder.

Introducción

Carles Pérez Testor y Anna Vilaregut Puigdesens

El Grup de Recerca en Parella i Família (GRPF) se creó en el año 1998 por iniciativa de un grupo de profesores de la Facultat de Psicologia, Ciències de l'Educació i l'Esport Blanquerna de la Universitat Ramon Llull (FPCEE Blanquerna-URL) de Barcelona, derivado de una alianza estratégica entre el Grupo de Estudio e Investigación de la Familia (del cual formábamos parte desde 1993) y la Unidad de Pareja y Familia de la Fundació Vidal i Barraquer (FVB), y cuya titularidad exclusiva quedó establecida para la FPCEE Blanquerna-URL en el año 2020.

Uno de los principales objetivos del GRPF es dar a conocer los resultados de nuestras investigaciones a la comunidad científica y a la sociedad en general. Habitualmente comunicamos nuestros resultados y conclusiones en revistas científicas de nuestro ámbito, pero no siempre son asequibles a los psicoterapeutas, ya sea por la dificultad de acceder a la revista, por dificultades con el idioma (por lo general son publicados en inglés) o por otros motivos. En ese sentido, pensamos que un libro es una buena oportunidad para resumir nuestras líneas de investigación, fundamentales para poder impartir una docencia de calidad y trabajar con una técnica clínica eficiente.

En el año 2002, miembros del GRPF publicamos el libro *La familia. Nuevas aportaciones*. Los autores éramos profesores e investigadores, y la mayoría ejercíamos como terapeutas de pareja y familia interesados en transmitir nuestra manera de entender a la familia y de trabajar con ella. Y aunque proveníamos de paradigmas distintos, ente otros el psicoanálisis kleiniano y relacional, el modelo sistémico, el modelo cognitivo-conductual, el humanismo, el constructivismo y la pedagogía social, compartíamos un mismo objetivo: dar a conocer las nuevas aportaciones fruto de nuestras investigaciones y resumir lo que otros investigadores habían publicado hasta ese momento.

Veinte años después hemos decidido actualizar esas «nuevas aportaciones» por diversas razones. La primera, para brindar una herramienta necesaria a los estudiantes de último año del grado en Psicología que cursan asignaturas como Psicología Dinámica, Psicología Sistémica y Psicología y Familia. La segunda, porque nos dimos cuenta de que también sería una herramienta útil para los estudiantes del Máster Universitario en Psicología General Sanitaria o el Máster de Terapia Familiar, que en sus universidades de origen no tuvieron la oportunidad de formarse en psicoanálisis o sistémica y llegan a la formación posgradual sin los conocimientos básicos necesarios. Por último, porque puede resultar de interés para profesionales en activo que quieran actualizar sus conocimientos.

Desde la publicación de *La familia. Nuevas aportaciones*, el GRPF ha crecido y se ha fortalecido. En 2009 nuestro grupo fue reconocido por la Generalitat de Catalunya como Grupo de Investigación Consolidado (2009-SGR-141), logrando la renovación del sello de grupo reconocido cada vez que se ha convocado: en 2014 (2014-SGR-953), 2017 (2017-SGR-876) y 2023 (2021-SGR-553).

El GRPF, integrado por cerca de cincuenta personas entre investigadores, colaboradores externos, investigadores en formación con becas predoctorales, investigadores con becas posdoctorales y doctorandos, ha desarrollado una fructífera capacidad de investigación con más de cincuenta tesis doctorales defendidas, veinte proyectos de tesis en proceso, así como decenas de artículos y libros publicados.

Nos hemos incorporado a distintas redes temáticas, como la de adopción, liderada por la Universidad Pontificia Comillas de Madrid; la de divorcio, liderada por la Universidad de Deusto; la de jóvenes adultos, liderada por la Universidad de Múnich; y la de violencia familiar, liderada por nosotros mismos. Asimismo, formamos parte de la Red Europea de Institutos de la Familia (REDIF), de la Red Internacional de Institutos Universitarios de la Familia (REDIUF) y de la Strategic Alliance of Catholic Research Universities (SACRU).

Pero además de la investigación y de la clínica, nos ha interesado de forma prioritaria la docencia. En efecto, la reflexión e investigación de los casos clínicos ha generado en nosotros ese «querer entender qué puede ayudar a la pareja o a la familia». Y hemos querido transmitir esos hallazgos al futuro profesional. Clínica, investigación y docencia, como los tres soportes de nuestro conocimiento.

El Doctorado en Psicología de la FPCEE Blanquerna-URL ha sido nuestro principal marco de trabajo. En él se han forjado los principales miembros de nuestro actual grupo de investigación y muchos otros investigadores que están colaborando en otras universidades o que se han dedicado a la intervención clínica. Otro programa de formación en el que nuestro grupo participa es el Máster Universitario de Psicología General Sanitaria de la URL. Y como ya se ha comentado en el prefacio y el prólogo, en el curso 2016-2017 dimos inicio al Máster de Terapia Familiar, título propio de la URL, coorganizado desde entonces por la FPCEE Blanquerna, la Escuela de Terapia Familiar de Sant Pau, con una larga tradición de su Máster en Terapia Familiar Sistémica, y el IUSM Vidal i Barraquer, que impartía el Posgrado en Psicoanálisis de Pareja y Familia.

La suma de las tres instituciones ha permitido desarrollar un máster con unas características únicas. El estudiante se enfrenta al estudio y conocimiento de los modelos psicoanalítico y sistémico, junto a un módulo de terapia breve en resolución de problemas y un módulo del trabajo con familias, siguiendo otros modelos de intervención. Todo ello le permite realizar una síntesis integradora y muy personal, en la medida en que el estudiante profundiza tanto en la teoría como en la práctica.

El libro está estructurado en catorce capítulos, que el lector podrá leer de forma consecutiva o alterna. Pero antes de presentar una breve reseña de cada uno queremos hacer una mención especial a los doctores Victor Cabré y Juan Luis Linares, quienes nos han honrado con dos textos, uno psicoanalítico y el otro sistémico, que fungen aquí como prefacio y prólogo, respectivamente. Ambos han sido profesores universitarios y editores de sendas colecciones de libros, así como grandes psicoterapeutas, y su papel en la creación del Máster en Terapia Familiar ha sido determinante. Muchas gracias a los dos.

Así pues, el capítulo 1 describe la familia desde la mirada psicoanalítica, mientras que el capítulo 2 lo hace desde una mirada sistémica. Tras esta toma de contacto con el grupo familiar, el capítulo 3 se dedica al apego y la familia, mientras que el capítulo 4 trata sobre la perinatalidad. A estos sigue un grupo de capítulos dedicados a situaciones específicas: el capítulo 5 a la familia y género, el capítulo 6 a la familia que adopta, el capítulo 7 a la migración y la familia multicultural, el capítulo 8 a la violencia en la familia y el capítulo 9 a la familia separada y coparentalidad. La última parte del libro está conformada por el capítulo 10 dedicado a la evaluación de la familia desde el psicoanálisis, el capítulo 11 a la alianza terapéutica, el capítulo 12 a la evaluación, diagnóstico relacional e intervención desde el modelo sistémico, el capítulo 13 a la intervención desde el psicoanálisis; por último, el capítulo 14 presenta, como reflexión final, las familias hipermodernas.

Esperamos que este libro sea de utilidad para todos los clínicos, investigadores y docentes interesados en el grupo familiar.

1. La familia desde la mirada psicoanalítica

Carles Pérez Testor

Psicoanálisis de familia

Anna Maria Nicolò (2014) y David Scharff (2019) coinciden en citar «Análisis de la fobia de un niño de 5 años» (Freud, 1973), que describe el caso del pequeño Hans, como el primer texto en el que se reconoce la importancia del papel de la familia en la aparición de un síntoma como la fobia. Este trabajo le permitió a Freud formular otras aproximaciones a la familia del paciente, y a otros autores aproximarse a mirar al grupo familiar desde una perspectiva psicoanalítica.

En 1921, John Carl Flügel publicó «The Psycho-Analytic Study of the Family», donde describe las emociones primitivas en relación con la familia y cuestiona el análisis individual aplicado a varios miembros de ella (Flügel, 1972). Un punto de inflexión para la aceptación de las terapias de pareja y familia como una aplicación del psicoanálisis, sería el X Congreso Internacional de Psicoanálisis, celebrado en la ciudad suiza de Nyon en 1936, y cuyo tema central fue «La neurosis familiar y las familias neuróticas».

Podríamos destacar a muchos autores por sus trabajos con la familia, entre ellos a Nathan Ackerman o algunos de los miembros del Family Discussion Bureau, como Michael Balint, Enid Balint, Isabel Menzies Lyth, Kathleen Bannister o Lily Pincus.[1]

Pero de entre todos los autores que hemos destacado en los orígenes del psicoanálisis familiar, quizá el más importante es John Bowlby con «The study and reduction of group tensions

---

1 Aconsejamos a quien esté interesado en una visión histórica del psicoanálisis de familia una interesante revisión retrospectiva que Anna Maria Nicolò incluye en *Psicoanálisis y familia* (Barcelona, Herder, 2014).

in the family» (Bowlby, 1949). A propósito del caso de Henry, de 13 años, con dificultades académicas y de conducta, constantes enfrentamientos con la madre y la hermana menor, de 8 años (paciente que hoy diagnosticaríamos de «negativista desafiante», según el DSM-5), Bowlby muestra que la sintomatología clínica que se presenta en la persona de un niño no es el verdadero problema. Según el autor, lo que por regla general debemos resolver es la tensión entre todos los miembros de la familia. Por tanto, la orientación terapéutica no se ha de centrar solo en el niño, sino en la estructura familiar del niño. Bowlby trabajó durante dos años con Henry en una sesión semanal sin obtener resultados. Decidió entonces hacer una entrevista familiar a partir de la cual pudo obtener los resultados esperados del tratamiento.

Si citamos este trabajo es porque, para Paolo Bertrando y Dario Toffanetti, autores de la enciclopédica *Historia de la terapia familiar: los personajes y las ideas* (2004), fue precisamente en 1951, debido a un malentendido entre John Sutherland y John Bell a propósito del trabajo de John Bowlby, que Bell entendió que lo que este último llevaba a cabo eran tratamientos conjuntos de la familia; así, cuando regresó a Estados Unidos, comenzó a tratar familias. Desde entonces se considera a Bell como uno de los principales difusores de la terapia familiar en Estados Unidos (Bertrando y Toffanetti, 2004, p. 69). Toda revolución tiene su mito fundacional.

La pareja

En una publicación anterior ya hicimos una descripción de la comprensión e intervención psicoanalítica de la pareja (Pérez Testor, 2019). Diversos eran los aspectos que nos permitirían definir la calidad de la relación de pareja y la capacidad para ejercer funciones emocionales, pero seguramente podríamos reducirlo a dos ejes fundamentales: la conyugalidad y la parentalidad (Pérez Testor, 2008; Pérez Testor *et al.*, 2014). En efecto, estos dos ejes, íntimamente relacionados, nos indican dos espacios claramente diferenciados. La conyugalidad implica la intimidad de la pareja. Es un eje centrípeto que acerca a los dos miembros a un mundo de sensaciones, emociones y afectos que los hace crecer como díada. La conyugalidad permite alcanzar lo que Mary Morgan llama «estado mental de pareja», un espacio compartido que permite contener ansiedades y facilita el desarrollo de la pareja (Morgan, 2018). Por su parte, la parentalidad es el eje que abre a la pareja hacia la vida, hacia la familia, y que provoca un cambio en la dirección. Un mundo de dos se abre a un mundo de tres.

La paternidad pide a las parejas redibujar los límites en sus relaciones con su entorno social y económico, con su conyugalidad como pareja, y con ellos mismos como individuos. Hay un cambio en el lugar del compromiso y la intimidad. La transición a la paternidad examina la capacidad de las parejas para manejar los límites (Clulow, 1996). La conyugalidad y la paternidad deben vivirse constantemente como un equilibrio dinámico en la relación con el otro, de acuerdo con las demandas cambiantes de la vida familiar.

La pareja que puede vivir los dos ejes de forma equilibrada, podrá mantener una buena relación de pareja y ejercer funciones educadoras con los hijos. Esta pareja es la que presenta las siguientes capacidades (Pérez Testor, 2019):

— Capacidad de dar y recibir: es decir, hay un constante intercambio entre los dos.
— Capacidad para enfrentar los sentimientos de frustración y hostilidad: no pensamos que una pareja sana sea aquella que no vive momentos de frustración y hostilidad, sino que una buena calidad relacional pasa por ser capaz de vivir y transformar estos sentimientos.
— Capacidad de aceptar las diferencias individuales: en una pareja heterosexual las diferencias están siempre presentes, no solo biológicas y de género, sino también en las expectativas del otro y de uno mismo. La relación exige una capacidad para aceptar la diferencia y mejorar la comunicación para que ambos puedan acercarse y conocerse mejor.
— Cooperación: hace falta que los dos miembros de la pareja sientan que están en un proyecto común y puedan

ayudarse mutuamente. La percepción de ser dos en una misma tarea ayuda a contener las ansiedades que las dificultades pueden producir. La tarea de ser y hacer de padres no es fácil, y el hecho de ser dos permite un trabajo de equipo.

— Creatividad: uno de los problemas que genera malestar a medio plazo en la pareja es la rutina, la repetición constante de las mismas cosas. Los rituales estereotipados y rígidos pueden acabar por deteriorar la relación. Ser creativos, tener la capacidad de hacer cosas nuevas, es importante para evitar la rutina. El ritual está al servicio de evitar la ansiedad buscando un seguro tranquilizador, pero en la vida de pareja hace falta asumir el riesgo de aquello que es nuevo y diferente.

— Capacidad de reparación: es decir, capacidad para resolver las tensiones y las disputas. No se trata de evitar la discusión sino de ser capaces de perdonar. Los momentos reparadores en la pareja pueden ser creativos, pueden ser espacios de unión y de superación.

Para nosotros, la pareja se transforma en familia en el momento en que integra la posibilidad de ser padres. En 1958, Donald Winnicott expresaba provocativamente que un niño solo no existe, refiriéndose a la fragilidad y a la necesidad que tenía el niño de una figura materna (Winnicott, 1979). El propio Winnicott decía que si uno se propone describir a un bebé, se encontrará con que está describiendo a alguna persona más. Un bebé no puede existir solo, es esencialmente parte de una relación (Winnicott, 1964). Para Stern, el paciente no es una persona sino una relación, aunque asimétrica, entre un bebé y sus padres (Stern, 1997). Y es en el marco de esta relación asimétrica en el que se organiza el espacio mental del niño.

Es necesario entender al bebé y al niño en su globalidad y por eso hay que incluir el grupo familiar que cuida (o no) de él. La familia puede ser el mejor lugar donde pueda desarrollarse un niño, pero, como veremos en el capítulo 10, también puede ser el peor.

Interacción y representaciones

Como ya hemos referido en otros lugares, el papel del mundo interno de los padres, su aparato mental, es decisivo a la hora de entender cómo se estructura el aparato mental del hijo (Pérez Testor, 1994; 1995). Para cada figura parental existe un hijo real y un hijo imaginado, así como cada padre tiene una función parental real y otra fantaseada. Yo tengo una imagen de mí mismo como padre que puede coincidir o diferir con mi imagen real de padre o con la que otros pueden tener de mi función de padre.

Las representaciones podrían ser un producto basado y construido a partir de la experiencia interactiva, más precisamente de la experiencia subjetiva de estar con otra persona. Esta experiencia interactiva puede ser real y vivida o virtual y fantaseada, pero siempre es interacción. El mundo de las representaciones abarca las experiencias parentales de las interacciones con el hijo, y además las fantasías, esperanzas, temores, angustias, recuerdos de la propia infancia o la imagen de los propios padres. El mismo Stern afirma que las representaciones no son objetos ni personas, ni imágenes o palabras, sino experiencias interactivas con alguna persona (Stern, 1997).

Aunque algunos autores afirman que la interacción comienza durante la gestación, como ya propusimos con Guillermo Salvador, la idea del bebé puede aparecer mucho antes, en el «espacio mental parental que da cabida a un tercero» (Pérez Testor y Salvador, 1995). Este espacio se transforma entonces en lo que llamábamos «espacio mental familiar», que permite a la pareja anticipar la idea del bebé y pensar en la posibilidad de tener un hijo. Es evidente que en muchas parejas este espacio no aparece hasta que saben que esperan a un bebé, o incluso puede no aparecer nunca, con las dificultades que esto puede causar a la pareja y su futuro hijo. También insinuábamos que si este espacio mental familiar aparece antes de la concepción, la pareja podrá asumir mejor las dificultades que supone la llegada de un bebé.

Primeros vínculos con el feto

La amenorrea de la futura madre, o los mareos y náuseas, es en muchas ocasiones el primer aviso para la pareja de que algo está cambiando. La primera afirmación será el test del embarazo y la confirmación vendrá dada por la visita al ginecólogo, las analíticas y las ecografías. A partir de ahí comienza la triangulación y las primeras fantasías.

A medida que el embrión crece y se desarrolla, el bebé representado también se desarrolla en la mente de los padres, sobre todo en la de la madre. Durante los primeros cuatro meses de gestación estas representaciones son débiles y poco concretas, pero a partir del momento en que la madre siente los movimientos fetales, se hacen más vivas.

No queda suficientemente claro el papel de las ecografías en el proceso de vinculación de la madre con el feto. Desde los trabajos de Piontelli que afirmaba que la visualización de los movimientos del feto debería favorecer la vinculación (Piontelli, 1992), pasando por Brazelton, que se pregunta si una vinculación demasiado temprana no perjudicaría a una posterior individuación (Brazelton y Cramer, 1993), preocupación que el mismo Meltzer compartía cuando decía que la ecografía era una intromisión en la vida del feto (Meltzer, 1994), hasta los trabajos de Julie Roberts en los que critica la utilización política de las imágenes ecográficas (Roberts, 2012), la polémica del papel de la tecnología en la vinculación madre-bebé no cesa.

Un interesante trabajo de Agnès Pélage sobre el impacto que la ecografía (en el quinto mes de embarazo) puede provocar en madres y padres, que acaban colgando las imágenes en YouTube, también ha generado discusión. Pélage analiza 31 vídeos arquetípicos y revela que quienes los publican ven las imágenes de la ecografía del quinto mes como un medio para prepararse no solo para el nacimiento de un hijo, sino para el nacimiento de una niña o un niño y, simultáneamente, para ser no solo padres, sino el padre o la madre de un hijo o una hija (Pélage, 2019).

En cualquier caso, parece evidente que el tiempo es básico para favorecer los vínculos. Los nueve meses son fundamentales.

Pero algo curioso surge a partir del séptimo mes. Al parecer, entre el séptimo y el noveno mes se produce «una especie de anulación de las representaciones» (Stern, 1997). Estas representaciones del futuro hijo se desdibujan y se vuelven menos específicas y menos ricas. Algunos autores como Brazelton o Stern piensan que es un mecanismo defensivo de la madre para evitar desilusiones y las representaciones negativas relativas a temores de deformación y muerte. Este miedo casi universal coexiste con las esperanzadas expectativas de los futuros padres que antes del nacimiento ya establecen los primeros vínculos.

Vínculos a partir del nacimiento

Con la madre

Como todos percibimos, el papel de la figura materna en la relación con el niño es básica en todos los sentidos. Normalmente nos referimos a la figura materna como aquella persona que cuida del bebé y acostumbramos a decir que no debe ser forzosamente la madre biológica quien debe desempeñar esta función, sino que cualquier otra persona también puede hacerlo. Tengo muy presente los vídeos que tanto el profesor Terry Brazelton como el profesor Colwyn Trevarthen proyectaron en sus visitas a Barcelona en la década de 1990, en los que mostraban la intensidad de la relación entre un prematuro sietemesino recién nacido y su padre que hacía de incubadora humana con la técnica de la «madre canguro». La madre del niño, con una depresión posparto, no podía ejercer la función y el padre la realizaba perfectamente.

Pero no podemos negar que, en general, la madre biológica es la persona más preparada para atender a su hijo recién nacido. El vínculo de nueve meses que ha tenido con él no puede ser igualado por ningún otro, y toda la preparación emocional y biológica están dirigidas a atender, con ternura, a su hijo. También es cierto que no siempre es así y que algunas madres no pueden, o no quieren, atender emocionalmente a su hijo; en todo caso, por lo general son las madres las que mejor pueden representar el papel de figura materna.

También podríamos afirmar que las madres se relacionan y se vinculan con una imagen del hijo y no tanto con una realidad. Las madres no se relacionan solamente con lo que hace el hijo, sino que suelen dar significado a cualquier gesto o sonido y reaccionan con esa atribución de significado (Brazelton, 1993). Podríamos hablar incluso de cierta distorsión. Aunque no siempre es objetivamente real, las madres encuentran preciosos y guapísimos a sus hijos. El hermano o hermana mayor no suele entender cómo las madres pueden enamorarse de un niño «tan pequeño y tan feo», pero es gracias a ese tejido de atribuciones de significados que el niño va construyendo su experiencia, su conjunto de valores, de matices emocionales... Es importante para el niño que su madre lo encuentre guapo. Los niños se conocen a sí mismos a través de la mirada de sus padres. Por este motivo es tan importante cómo la madre ve al hijo y cómo lo expresa.

Desde nuestro modelo, denominamos esta red de atribuciones de significado «identificación proyectiva». El problema aparece cuando el subsistema parental desbordado por ansiedades patológicas atribuye significados destructivos al bebé: «eres malo» «eres igual que...», «acabarás igual que...», lo que el modelo sistémico llama la «profecía autocumplidora», la maldición que años después se cumplirá. ¿Qué ocurre con un bebé cuidado por una madre con una depresión mayor o con un trastorno delirante? ¿O con una autoimagen deteriorada, con baja autoestima o con dificultades de relación? La importancia de la relación no verbal, de la expresión facial, se ha podido observar a partir de los experimentos de Terry Brazelton y Edward Tronick con el «rostro inexpresivo» *(Still Face)*. En este tipo de investigación se nos ha mostrado la relación íntima de miradas y sincronización entre madre y bebé y el impacto de la desconexión (Brazelton y Cramer, 1993).

Cualquier cambio de la expresión del rostro de la madre es captado por el hijo y este intenta recuperar la mirada expresiva anterior (Brazelton y Cramer, 1993). En las décadas de 1980 y

1990 fue posible realizar una gran cantidad de trabajos de investigación con mucha precisión gracias al vídeo. Colwin Trevarthen ha sido un pionero en el uso del vídeo para el estudio de la relación entre la figura materna y el niño; sus aportaciones en artículos, libros o en sus conferencias impartidas en Barcelona han sido de gran importancia para muchos de nosotros (Trevarthen, 1977). Parafraseando una de sus célebres afirmaciones: «estudiar los movimientos y acciones de los bebés antes del uso del vídeo fue tan difícil como estudiar los planetas antes de la invención del telescopio» (Brazelton y Cramer, 1993, p. 152).

Con el padre

Si comparamos el papel del padre de siglos atrás con el del siglo XXI observaremos que, en lo referente al recién nacido, se ha modificado de forma extraordinaria, pues su rol en el cuidado del hijo es reconocido social y legalmente. Hoy los padres disponen de un permiso de trabajo por nacimiento y cuidado del menor, en las mismas condiciones legales que la madre.

Sin embargo, que se reconozca el papel del padre no significa que lo pueda ejercer en las mismas condiciones que la madre. En *Condición de padre*, el escritor catalán Joan Barril, que falleció en 2014, escribió:

El hijo nos ha abierto la puerta de un nuevo mundo que los abuelos llaman madurez. Al fin y al cabo, la madurez no es otra cosa que conformarse con dejar de ser el centro de nuestra propia vida. Vemos a la madre como administradora plenipotenciaria del nuevo continente que acabamos de descubrir. Ella ha acampado cerca de nuestro hijo. Lo alimenta y ambos se dicen cosas en voz baja que papá no acaba de entender. Se ríen y son cómplices de una historia compartida. Y a nosotros nos corresponde movernos en el paisaje de una soledad fértil. Esta es, de hecho, la madurez del padre: admitir que ante la potencia de la madre necesitamos dejar de ser el centro de las cosas, y que podemos amar y ser amados también desde la periferia. (Barril, 1997, p. 151)

Será necesario que padre y madre negocien la nueva situación y gestionen conjuntamente la tarea educativa. Las parejas del siglo XXI han de negociar, dado que a nadie satisface la sumisión de uno de los dos. Y se impone la necesidad de consensuar.

Actualmente conviven diversas tipologías de padres, que podemos reducir a dos: los «padres tradicionales» y los «nuevos padres» (Stern, 1997). Los «nuevos padres» creen en la igualdad y buscan activamente equiparar los roles. Pueden apoyar y proteger a la madre, pero al igual que los «padres tradicionales» no pueden aportar experiencia sobre cómo cuidar al bebé porque son tan inexpertos como la madre. En este sentido, tienen dificultades para formar parte de la matriz de apoyo necesaria para la madre. ¿Es necesaria una figura femenina referente como lo era antes la abuela materna? Sea como sea, padre y madre deberán complementarse y darse apoyo mutuo.

Las parejas del siglo XXI comparten las tareas del cuidado del hijo. El padre ha dejado de ser el protector y contenedor de las ansiedades de la madre y reclama su papel en las tareas de cuidado directo del bebé. Padre y madre deben ir encontrando su papel, que difícilmente será exportable a otra pareja. En efecto, cada pareja tendrá que consensuar y explicitar cada rol. Esto la hace más vulnerable, al no disponer de leyes eternas e inmutables en las que basarse; no obstante, esta tarea será sin duda más gratificante y enriquecedora.

Capacidades del recién nacido

Cuando Daniel N. Stern se refiere al desarrollo del niño, habla de «mundos» y define cinco: el mundo de los sentimientos es el primero, seguido del mundo social inmediato, a los cuatro meses y medio; el mundo de los paisajes mentales, a los 12 meses; el mundo de las palabras, a los 20 meses; y el mundo de las historias, a los 4 años (Stern, 1996). Es una forma de describir las diferentes etapas evolutivas del niño.

El psicoanálisis ha estudiado en profundidad los procesos de desarrollo del niño. Autores como Freud, Klein o Bion se preocuparon de cómo se organiza el aparato mental del bebé, cómo se construye el pensamiento y el aparato cognitivo o qué papel desempeñan las emociones. Podríamos hablar de tres niveles o momentos evolutivos generales:

1. Fenómenos sensorio-motores, fenómenos psico-biológicos, una combinación de acciones y percepciones como forma de conocimiento.
2. Nivel presimbólico.
3. Nivel simbólico.

Estos tres niveles presentan tres formas distintas de hacer experiencia mental, así como formas específicas de transformación: del sensorio-motor al presimbólico y de este al simbólico. Cada uno de estos niveles generará conjuntos de defensas mentales que se utilizarán para modificar procesos.

Por ejemplo, un grupo familiar. Los padres pueden funcionar en un nivel simbólico cuando son capaces de generar pensamiento, contener las ansiedades propias y de los hijos; o pueden funcionar en un nivel presimbólico cuando no pueden contener estas ansiedades y funcionan con defensas tempranas y narcisistas, desatendiendo sus tareas, compitiendo, dejando de colaborar; o pueden funcionar a un nivel sensorio-motor cuando ya no hay pensamiento, se desbordan las ansiedades y tan solo hay acción, por ejemplo, los malos tratos hacia un hijo.

Se puede hablar utilizando las palabras como parte de un sistema representacional simbólico o se pueden utilizar como elementos que se lanzan sobre el otro, como una pura acción. En nuestro modelo nos centramos en estos parámetros. El grupo familiar o la pareja pueden funcionar en el nivel simbólico, centrados en la tarea, fomentando el crecimiento, o pueden funcionar en un nivel sensorio-motor generando confusión, antitarea y destrucción de los vínculos.

Consideramos el desarrollo de nuestro aparato mental como la evolución de una estructura y de unas funciones que tienen como principal tarea contener la ansiedad. Para Jorge Thomas, «podríamos considerar el desarrollo de nuestro aparato mental como un proceso de organización creciente» (Thomas, 1995). Estos organizadores, estos procesos mentales son los que irán definiendo etapas de desarrollo que se podrán reconocer con la aparición de nuevas conductas en el organismo.

Los organizadores se caracterizan por la aparición de nuevas conductas y por la desaparición de conductas preexistentes. Para muchos autores un primer organizador es la «sonrisa social», aquella sonrisa que un niño dirigía a otro ser humano y que reemplazaba otras conductas. El niño pasa de una sonrisa de bienestar a una indiscriminada, y entre la décima y la duodécima semana de vida aparece la sonrisa social, una sonrisa con intención de comunicar interactivamente. Esta nueva conducta nos permite afirmar que se produce un cambio en la organización del sistema nervioso central y de la experiencia mental que determinarán el comienzo de nuevas conductas en el niño que supondrán niveles diferentes de desarrollo tanto en lo fisiológico como de experiencia mental.

Por lo general, a las 12 semanas de vida aparece claramente una estabilización del ritmo de sueño/vigilia. El bebé ha ajustado su reloj nictámero circadiano al reloj materno y se adapta a la distinción día/noche. Todos estos fenómenos coinciden con la emergencia de la sonrisa social, lo que nos indica que existe un desarrollo fisiológico, de las conductas y del modelo de relación con «otro» (Thomas 1995). Un organizador será, pues, un complejo de estructuras biológicas, psicológicas y de relación interpersonal. Poco a poco nos damos cuenta del cambio de un organismo que en un principio era fundamentalmente biológico (el recién nacido) a otro con una estructura psicológica y de relaciones interpersonales.

El niño tiene un aparato mental orientado genéticamente a reconocer formas dadas más que a conocer cosas nuevas. Esto se refiere a las competencias del bebé. Tales competencias o capacidades están dirigidas a:

— Aferrarse al objeto, a la figura materna.
— Interactuar con el entorno social.

Sabemos que el recién nacido puede discriminar figuras de rostro humano diferenciándolas de otras figuras geométricas, y está suficientemente descrita la intensidad del «diálogo de miradas» entre madre e hijo ya desde los primeros momentos de su primer encuentro. El niño dispone de capacidades visuales y auditivas para relacionarse (Trevarthen, 2011). Está programado para preferir la voz humana a cualquier otro estímulo auditivo, prefiriendo la voz femenina (más aguda) que la masculina (más grave); es posible que, entre todas las voces, pueda reconocer la de la madre, que ha escuchado en el nivel intrauterino (Porte, 1988). El niño llega al mundo con unas competencias que puede expresar o no; en condiciones normales, y con ayuda del grupo familiar, podrá desarrollarlas. Asimismo, incluso es capaz de conseguir que los padres o cuidadores se adapten a él, interactuando activamente. Desde el aspecto de desvalido mediante el llanto, el niño podrá despertar compasión e instinto de cuidado en la persona que lo tiene en brazos.

Funciones emocionales de la familia

Los padres son los responsables del crecimiento de la familia. Las funciones que han de ejercer las familias, sean biológicas, adoptivas o acogedoras, sean monoparentales, nucleares, extensas o reconstituidas, son las mismas. Las mismas para todos. En 1995 lo describimos:

> La familia es el grupo donde se crece y donde se asumen las necesidades básicas y fundamentales de sus miembros y en concreto de los niños. Es un grupo en el cual los miembros se cohesionan, se aman, se vinculan y se ayudan recíprocamente a crecer, a vivir como personas en todas sus dimensiones: cognitiva, afectiva, relacional, etcétera. (Font, Pérez y Romagosa, 1995)

Como ya hemos dicho, la integración de la idea del hijo transforma a la pareja en familia. Es entonces cuando aparece la capacidad interna en los dos miembros de la pareja de acoger a un tercero (Pérez Testor *et al.*, 2017). Pero será a partir del embarazo y el nacimiento cuando la realidad del hijo obligará a la pareja a generar cambios externos además de los internos. La familia adquiere forma de grupo, un grupo complejo en constante evolución cuyos miembros se encuentran en diferentes fases de desarrollo, unidos entre sí por roles y funciones interrelacionadas y diversificadas (Nicolò, 1990; 1992; 1996). La forma en que los padres acuerdan implícita o explícitamente ejercer los roles parentales dependerá de cómo viven su relación de pareja y de cómo han vivido su relación con las propias familias de origen. Desde la perspectiva de Jorge Thomas:

> La familia es un grupo muy especial que se ha institucionalizado con la función —o tarea— de ser una matriz parental con dos sistemas inconscientes en su interior (el continente, o sistema parental, y el contenido, o sistema filial), ambos con una relación simétrica estable […]. Desde este punto de vista, la familia es una estructura viva y única, que participa y da forma al aparato mental de cada uno de sus miembros, sobre todo en lo que respecta a los niños. (Thomas, 1987)

Los roles de padre y madre han de ser complementarios. Madre y padre han de ejercer tareas de contención complementarias con un mismo objetivo: crear un sistema internalizado de relaciones, organizar un marco para los aprendizajes y ser una matriz que fomente la capacidad de pensar (Nicolò, 1990). Desde este modelo la tarea fundamental de la familia es el crecimiento emocional y cognitivo.

El crecimiento emocional en el grupo familiar aparece a partir de la vivencia de las funciones emocionales. Según el modelo de Donald Meltzer y Martha Harris, hay organizaciones familiares basadas en funciones emocionales que produce modelos de aprendizaje fundamentados en la proyección, mientras que para aprender de la experiencia son necesarias funciones emocionales de tipo introyectivo que fomentan la capacidad de contener el sufrimiento mental (Meltzer y Harris, 2023).[2]

2   Para una actualización del modelo Meltzer-Harris véase el prólogo de Albaigés, Camps, Canyadell, Esteve, Hernández, Pérez Testor y Romagosa (2023).

Este modelo está basado en una concepción de grupo familiar en la que los padres ejercen la función de protección del sistema filial, fomentando el crecimiento del grupo abriéndolo a la sociedad. Es necesario que los padres ayuden a los hijos para que estos puedan contener sus ansiedades, crezcan y se abran a la comunidad. Aunque, de forma realista, Guillermo Salvador apuntaba:

> Creo que en la práctica existe un sistema parental, con aspectos adultos e infantiles de los padres, y un subsistema infantil con aspectos infantiles y competentes (adultos) de los niños. […] Lo que resulta indiscutible es que, para poder crecer en salud, los niños deben crearse unas representaciones mentales de las figuras paternas lo suficientemente sólidas y contenedoras. (Salvador, 2009, p. 81)

Las funciones emocionales introyectivas son aquellas que fomentan el crecimiento, que ayudan a incorporar aspectos positivos en el desarrollo, mientras que las proyectivas interfieren negativamente en él. En el modelo de Meltzer y Harris, las funciones introyectivas que promueven el desarrollo son:

1. Generación de amor.
2. Fomento de esperanza.
3. Contención del sufrimiento depresivo.
4. Pensar.

Estas funciones permiten afrontar y contener las ansiedades, dar nombre a los sentimientos y conflictos y utilizar la capacidad de pensar para encontrar caminos de reparación y simbolización. Cuando el sistema parental se hace cargo de estas funciones emocionales adultas y lidera la capacidad de pensar, la familia se organiza de forma exitosa, evitando la confusión y el caos.
Las funciones emocionales proyectivas son:

— Suscitación de odio.
— Siembra de desesperación.
— Emanación de angustia persecutoria.
— Creación de mentiras y confusión.

Cuando predominan estas funciones, la familia se desestructura y aparece la patología en el grupo. Si la familia enferma, pierde su capacidad de ejercer tareas de contención, la ansiedad se desborda y el grupo se desorganiza o pone en marcha mecanismos de defensa patológicos.

En el capítulo 11 desarrollaremos las consecuencias para la familia de la pérdida de equilibrio de las funciones emocionales, dado que dependiendo de la capacidad que tenga para integrar las funciones emocionales y mantener un equilibrio positivo entre las funciones introyectivas y las proyectivas, una familia será más exitosa que otra en la capacidad para contener.

Referencias

Albaigés, L., Camps, N., Canyadell, E., Esteve, J.O., Hernández, C., Pérez Testor, C. y Romagosa, A. (2023). Próleg. En: D. Meltzer y M. Harris (2023). *El paper educatiu de la família*. Barcelona: Monografies de Psicoanalisi, Psicoteràpia i Salut Mental [ed. cast.: *El papel educativo de la familia*, Bogotá, Arango Editores, 2019].

Barril, J. (1997). *Condició de pare*. Barcelona: Edicions La Campana [trad. cast.: *Condición de padre*, Madrid, Aguilar, 1997].

Bertrando, P. y Toffanetti, D. (2004). *Historia de la terapia familiar: los personajes y las ideas*. Barcelona: Paidós.

Bowlby, J. (1949). The study and reduction of group tensions in the family. *Human Relations*, 2, 123-128.

Brazelton, T.B. y Cramer, B.G. (1993). *La relación más temprana*. Barcelona: Paidós.

Clulow, C. (1996). *Partners becoming parents: talks from the Tavistock Marital Studies Institute*. Londres: Sheldon.

Flügel, J.C. (1972). *Psicoanálisis de la familia*. Buenos Aires: Paidós.

Font, J., Pérez Testor, C. y Romagosa, A. (1995). Família i salut mental. En: Departament de Sanitat i Seguretat Social (ed.), *Atenció sanitària i entorn familiar*. Barcelona: Departament de Sanitat i Seguretat Social, Generalitat de Catalunya.

FREUD, S. (1973). Análisis de la fobia de un niño de 5 años. En: *Obras Completas* (vol. II, pp. 1365-1440). Madrid: Biblioteca Nueva.

MELTZER, D. (1994). Psychoanalytical perspective of the mental functioning on the fetus. *Jornadas sobre Avances en el conocimiento del funcionamiento psíquico fetal.* Barcelona: Fundació Vidal i Barraquer.

— y HARRIS, M. (2023). *El paper educatiu de la família.* Barcelona: Monografies de Psicoanàlisi, Psicoteràpia i Salut Mental [ed. cast.: *El papel educativo de la familia*, Bogotá, Arango Editores, 2019].

MORGAN, M. (2018). *A Couple State of Mind: Psychoanalysis of Couples and the Tavistock Relationships Model.* Londres: Routledge. https://doi.org/10.4324/9780429451102

NICOLÒ, A.M. (1990). Hacia una perspectiva psicoanalítica en el estudio de la familia y de la pareja. *Revista de Psicoanálisis*, 47(5/6), 908-922.

— (1992). La diagnosi con la famiglia e la coppia. En: A.M. Nicolò y G.C. Zavattini, *L'adolescente e il suo mondo relazionale.* Roma: La Nuova Italia Scientifica.

— (1996). Essere in coppia: funzione mentale e construzione relazionale. En: *Curare la relazione: saggi sulla psicoanalisi e la coppia.* Milán: Franco Angeli.

— (2014). *Psicoanálisis y familia.* Barcelona: Herder.

PÉLAGE, A. (2019). Our «Baby» on YouTube: The Gendered Life Stories of the Unborn. *European Journal of Life Writing*, 8, 69-90. https://doi.org/10.21827/ejlw.8.35666

PÉREZ TESTOR, C. (1994). Funcions emocionals de la família. *Revista de l'Associació catalana d'atenció precoç*, 4, 73-76.

— (1995). Família i comunitat. En: Fundació Vidal i Barraquer, *Nous models de família en l'entorn urbà.* Barcelona: Departament de Benestar Social, Generalitat de Catalunya.

— (1996). La família: funcions i psicopatologia. *Pediatría Catalana*, 56(5), 250-252.

— (2002). Aportaciones psicoanalíticas a la familia. En: C. Pérez Testor (comp.), *La familia. Nuevas aportaciones.* Barcelona: Edebé.

— (2008). The family: emotional functions and the capacity to form relationships. En: *The family: Challenges of yesterday and today* (pp. 28-41). París: International Centre Catholique de Coopération avec l'UNESCO.

— (2019). *Psicoterapia psicoanalítica de pareja*. Barcelona: Herder.

— y Salvador, G. (1995) La dimensió familiar de la parella. *Revista Catalana de Psicoanàlisis*, 1995, *12*(1), 103-112.

—, DAVINS, M., ARAMBURU, I., AZNAR, B. y SALAMERO, M. (2014). Funciones emocionales básicas en la familia del siglo XXI. *Razón y Fe, 270*(1392), 263-271.

—, ARAMBURU, I., DAVINS, M., AZNAR, B. y MERCADAL, J. (2017). La transformación de la familia a principios del siglo XXI: a propósito de un caso. *Revista Internacional de Psicoanalisis de Pareja y Familia*, 16.

PIONTELLI, A. (1992). *From Fetus to Child: An Observational and Psychoanalytic Study*. Londres/Nueva York: Tavistock/Routledge [trad. cast.: *Del feto al niño. Un estudio observacional y psicoanalítico*, Barcelona, Espax, 2002].

PORTE, J.M. (1988). Las «capacidades» del recién nacido. En: S. Levovici, R. Diatkine y M. Soule. *Tratado de psiquiatría del niño y del adolescente* (vol. I, pp. 185-201). Madrid: Biblioteca Nueva.

ROBERTS, J. (2012). *The Visualised Foetus: A Cultural and Political Analysis of Ultrasound Imagery*. Londres: Routledge. https://doi.org/10.4324/9781315551746

SALVADOR BELTRÁN, G. (2009). *Familia. Experiencia grupal básica*. Barcelona: Paidós.

SCHARFF, D. (2019). Prefacio. En: C. Pérez Testor (comp.), *Psicoterapia psicoanalítica de pareja*. Barcelona: Herder.

STERN, D.N. (1996). *Diàri d'un bebè*. Barcelona: Columna.

— (1997). *La constelación maternal*. Barcelona: Paidós.

THOMAS, J.E. (1987). Avaluació de la família. *Jornada de treball de CEPP: «Psicoteràpia de família»*. Barcelona.

— (1991). Clinical Commentary: Commentary by a Psychoanalytical Family Therapist. *British Journal of Psychotherapy*, *8*(1), 95101.

— (1995). *Niveles de la organización mental*. Madrid: EEIPP.

TREVARTHEN, C. (1977). Descriptive analyses of infant communicative behavior. En: H.R. Schaffer (ed.), *Studies in mother-infant interaction* (pp. 227-270). Londres: Academic Press.

— (2011). La psicobiología intersubjetiva del significado humano: el aprendizaje de la cultura depende del interés en el trabajo práctico cooperativo y del cariño por el gozoso arte de la buena compañía. *Clínica e Investigación Relacional*, 5(1), 17-33.

WINNICOTT, D.W. (1979). *Estudios de pediatría y psicoanálisis*. Barcelona: Laia.

— (1964). *The child, the family and the Outside World*. Londres: Penguin Books.

2. La familia desde la mirada sistémica

Anna Vilaregut Puigdesens, Mariona Roca
Santos y Teresa Pretel Luque

Contextualización histórica y evolución del modelo sistémico relacional

Hasta mediados del siglo xx, la medicina, la psiquiatría y la psicología pocas veces se interesaron por la familia como unidad de intervención terapéutica. Además, psiquiatras y psicólogos la consideraban como una entidad «diluida» que no representaba por sí misma un parámetro específico de intervención. En este contexto, la familia solo generaba interés para hacer una lectura lineal (causa-efecto), limitando a ciertos factores hereditarios como causa de una determinada enfermedad. Por este motivo, predominaba la tendencia a aislar al paciente de su contexto habitual con la única finalidad de tratarlo eficazmente. Sin embargo, dos factores, uno histórico y otro epistemológico, permitieron cambiar esta visión predominante.

El factor histórico se encuadra principalmente en la Segunda Guerra Mundial (1939-1945); más tarde, la publicación de la obra de Franco Basaglia, *L'istituzione negata. Rapporto da un ospedale psichiatrico* (1968) —que supuso la superación definitiva de los manicomios—, y el desarrollo de la antipsiquiatría de Laing y Cooper en Reino Unido, entre otros movimientos, ejercieron una influencia importante en los profesionales de la salud mental y, en consecuencia, en los primeros terapeutas familiares europeos y norteamericanos.

Según Linares (2012), el factor epistemológico se refiere al binomio entre dos sistemas filosóficos coexistentes, el objetivismo y el subjetivismo, que surgieron a mediados del siglo xx. Esto representó un cambio de paradigma de la psicología en función del sistema filosófico de base.

El objetivismo parte del paradigma positivista, el cual considera que todo fenómeno se puede observar, comprobar y cuantificar. Con base en este paradigma, el conductismo de Pavlov y Watson postula que toda causa produce un efecto, lo que se conoce como «causalidad lineal». Ambas corrientes, junto con el psicoanálisis, representaron el modelo psicoterapéutico de esa época (Linares, 2012).

El subjetivismo se basa en el «principio de incertidumbre», formulado por el físico Werner Heisenberg (1927), que determina la imposibilidad de conocer el todo de manera objetiva y lo inesperada que puede ser realidad. En un segundo momento, a partir los postulados lingüísticos formulados por el filósofo Ludwig Wittgenstein (1953), se puso el acento en la importancia del significado de una palabra o de una frase en función del uso del lenguaje de cada sujeto. Siguiendo este paradigma, el cognitivismo transformó al conductismo enfatizando el pensamiento y la conciencia junto con la conducta. Posteriormente, la psicología humanista subrayó la importancia de las emociones y la psicología sistémica añadió la de la dimensión relacional. Para Linares:

> Este cambio significó enfatizar que no existe una realidad relacional única y objetivamente descifrable, sino que hay realidades relacionales que se construyen desde la subjetividad. Reunir a distintos miembros de una familia o de una organización evoca necesariamente distintos mundos y realidades y se descarta la aproximación de algunos de ellos como «verdaderos» y los otros como «falsos». (2012, p. 18)

Fruto de esta evolución histórica e ideológica, el concepto central de la nueva epistemología en la que se basa el modelo sistémico es la idea de la circularidad que conduce a la dimensión de complejidad. Basándonos en Bateson (1991) y Hofmann (1987), el cerebro no «piensa». Lo que «piensa» es el cerebro de una persona que forma parte de sistemas generales inmersos, en equilibrio, en un medio o entorno en constante relación. Lo que piensa, siente y actúa es un circuito total en constante retroalimentación con su entorno. En consecuencia, el modelo sistémico amplía el campo de observación, y el fenómeno objeto de estudio deja de centrarse en el individuo para concentrarse en un grupo natural con historia (Bateson, 1991).

Hoy el modelo sistémico relacional considera al individuo en su red interaccional, en su entorno inmediato significativo (el contexto familiar), pero también en otros contextos (laboral, sociocultural, religioso, económico, étnico, político, etcétera). Por otra parte, el papel del entorno no se considera unívoco y lineal, sino como una dinámica circular que tiene en cuenta influencias recíprocas entre la persona y su contexto. Tiene como premisa que la identidad se desarrolla a través de las relaciones que se establecen con el entorno, en especial el más significativo: la familia (Linares, 1996). Este modelo busca comprender, mediante preguntas, asuntos relacionados con: 1) Qué, para qué, cuándo y cómo las familias han llegado adonde han llegado en términos de recorrido y no de resultados; 2) Ampliar el foco del problema en términos relacionales; 3) Entender por qué ahora, y no antes, las familias piden ayuda. Por último, la conducta humana, tanto la patológica como aquella que no lo es, solo se puede entender en el contexto —esto es, un espacio dinámico, en continua construcción, basado en las interacciones recíprocas entre la persona y su entorno, que en ocasiones puede resultar sumamente complejo— en el que se produce y no de forma aislada.

Fundamentación teórica del modelo sistémico relacional

El modelo sistémico explica una modalidad de intervención para la terapia familiar. Aunque ha recibido aportes de varios autores y disciplinas, se nutre principalmente de tres fuentes: la teoría general de sistemas (Bertalanffy, 1979), la teoría de la comunicación humana (Watzlawick, Beavin y Jackson, 1981) y la cibernética (Wiener, 1948), que a su vez dieron lugar al Mental Research Institute (MRI) de Palo Alto, la terapia familiar estructural y la Escuela de Milán; las tres principales escuelas de terapia familiar que contribuyeron aún más al modelo sistémico y, en consecuencia, a los orígenes de la terapia familiar sistémica relacional.

Marco conceptual del modelo sistémico

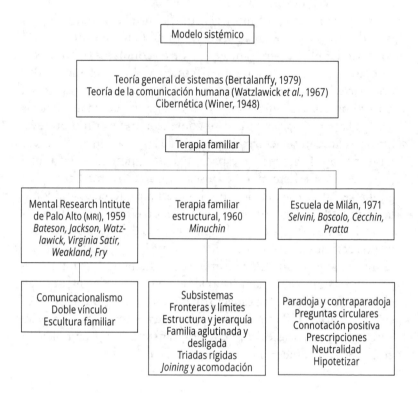

Teoría general de sistemas

Ludwig von Bertalanffy propuso la teoría general de sistemas como un nuevo paradigma científico para comprender la realidad. Bertalanffy (1979) definió un sistema como un conjunto de elementos que interactúan entre ellos, en el que el estado de cada elemento está determinado por el estado de cada uno de los elementos que configuran el sistema. Antes de que Bertalanffy postulara esta teoría, se consideraba que un sistema era igual a la suma de sus partes, por lo que se podía estudiar a partir del análisis individual de sus componentes.

Los sistemas se pueden organizar en suprasistemas, si engloban varios sistemas, o en subsistemas, si se refieren a diferentes partes de un mismo sistema. Además, se puede distinguir entre dos clases de sistemas: el abierto —cuando interactúa con el medio y es susceptible al cambio— y el cerrado —cuando no interactúa con el medio y permanece estático.

La teoría general de los sistemas identifica tres principios básicos en cualquier sistema:

1. Principio de totalidad: explica que cada una de las partes de un sistema está relacionada con las demás, de tal forma que un cambio en una de ellas provoca un cambio en el sistema como un todo. Esta propiedad se relaciona con el principio de no-sumatividad, según el cual el todo es más que la suma de las partes.
2. Principio de circularidad: entiende que las relaciones entre los sistemas nunca son lineales (causa-efecto). Así pues, si A afecta a B, al mismo tiempo B afecta a A. De este modo, las relaciones entre sistemas nunca son unilaterales ni sumativas, sino circulares.
3. Principio de equifinalidad: postula que resultados idénticos pueden tener orígenes distintos, o un mismo origen puede producir diferentes resultados. Lo importante es conocer los procesos de cambio y no el origen o el resultado.

Teoría de la comunicación humana

Esta teoría fue formulada en 1967 por Paul Watzlawick, Janet Beavin y Don Jackson en el Mental Research Institute de Palo Alto, la cual destacaba que lo importante no es el modo de comunicarnos, sino cómo lo hacemos y la forma en que influimos en los demás y ellos en nosotros. Son cinco los principios básicos que constituyen los axiomas metacomunicacionales de la pragmática de la comunicación humana (Watzlawick, Beavin y Jackson, 1981):

1. Es imposible no comunicar: todo comportamiento de un miembro del sistema es una forma de comunicación en sí mismo, tiene un valor de mensaje para los demás, tanto a nivel implícito como explícito.
2. Toda comunicación tiene dos elementos: el contenido (lo que se dice) y la relación (cómo se dice).
3. Existen dos niveles lógicos en toda comunicación: el nivel digital se refiere al contenido semántico del mensaje; el nivel analógico a cómo se comunica dicho mensaje, es decir, el tono, la expresión, la emoción y la forma de expresarlo.
4. La puntuación de las secuencias de hechos: esta característica se refiere a la interacción entre comunicantes como una secuencia continuada de intercambios en la que la «puntuación» tiene que ver con la manera de organizar los hechos para formar una secuencia ordenada. Así pues, «la falta de acuerdo con respecto a la forma de puntuar la secuencia de hechos es la causa de incontables conflictos en las relaciones» (Watzlawick, Beavin y Jackson, 1981, p. 58).
5. La relación puede ser simétrica o complementaria en función del tipo de interacción comunicativa entre las partes:
   a. La relación es simétrica cuando mantenemos una relación de igualdad con la otra persona. Si se convierte en rígida, hablaremos de una relación de escalada simétrica.
   b. La relación es complementaria cuando la relación entre ambas personas se basa en la diferencia o desigualdad. En esta relación un participante ocupa una posición superior o primaria *(up)*, mientras que el otro ocupa una posición inferior o secundaria *(down)*. Si se convierte en rígida, hablaremos de una relación basada en la complementariedad rígida.

Siguiendo con la pragmática de la comunicación humana, en todo acto comunicativo existe una respuesta tanto en el nivel de contenido como en el de relación. Ahora bien, dependiendo del grado de funcionalidad de este acto comunicativo hablamos de tres posibles respuestas por parte del receptor:

1. Rechazo o aceptación de la comunicación (respuesta funcional ante un mensaje que se ha formulado de manera clara en los dos niveles de mensajes, digital y analógico): el rechazo bloquea bruscamente la tentativa de continuar la relación o interacción comunicativa, mientras que la aceptación genera la confirmación de la relación o interacción.
2. Desvalorización o descalificación (respuesta disfuncional moderada): la persona menosprecia, cuestiona, critica, desprecia la comunicación con el otro, dando lugar a contradicciones, malentendidos, frases incoherentes e incompletas que provocan inseguridad, indefensión y desconfianza en la persona desvalorizada.
3. Desconfirmación (respuesta disfuncional grave): implica que en la interacción entre dos personas una hace sentir que el interlocutor no existe.

Así pues, la descalificación desvaloriza a la otra persona, pero confirma la presencia del otro. En cambio, en la desconfirmación el otro pasa a ser transparente o invisible. Según la pragmática de la comunicación humana, la manera para hacer frente a estos dos estilos comunicativos disfuncionales es metacomunicar o comunicar sobre la comunicación. En otras palabras, pedir una aclaración o demostrar rechazo ante lo que se ha escuchado.

La cibernética

La teoría de la cibernética incluye la cibernética de primer orden, que reúne la primera cibernética de Wiener (1948; 1985) y la segunda cibernética de Maruyama (1985), y la cibernética de segundo orden, conocida como la nueva cibernética. La cibernética de primer orden consideraba que el rol del terapeuta era el de observador, diferenciado del sistema observado; en cambio, la cibernética de segundo orden entiende que el terapeuta, como observador, forma parte del sistema y, por tanto, de la realidad construida.

Conocida como la ciencia que estudia el equilibrio entre sistemas y sus mecanismos controladores, la cibernética se introdujo por primera vez en el cuerpo teórico de la terapia familiar de la mano de Don Jackson y Gregory Bateson, quienes coincidieron con Wiener, padre de la primera cibernética. Este último la definió en 1948 como la ciencia de la comunicación entre el hombre y la máquina, cuyo objetivo central se basaba en estudiar los procesos comunicacionales entre los sistemas naturales y artificiales.

Jackson, psiquiatra colaborador del grupo de Palo Alto, fue el primero en observar que cuando un miembro sintomático de la familia mejora en terapia individual, otro miembro empieza a desarrollar sintomatología; así, concluyó que determinadas familias necesitan del rol de «enfermo» para mantener en equilibrio su funcionamiento. Ya en la década de 1930 Wiener había utilizado el concepto de «homeostasis» para designar la tendencia de todo sistema abierto a mantener su equilibrio interno mediante mecanismos reguladores complejos, denominados *feedbacks* negativos o retroalimentación negativa. Posteriormente, Marcelo Ceberio y Paul Watzlawick (1998) propusieron que el concepto de homeostasis no define un proceso enriquecedor, pues se refiere a un equilibrio estático, un estado inmóvil del sistema.

Décadas más tarde, con la segunda cibernética, Masao Maruyama enriquece estos primeros apuntes gracias a una nueva propiedad que identifica en los sistemas y que denomina «morfogénesis», que definía sistemas más permeables a su entorno, con reglas de funcionamiento flexibles que les permiten adaptarse frente a situaciones de crisis, modificando sus pautas a través de *feedbacks* positivos o retroalimentación positiva para generar un cambio. Según Maruyama (1985), la homeostasis es la capacidad de todo sistema vivo y abierto de mantener su estructura en un ambiente cambiante o en evolución mediante la retroalimentación negativa, mientras que la morfogénesis es la capacidad de todo sistema vivo y abierto de cambiar para adaptarse a nuevas situaciones a través de la retroalimentación positiva.

A partir de dichos postulados surge la cibernética de segundo orden que, según Mead (1968, citado en Ceberio y Watzlawick, 1998), integra al observador y al observado como parte de un único sistema que ya no es observado desde fuera. Con este enfoque, y gracias a las aportaciones del constructivismo (Maturana y Varela, 1990) y del construccionismo social (White y Epston, 1993), la realidad que el observador percibe desde dentro está construida individualmente en su mente y los significados que le da son fruto del entorno social en el que vive. Este planteamiento introducido a la práctica de la terapia familiar sistémica evidenció la importancia de trabajar el rol de la persona a través de la supervisión directa o indirecta del terapeuta.

En conclusión, la cibernética de primer orden brindó los conceptos de regulación, equilibrio, estabilidad, retroalimentación y cambio (dentro del sistema familia), mientras que la cibernética de segundo orden introdujo conceptos de mayor complejidad (familia y terapeuta como un todo). El diagrama a continuación presenta las principales aportaciones de la cibernética desarrollada en este apartado.

Principales aportaciones de la cibernética en el modelo sistémico

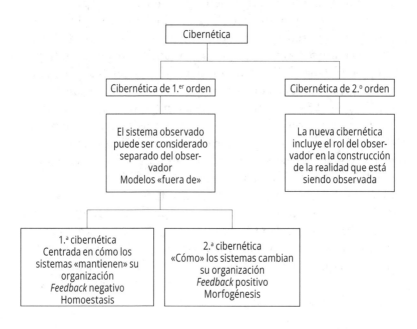

Principales escuelas de terapia familiar a partir del modelo sistémico relacional

La llegada de la terapia familiar ha permitido el desarrollo de numerosas «escuelas», y ha sido tal el grado de diversificación que no resulta fácil nombrarlas y definirlas a todas. No obstante, los estudios en el campo de la terapia familiar coinciden en identificar tres escuelas, tanto en el ámbito de la formación como en la investigación, que tuvieron una influencia indiscutible en los fundamentos de la terapia familiar sistémica. Nos referimos a la Escuela de Palo Alto, la Escuela Estructural y la Escuela de Milán.

Mental Research Institute de Palo Alto

Uno de los principales inspiradores del pensamiento del MRI de Palo Alto fue el antropólogo, psicólogo y epistemólogo estadounidense Gregory Bateson, estudioso de la comunicación que se vio influenciado por la cibernética y la teoría de grupos.

El 1952 obtuvo una beca de la Fundación Rockefeller para estudiar las paradojas de la comunicación (Bateson Research Project) junto con un equipo de investigadores integrado por John Weakland (ingeniero químico), Jay Haley (estudiante de Comunicación Social de Stanford) y William Fry (psiquiatra), a quienes en 1954 se sumó Don Jackson (psiquiatra), conocidos como el Grupo de Palo Alto. Así pues, para desarrollar su objeto de estudio —las paradojas de la comunicación humana— se centraron en familias con un miembro diagnosticado de esquizofrenia. Los resultados de su investigación, que dieron lugar a la etiología interaccional de la esquizofrenia, fueron presentados en el artículo «Towards a theory of schizophrenia» (Bateson *et al.*, 1962). En él se describe el estilo de comunicación y la dinámica de las familias con un miembro con esquizofrenia de la cual se derivó lo que conocemos como la teoría del doble vínculo. En concreto, los autores fijaron cinco condiciones para que se desarrolle una dinámica de doble vínculo:

1. Presencia de un mensaje A (nivel lógico digital).
2. Presencia de un mensaje B, que niega o contradice al mensaje A emitido con un nivel lógico diferente (nivel lógico analógico): el mensaje A y el mensaje B se dan al mismo tiempo, contradiciéndose y negando uno al otro en niveles lógicos de comunicación diferentes (el mensaje digital transmite el contenido del mensaje y el analógico la información del tipo de relación de signo opuesto). Esto también se conoce como doble mensaje o comunicación paradojal.
3. Imposibilidad de abandonar el campo de comunicación o de metacomunicar (comunicar sobre la comunicación): en otras palabras, la imposibilidad de pedir una aclaración o demostrar rechazo ante lo que se ha escuchado (mensaje A) con lo que se ha sentido (mensaje B).
4. La existencia de una relación de dependencia entre los interlocutores que no dejan de ser las personas más significativas (normalmente el padre hacia el hijo).
5. Presencia de una continuidad secuencial: una vez establecida esta pauta de comunicación disfuncional, con la presencia de una sola condición de las cinco es suficiente para que se dé una situación de interacción de doble vínculo.

En 1959, Don Jackson creó el MRI en Palo Alto, gracias a los fondos que Bateson había obtenido años antes para estudiar la interacción y la comunicación humana, donde se llevarían a cabo los principales avances en la terapia familiar sistémica con base en la teoría de la comunicación humana. Con el tiempo, los estudios desarrollados en el MRI se focalizarían poco a poco en los aspectos disfuncionales entre la comunicación humana y sus métodos para resolver los problemas. Un primer grupo de trabajo estuvo conformado por la psiquiatra Jules Riskin y la trabajadora social Virginia Satir, una de las pioneras de la terapia familiar sistémica que utilizó las esculturas familiares. En 1961 se incorporaron al equipo del MRI el psicólogo Paul Watzlawick, el antropólogo John Weakland, el psiquiatra Richard Fisch y el estudioso de la comunicación Jay Haley.

Escuela de terapia familiar estructural

La terapia familiar estructural surgió en la década de 1960 de la mano de Salvador Minuchin, director de la Philadelphia Child Guidance Clinic (1967-1981), en la que trabajó con Braulio Montalvo y más tarde con Jay Haley, Harry Aponte, Charles Fishman y Mariana Walters. A partir de sus investigaciones con familias multiproblemáticas, Minuchin describió las principales características de la terapia familiar estructural en su obra *Families of the Slums* (1967, citado en Hofmann, 1987); tiempo después, su trabajo con familias con hijos con síntomas psicosomáticos (asma, diabetes y anorexia) le proporcionó material suficiente para publicar tres libros más: en 1974 *Familias y terapia familiar* (1977), en 1978 *Psychosomatic families. Anorexia nervosa in context* (1978) y en 1981 *Técnicas de terapia familiar* (2004). Entre las grandes aportaciones de este tipo de abordaje terapéutico se destacan:

1. Concepto de estructura y jerarquía: la familia es un sistema organizado y jerarquizado estructuralmente, delimitado por reglas y límites familiares, cuyo objetivo es proteger el sentimiento de pertenencia y la diferenciación de los integrantes del sistema familiar.
2. Un subsistema es la unión de miembros de la familia según el tipo de vinculación, función a desarrollar, generación, etcétera. La familia se estructura y desarrolla sus funciones a través de tres subsistemas funcionales:
   a. Subsistema conyugal: entre los miembros de la pareja funciona la complementariedad y la acomodación mutua; ambos organizan, negocian y establecen las bases de la convivencia, manteniendo una actitud de reciprocidad interna y en relación con otros subsistemas.
   b. Subsistema parental: con el nacimiento de los hijos, el subsistema conyugal debe asumir una nueva función, la parental, sin renunciar a las que caracterizan al subsistema conyugal.

c. Subsistema filial o fratría: la relación de los hermanos ayuda al aprendizaje de la negociación, cooperación, competición y relación entre iguales.
3. Las fronteras son los límites exteriores del sistema familiar, cuya función es regular y definir la información que entra en el sistema y el grado de acceso de las personas que no forman parte de él.
4. Los límites o fronteras familiares internas se definen a partir de las reglas de conducta aplicables a los distintos subsistemas familiares y varían en función de su permeabilidad; pueden ser difusos, rígidos o claros. Para un buen funcionamiento familiar los límites de los subsistemas deben estar claros, permitiendo a los miembros de los subsistemas el desarrollo de sus funciones y también el contacto entre los miembros del subsistema y los demás. En función de los límites, Minuchin (1977) establece dos tipos familiares: las familias aglutinadas y las familias desligadas.
    a. Las familias aglutinadas presentan límites difusos, poca diferenciación entre los miembros, y un exagerado sentido de pertenencia.
    b. Las familias desligadas se caracterizan por límites rígidos e inalterables, gran sentido de la independencia y pocos sentimientos de pertenencia y lealtad. Los límites claros son aquellos propios de una familia con una estructura y adaptación funcional.
5. La tríada rígida consiste en una situación relacional en la que como consecuencia del conflicto y la tensión emocional entre dos miembros del sistema familiar (cónyuges), se incluye a un tercero (hijo) para evitar y desviar el conflicto diádico. Minuchin (1977) diferencia tres configuraciones de tríadas rígidas: triangulación, coalición y desviación de conflictos.
    a. Triangulación: en el conflicto conyugal, ambos cónyuges tratan de aliarse y obtener el apoyo del hijo, de modo que el hijo se ve expuesto a una lealtad conflictiva.

b. Coalición: uno de los cónyuges se alía con el hijo con el objetivo de ir en contra del otro cónyuge.

c. Desviación de conflictos: ante el conflicto conyugal, se designa a uno de los hijos el rol de «malo» o «enfermo»; ante esta situación los progenitores abandonan sus diferencias y se unen para cuidar o controlar a su hijo.

Escuela de terapia familiar de Milán

La escuela de terapia familiar de Milán nace de la mano de Mara Selvini Palazzoli, psiquiatra psicoanalista especializada en trastornos alimentarios, quien empezó a trabajar como terapeuta familiar en 1971. Junto a Luigi Boscolo, Giofranco Cecchin y Giuliana Prata, psiquiatras psicoterapeutas, Selvini inauguró el Centro para el Estudio de la Familia en mayo de 1967. Desde ese año hasta 1980 la terapia familiar desarrollada en este centro incluyó desde un principio el trabajo de equipo, que derivó en el nombre que todos conocemos como Grupo de Milán. Así, los cuatro integrantes del grupo trabajaron juntos en un ambiente particular: uno o dos terapeutas trabajaban frente a frente con las familias, mientras que los demás observaban detrás de un espejo unidireccional supervisando a los terapeutas (Matteo, 1990, p. 23). Las aportaciones de este equipo quedan bien reflejadas en el libro *Paradoja y contraparadoja* (1988). En la década de 1980 el equipo se disolvió y quedó dividido en dos grupos: Selvini y Prata, por un lado, y Boscolo y Cecchin, por otro.

El Grupo de Milán promovió el modelo de trabajo en equipo, al permitir la supervisión directa, la coterapia y la alternancia de roles. En sus inicios comunes, sus integrantes trabajaron por equipos terapéuticos formados por parejas de sexo complementario con el fin terapéutico de crear un mayor equilibrio en la interacción entre coterapeutas y con el sistema familiar. Asimismo, intervenían observadores e interventores, lo cual permitía configurar una «mente colectiva» y, por tanto, procesos de autoobservación, autorreflexión y autocorrección entre todos los miembros.

Las sesiones terapéuticas se estructuraban, según Matteo Selvini (1991), en cinco fases: la presesión; la sesión; la pausa, en la que los terapeutas y los observadores debatían y decidían cómo concluir la sesión; la devolución y la postsesión, en la que se formulaban hipótesis relacionales y se preparaba los puntos importantes a trabajar en la siguiente sesión.

Una de las aportaciones de este equipo al proceso terapéutico fue la llamada telefónica que se realizaba cuando una familia contactaba por primera vez. En esta se recogía información relativa al problema, las características sociodemográficas de los miembros, información sobre el derivante y de la familia de origen. También aportaron el punto relacional en la observación clínica de los casos. Este nuevo enfoque describía el ser o estado del paciente en relación con una tercera persona concreta. De este modo, el diagnóstico quedaba ligado al contexto específico de evaluación o presentación del síntoma.

Las observaciones descritas dieron lugar al concepto de «juego de la familia», esto es, el comportamiento específico y único que describe cada familia. La tarea de los terapeutas y el punto de partida del proceso terapéutico se centraba en descubrir el juego relacional familiar y preguntarse cómo cambiarlo. Algunas de las técnicas utilizadas por el equipo de Selvini (1988) son la contraparadoja, donde se indica a la familia que no cambien el juego relacional familiar presentado; las preguntas circulares, a través de las cuales los miembros de la familia verifican o rechazan las hipótesis sistémicas formuladas sobre la interacción y funciones de los problemas familiares; y los rituales familiares, que promueven cambios individuales, familiares y sociales fomentando el sentido de pertinencia y permitiendo las transiciones. En cuanto a la actitud, Selvini y su equipo mantenían una posición de neutralidad para evitar que su objetividad entrara, sin darse cuenta, en los juegos relacionales de la familia y no fuera útil como terapeuta.

El Grupo de Milán hizo importantes aportaciones terapéuticas, entre otras, las preguntas circulares, como un método para ampliar la información sobre el contexto familiar formulando preguntas sobre la relación (lo que llamamos «preguntas empáticas»); el principio de neutralidad y sobre todo la importancia del conocimiento e indagación personal del terapeuta para que sus prejuicios e historia de vida no influenciara de forma inconsciente en el proceso; por último, la formulación de hipótesis sobre el juego familiar antes del primer encuentro y durante todo el proceso terapéutico, buscando verificarlas o rechazarlas. Además, el terapeuta debe tener claro que si un sistema está vivo debe buscar y centrarse en lo que funciona, detectando los elementos sanos (connotación positiva) y mostrando siempre una actitud de curiosidad frente a la familia como un todo sin centrarse en lo individual.

Por otro lado, el equipo de Mara Selvini, Stefano Cirillo, Matteo Selvini y Anna Maria Sorrentino formularon dos teorías patogénicas en cuanto a los juegos familiares: el embrollo y la instigación. El embrollo es un juego relacional caracterizado por la traición al hijo por parte de su «progenitor preferido». El síntoma se presenta cuando el hijo se da cuenta de que ha sido instrumentalizado por dicho «progenitor preferido», quien le ha ofrecido una relación privilegiada para conseguir algo en contra del otro progenitor.

En la instigación ambos progenitores participan del mismo juego relacional disfuncional y uno de ellos adopta un rol activo (instigador) mientras que el otro asume un rol pasivo (instigado). En cuanto al hijo, este se encuentra en medio, observando las conductas humillantes que el instigador inflige al instigado; así, en este juego relacional no puede observar las conductas desvalorativas o desconfirmadoras que el instigado dirige hacia el instigador debido a que en su mayoría se manifiestan a nivel analógico, afectándolo de forma muy disfuncional. El síntoma aparece cuando el hijo aprende a ejecutar las provocaciones o conductas humillantes dirigidas al progenitor pasivo hacía el instigador y percibe que el vínculo que tiene con el primero ha sido instrumentalizado por mantener el juego relacional. En cuanto a la actitud terapéutica, Selvini y su equipo defendían una posición de neutralidad para evitar ser sumergida por los juegos relacionales de la familia.

Este capítulo ha presentado las raíces del modelo sistémico y las principales escuelas de terapia familiar sistémica, que han supuesto pilares básicos para desarrollar nuevas aportaciones y permitir la evolución del propio modelo. Gracias a todo ello, y en forma de síntesis, conceptualizamos la familia como un sistema natural, en constante evolución, regido por unas reglas y límites que lo hacen único y singular, con un estilo propio de comunicación, dinámica y pautas relacionales entre los miembros que permiten organizarse en una estructura formada por subsistemas que generan un gran sentimiento de pertenencia.

Referencias

BASAGLIA, F. (1968). *L'istituzione negata. Rapporto da un ospedale psichiatrico.* Turín: Einaudi [trad. cast.: *La institución negada. Informe de un hospital psiquiátrico*, Barcelona, Barral, 1972].

BATESON, G. (1991). *Pasos hacia una ecología de la mente.* Buenos Aires: Planeta.

—, JACKSON, D., HALEY, J. y WEAKLAND, J. (1962). Towards a theory of schizophrenia. *Behavioral Science, 1*, 251-264.

BERTALANFFY, L. (1979). *Perspectivas en la teoría general de sistemas.* México: FCE.

CEBERIO, M.R. y WATZLAWICK, P. (1998). *La construcción del universo. Conceptos introductorios y reflexiones sobre epistemología, constructivismo y pensamiento sistémico.* Barcelona: Herder.

FRANKL, V.E. (1999). *El hombre en busca de sentido.* Barcelona: Herder.

HEISENBERG, W. (1927). Über den anschaulichen Inhalt der quantentheoretischen Kinematik und Mechanik. *Zeitschrift fur Physik, 43*, 172-198. http://dx.doi.org/10.1007/BF01397280

HOFFMAN, L. (1987). *Fundamentos de la terapia familiar.* México: FCE.

LINARES, J.L. (1996). *Identidad y narrativa. La terapia familiar en la práctica clínica.* Barcelona: Paidós.

— (2012). *Terapia familiar ultramoderna. La inteligencia terapéutica*. Barcelona: Herder.

MARUYAMA, M. (1985). La segunda cibernética. *Cuadernos GESI-AATGSC*, *9*, 5-31.

MATTEO, M. (1990). *Crónicas de una investigación*. Barcelona: Gedisa.

MATURANA, H. y VARELA, F. (1990). *El árbol del conocimiento*. Madrid: Debate.

MINUCHIN, S., MONTALVO, B., GUERNEY, B.G., BERNICE, L., ROSMAN, B.L. y SCHUMER, F. (1967). *Families of the slums: An exploration of their structure and treatment*. Nueva York: Basic Books.

— (1977). *Familias y terapia familiar*. Barcelona: Gedisa.

—, ROSMAN, B.L. y BAKER, L. (1978). *Psychosomatic families: Anorexia nervosa in context*. Cambridge: Harvard University Press.

— y FISHMAN, H. (2004). *Técnicas de terapia familiar*. Barcelona: Paidós.

SELVINI PALAZOLLI, M., BOSCOLO, L., CECCHIN, G.F. y PRATA, G. (1988). *Paradoja y contraparadoja: un nuevo modelo en la terapia de la familia de transacción esquizofrénica*. Barcelona: Paidós.

SELVINI, M. (comp.) (1991). *Crónica de una investigación: evolución terapia familiar*. Barcelona Paidós.

WATZLAWICK, P., BAVELAS, J. y JACKSON, D. (1981). *Teoría de la comunicación humana. Interacciones, patologías y paradojas*. Barcelona: Herder.

WHITE, M. y EPSTON, D. (1993). *Medios narrativos para fines terapéuticos*. Barcelona: Paidós.

WIENER, N. (1948). Time, Communication and the nervous system. *Annals of the New York Academy of Sciences*, *50*(4), 197-220. https://doi.org/10.1111/j.1749-6632.1948.tb39853.x

— (1985). *Cibernética*. Barcelona: Tusquets.

WITTGENSTEIN, L. (2017). *Investigaciones filosóficas*. Madrid: Trotta.

3. Apego y familia
José A. Castillo-Garayoa

La teoría del apego se ha ido configurando como un marco teórico y empírico independiente, útil para quien estudia el desarrollo humano y las relaciones interpersonales, valioso para comprender la psicopatología y subrayar aspectos clave de la psicoterapia (Duschinsky *et al.*, 2021). Aunque los planteamientos del psicoanalista inglés John Bowlby provocaron controversia en la sociedad psicoanalítica de mediados del siglo XX (Ezquerro, 2017), la teoría del apego plantea una perspectiva diferente de los conceptos fundamentales del psicoanálisis (inconsciente, mecanismos de defensa, transferencia y contratransferencia) pero es respetuosa con ellos (Cortina y Marrone, 2017). También los terapeutas sistémicos —con los que Bowlby siempre mantuvo contacto— se nutren del apego, si bien este tendió a centrar su investigación más en las relaciones diádicas que en el conjunto del sistema familiar (Cortina y Marrone, 2017; Sempere y Fuenzalida, 2017). En cualquier caso, la teoría del apego puede ser muy fructífera para las terapias psicoanalíticas y sistémicas, por lo que en este capítulo plantearemos los conceptos básicos y sus implicaciones para la comprensión de las relaciones familiares.

Proximidad y protección: el vínculo de apego

El apego es un tipo de vínculo que se establece entre una criatura y un adulto; su objetivo fundamental es proporcionar proximidad y protección (Bowlby, 1988). Los humanos, como seres enormemente vulnerables al nacer, necesitamos de la proximidad con otro humano más capacitado (la figura de apego, habitualmente la madre, el padre, algún cuidador) para sentirnos protegidos

(Fonagy, 2004). Mientras que el sistema inmune tiene como objetivo evitar infecciones, la función del sistema de apego es reducir el estrés y generar consuelo, seguridad y protección mediante la proximidad (Holmes, 2009). Es en la familia donde habitualmente encontramos la protección que nos permite sobrevivir y desarrollarnos. Las figuras de apego acostumbran a ser la madre, el padre, uno o varios adultos que configura algún tipo de familia, nuclear, monoparental, homoparental, etcétera.

En la teoría del apego, el concepto de «base segura» implica que el bebé va interiorizando una vinculación que aporta seguridad y le permite explorar el mundo físico y relacional. Cuando en esa exploración el niño siente peligro o malestar, la figura de apego se convierte en refugio en el cual busca apoyo, cariño, bienestar y protección, recuperando así el sentimiento de seguridad.

Las relaciones de apego que se establecen en la infancia en el marco de la familia (excepto las situaciones de desamparo que requieran institucionalización) están asociadas a intensos estados emocionales: la alegría y la seguridad cuando el vínculo con la figura de apego se renueva y se mantiene o, por el contrario, la ansiedad y la ira cuando el vínculo está amenazado, o la tristeza cuando se pierde. En una crianza adecuada debe haber sintonía entre el sistema de apego, es decir, la búsqueda de proximidad para sentir protección y seguridad, y el sistema de cuidado. Las figuras de apego deben ser accesibles, receptivas y sensibles a las necesidades del niño, deben percibir esas necesidades y dar una respuesta adecuada: tranquilizar cuando hay inquietud, proteger cuando hay miedo, contener cuando hay frustración. Si esa sintonía entre necesidades y respuestas del entorno es la experiencia predominante, el niño percibirá a sus figuras de apego como disponibles y desarrollará un apego seguro.

Como veremos, el apego seguro facilitará la regulación de las emociones y conseguir intimidad en sus relaciones. El apego seguro es comparable, metafóricamente, a un terreno fértil que permite cultivar buenos vínculos y salud mental. La tierra es buena, es productiva, aunque eso no garantiza que siempre vaya a ser así: puede haber acontecimientos vitales, pérdidas, que afecten a la seguridad. Por el contrario, si el apego inseguro (al que enseguida nos referiremos) queda equiparado a un terreno menos fértil, pero este puede trabajarse, establecer un sistema de regadío o plantar una nueva clase de semilla que resulte adecuada al terreno. Y aunque tener apego seguro es lo deseable, pues es un factor protector, el apego inseguro en absoluto supone una condena a la infelicidad: si bien puede exigir un mayor o menor esfuerzo de elaboración, no impide desarrollar una vida satisfactoria.

Mary Ainsworth planteó una situación experimental, la *strange situation*, en la que se observa la reacción de niños de entre 18 y 24 meses cuando la figura de apego se va de una habitación en la que hay un adulto desconocido y la reacción cuando la figura de apego regresa después de unos minutos (Ainsworth, Blehar, Waters y Wall, 1978). La separación de la figura de apego y la presencia de un extraño genera ansiedad y, por tanto, activa el sistema de apego. Lo que Ainsworth observó es que el niño de apego seguro exploraba la habitación donde se realizaba el experimento, interactuaba afectivamente con su figura de apego, reaccionaba con malestar cuando se quedaba solo con el extraño y cuando se producía el reencuentro lo recibía bien y se consolaba fácilmente. Este niño de apego seguro habitualmente crece con figuras de apego (madre, padre, adultos cuidadores) que responden con sensibilidad a sus necesidades.

Por el contrario, los niños de apego inseguro ambivalente o resistente, en la *strange situation* exploraban menos el contexto y se mantenían junto a su figura de apego; en la separación mostraban una gran aflicción y en el reencuentro exigían atención, no se calmaban fácilmente y manifestaban tensión e indefensión. El apego inseguro ambivalente está asociado con una crianza en la que las figuras de apego responden de manera inconsistente a las necesidades del niño: en ocasiones sí lo hacen y en ocasiones no. En el apego inseguro evitativo, el niño apenas reacciona ante la separación; en el reencuentro se muestra indiferente y busca poco la proximidad. Predomina la distancia y la frialdad; es un tipo de apego asociado a figuras de apego que rechazan y no responden a las necesidades del niño. Mary Main, tras observar a niños víctimas de maltrato o de abandono precoz, identificó un cuarto tipo de apego al que denominó «desorganizado», caracterizado por que no hay un patrón coherente de respuesta ni en la separación ni el reencuentro, en el que predomina el miedo, la confusión y las conductas estereotipadas. En cualquier caso, conviene no olvidar que esas categorías de apego se observan a partir de la *strange situation*, una situación experimental, de laboratorio, específica, y sus resultados no necesariamente son susceptibles de extrapolarse a otros contextos. Las categorías de apego no deben plantearse como fijas, homogéneas e inmodificables (Duchinsky *et al.*, 2021). Asimismo, cabe recordar que en el desarrollo del apego influye el temperamento de la criatura, su reactividad y su capacidad de autorregulación innata. Además, como señala Main (2000), Ainsworth valoraba el contexto en el que vivían las madres que participaban en la *strange situation*, entendiendo que factores como la enfermedad, la mala relación de pareja o la sobrecarga de trabajo afectan de manera importante a la sensibilidad parental.

Cuando somos adultos, el vínculo de apego sigue vigente, ya que en situaciones de ansiedad y dolor seguimos buscando o necesitando la proximidad de personas especiales o preferidas con quienes la vinculación emocional es muy intensa (la pareja, un amigo íntimo) para obtener amor, apoyo y seguridad. La relación con esas personas especiales es única e irremplazable, y la pérdida de alguna de ellas genera duelo (Mikulincer y Shaver, 2012).

Apego, modelos operativos internos y regulación de las emociones

A partir de las experiencias iniciales de relación, que casi siempre se producen en el contexto familiar, se van desarrollando modelos operativos internos que son determinantes en las relaciones de intimidad. Los modelos operativos internos configuran formas de percibirse a sí mismo *(self)* como alguien digno o indigno de recibir bienestar y cuidado por parte de los demás, y a los demás como personas benevolentes con quienes podemos contar o, por el contrario, como individuos decepcionantes o peli-

grosos (Bretherton y Munholland, 1999; Mallinckrodt, 2000).
Como señalan Duschinsky *et al.* (2021), el concepto de modelos
operativos internos tiene matices diferentes en función del ámbito de investigación del apego en el que nos situemos, pero remite
a las expectativas sobre la disponibilidad de las figuras de apego,
resultante de la repetición de experiencias relacionales, al contenido simbólico sobre dichas figuras y al valor del *self* para ellas.

En el modelo de Bartholomew y Horowitz (1991), los diferentes tipos de apego adulto resultan de la combinación de dos
dimensiones: la ansiedad de apego, asociada a la imagen del *self*,
y la evitación de apego, asociada a la imagen de los otros (Brennan *et al.*, 1998). Las personas con alta ansiedad de apego (imagen negativa del *self*, propia del apego preocupado y temeroso)
temen el rechazo y que el otro no esté disponible cuando lo
necesite. Las personas con alta evitación de apego (imagen negativa de los demás, propia del apego evitativo) necesitan sentirse
independientes porque desconfían del otro y temen la proximidad porque perciben a los demás como rechazantes. Como
subrayan Duschinsky *et al.* (2021), en su planteamiento original
Bowlby (1973) entendía que desarrollamos expectativas en las
que la actitud hacia uno mismo y hacia los demás no son dimensiones independientes, sino que engloban la forma en que el *self*
se relaciona con los demás y el modo en que estos responden.

La entrevista de apego adulto (Adult Attachment Interview,
George, Kaplan y Main, 1985) es el instrumento más sofisticado
para evaluar el apego a partir de las representaciones que tenemos
de la relación con nuestras figuras de apego (habitualmente la
madre, el padre). Dichas representaciones se expresan a través de
los adjetivos que usamos para definir a las figuras de apego, de las
experiencias de separación, rechazo o pérdida que produjeron
dolor, de cómo describimos el vínculo con ellas y la percepción de
cómo todo ello ha afectado a nuestra personalidad. El aspecto
fundamental es que no es tan relevante qué se explica sino cómo
se explica. Una persona puede referir experiencias de maltrato, de
pérdida, etcétera, pero hacerlo de manera coherente, proporcionando evidencias sobre lo que se dice, respondiendo de manera
suficiente, con claridad y orden. En este caso, sea cual sea la na-

turaleza de las experiencias referidas, satisfactorias o dolorosas, amorosas o de rechazo, la persona tendrá apego seguro. Podrá conectar y rememorar experiencias difíciles, volver a sentir el dolor asociado a ellas, pero podrá también regular las emociones que suscitan esos recuerdos. Las personas de apego preocupado-enredado siguen atrapadas en sus experiencias dolorosas, los conflictos que explican parecen absolutamente presentes, aunque hayan sucedido hace años. Las emociones se hiperactivan y las relaciones con los demás son difíciles. En claro contraste, las personas de apego distante-evitativo explican sus experiencias de apego de manera incoherente e incompleta, con lagunas de memoria, tienen una imagen idealizada o despectiva de sus progenitores, evitan la intimidad porque viven la proximidad con malestar, y desactivan sus emociones. Personas que han vivido traumas no resueltos, que no han podido elaborar, cuando hablan de esa pérdida lo hacen sin coherencia y se desorganizan, pueden confundir pasado y presente, generan lapsus o viven experiencias disociativas.

En el modelo propuesto por Mikulincer y Shaver (2007), al igual que en la infancia la activación del sistema de apego en los adultos se produce ante alguna señal de amenaza, induciendo la búsqueda de proximidad a una persona o a una figura de apego internalizada. Si la figura de apego está disponible, atenta y responde con sensibilidad, se recobra el sentimiento de seguridad y de calma. En caso contrario, cuando conseguir proximidad es viable se ponen en marcha las estrategias secundarias de hiperactivación emocional, o cuando ello no es posible, la de desactivación emocional. En el primer caso (hiperactivación), la persona hace esfuerzos intensos por obtener proximidad y está en alerta constante ante posibles señales que la amenacen, mientras que en el segundo (desactivación) la persona inhibe la proximidad e intenta manejar su malestar por sí sola.

En un ejemplo que puede ayudar a comprender la desregulación de las emociones, imaginemos un aparato de radio con el botón de volumen que permite subirlo o bajarlo, y el dial en el que vamos encontrando las diferentes emociones. La facilidad para regular las emociones (apego seguro) permite moverse por el dial y sintonizar con emociones alineadas a nuestras experiencias, y con la posibilidad de ajustar de manera adecuada el volumen. Sin embargo, cuando la persona tiende a la hiperactivación emocional (apego preocupado), hay un dial que parece omnipresente (*radio ira, radio tristeza...*) y que suena estruendosamente; por el contrario, en la desactivación emocional (apego evitativo) no hay manera de sintonizar ningún dial, o el volumen está tan bajo que resulta imperceptible.

Es importante recordar que los estilos de apego y la regulación emocional se desarrollan en un contexto relacional, habitualmente en la familia, y que tanto la hiperactivación como la desactivación son formas adecuadas de actuar ante figuras de apego insensibles, inestables o rechazantes (Mikulincer y Shaver, 2012). Por tanto, comportamientos que en el presente resultan desadaptativos, en algún momento de la evolución de esa persona fueron adecuados. Recordamos, por ejemplo, a una mujer que había sufrido maltrato por parte de su padre, y posteriormente también de su pareja, que en la casa de acogida para mujeres maltratadas con frecuencia se veía implicada en conflictos de relación. En una ocasión había pedido que le sirvieran mucha comida en su plato, comida que no acabó y que después quería tirar a la basura. La educadora le comentó que podía guardar la comida para la cena, pero ella insistía en tirarla. En la reunión del equipo educativo, la educadora explicó que sin darse cuenta empezó a forcejear con la mujer, agarrando el plato para evitar que tirase la comida. En la sesión de psicoterapia, la mujer explicó este incidente con la educadora, comentó lo mal que se había sentido y, preguntada al respecto, lo asoció a cuando era adolescente y forcejeaba con su padre para evitar ser agredida o que su padre maltratase a su madre. Sirva como ejemplo de cómo cualquier conducta relacional que ahora resulte inadecuada, tuvo sentido en el pasado.

Base segura familiar y mentalización

Decíamos que el vínculo de apego que se acostumbra a establecer en el entorno familiar facilita la base segura a partir de la cual el niño puede explorar su entorno físico y también el de las relaciones interpersonales. Extrapolando el concepto de base segura individual, Byng-Hall (1999) se refiere a la base segura familiar, a cómo la familia, cuando funciona de manera suficientemente buena, proporciona una red fiable de cuidadores y de relaciones de apego a partir de la cual los miembros de esa familia se sienten preparados y en disposición para explorar sus potenciales intelectuales, relacionales, etcétera. La base segura familiar implica responsabilidad compartida, capacidad de colaboración entre quienes cuidan (con frecuencia una pareja) y establecer el cuidado como objetivo prioritario. Esa base segura familiar puede debilitarse debido a diferentes situaciones: la pérdida o la amenaza de pérdida de una figura de apego, conflictos que afectan a la capacidad de cuidar (el hecho de que se compita para acaparar ese cuidado, luchas de poder, el distanciamiento o abandono de un progenitor después de un proceso de divorcio) o el hecho de que los cuidadores sean inadecuados (un progenitor que invierte el rol y busca ser cuidado por un hijo o hija adolescente, en lugar de ser él el que cuide).

El apego seguro es fruto de haber tenido progenitores sensibles, de la experiencia de haber sido cuidado, lo que facilita que en las relaciones de pareja y con los hijos siga estando presente ese cuidado, y que se desarrolle intimidad e interdependencia. Por el contrario, la inseguridad del apego afecta a la capacidad de cuidar y de dejarse cuidar (Mikulincer y Shaver, 2012), sea porque uno mismo está lleno de malestar y siente tal imperiosa necesidad de proximidad que se dificulta ese proceso (alta ansiedad de apego) o porque la proximidad resulta difícil de tolerar (alta evitación de apego). Recordemos que la capacidad de cuidar no depende únicamente del apego, sino que también está afectada por las circunstancias facilitadoras o entorpecedoras que vive la persona.

En las parejas que funcionan, lo más frecuente es que cada uno sea figura del apego para el otro. Cuando uno se siente ansioso, inquieto, desbordado o asustado, busca consuelo y protección en la pareja (Hazan y Shaver, 1987). Si ambos miembros de la pareja tienen apego seguro, los modelos operativos internos asociados al otro serán flexibles, lo que facilitará incorporar nueva información, describir de manera coherente al otro (incluidas virtudes y defectos) y estar abiertos a la influencia mutua, preservando la autonomía. Si el apego es inseguro, la imagen del otro es más estereotipada y rígida, aparece la idealización o la devaluación; la necesidad de estar «enganchado» resulta imperiosa o, por el contrario, se sobrevalora la necesidad de independencia. Un mal funcionamiento de la pareja daña al subsistema de los hijos y al conjunto de las relaciones familiares (Mikulincer y Shaver, 2007).

En la relación con los hijos, el apego seguro facilita la sensibilidad parental hacia sus necesidades, lo que genera en ellos facilidad para explorar y madurar. Son familias en las que se permite la exploración, el ir y venir propio de los hijos adolescentes y jóvenes, pero sin perder la conexión y el sentido de pertenencia a la familia. En el apego inseguro con alta ansiedad, la disponibilidad parental es intermitente, la proximidad puede ser excesiva, las actitudes intrusivas y de control se imponen, los límites de la estructura familiar se hacen borrosos. Por el contrario, en los casos de alta evitación de apego predomina la distancia, el rechazo, la desconexión, y se evita la proximidad emocional y física. La inseguridad del apego afecta a la interacción con los hijos y a la relación de pareja, pero también al conjunto del clima familiar y a la calidad de las interacciones, en especial si hay un alto nivel de conflicto entre los padres. Si la ansiedad de apego de los progenitores es alta, la cohesión familiar es fuerte, los lazos emocionales son intensos, pero la adaptabilidad se resiente, mientras que si lo es la evitación de apego, se empobrece tanto la cohesión como la adaptabilidad (Mikulincer y Shaver, 2012).

Si la familia es la matriz en la que se desarrolla la identidad y se construyen los fundamentos de las relaciones futuras, las relaciones de apego permiten el desarrollo de la inteligencia social y de la capacidad para dar significado a las experiencias relacionales (Fonagy, Target, Gergely, Allen y Bateman, 2003). Son, en definitiva, el núcleo de la capacidad de pensar. Partiendo del apego, el concepto que ha ganado cada vez más peso en las últimas décadas, sobre todo por sus implicaciones clínicas, es el de mentalización. La mentalización es el proceso mental por el que una persona implícita y explícitamente interpreta las acciones propias y de los demás como significativas con base en estados mentales intencionales: lo que uno mismo o los demás hace o dice, nuestras acciones y sentimientos, pueden entenderse a partir de deseos, necesidades, sentimientos, creencias y razones (Bateman y Fonagy, 2012).

Simplificando, «mentalizar» es sinónimo de «pensar» sobre la conexión entre estados internos y acciones, entre cómo uno se siente y cómo actúa. La familia, red de relaciones intensa y cargada de emociones, facilita o entorpece que el niño desarrolle su capacidad para comprender al otro. Dicha capacidad se va forjando a través de la claridad de la comunicación, de conversaciones, recuerdos e historias explicadas sobre hechos y personas, compartiendo marcos interpretativos que aportan seguridad sobre, por ejemplo, que el humor es humor y no crítica o que la tristeza es tristeza y no ira (Fonagy, Target, Gergely, Allen y Bateman, 2003; Hill, Fonagy, Safier y Sargent, 2003). Las relaciones de apego, además de proveer consuelo y bienestar y facilitar la regulación de las emociones, favorecen la comprensión de las relaciones y la confianza epistémica, la confianza en la autenticidad y relevancia de la información interpersonal que se transmite (Asen y Fonagy, 2017; Hill, Fonagy, Safier y Sargent, 2003).

Mentalizar, poder pensar sobre las propias experiencias y sobre lo que puede pasarle a alguien con quien nos relacionamos, es un aspecto esencial para la regulación de las emociones. Mentalizar es incompatible tanto con la hiperactivación como con la desactivación, pero no debe concebirse como un todo o nada, pues supone un proceso evolutivo y también está influido por el contexto. Munich (2006) plantea una serie de etapas en el proceso de mentalización:

1. Actuar y reaccionar: puede ser un patrón adaptativo de respuesta rápida en situaciones peligrosas, cuando se trata de luchar o escapar, pero en la mayoría de las relaciones interpersonales es un patrón disfuncional. El pensamiento se rigidifica y estereotipa, promoviendo reacciones emocionales intensas y desreguladas.

2. Tomar conciencia de la reacción: implica más flexibilidad y temple cognitivo, es posible focalizar e identificar el afecto que promueve la reacción.
3. Pensamiento reflexivo y flexible: es posible regular el afecto, pensar sobre lo que pensamos y sentimos.
4. Empatía y sintonía realista: capacidad para la afectividad mentalizada, para pensar mientras se siente.
5. Mentalización: capacidad para el pensamiento simbólico, imaginativo e interpretativo sobre el *self*, los demás y la interrelación. Es posible mentalizar sobre cualquier aspecto de la propia biografía.

Cabe destacar que estas etapas forman parte tanto de la evolución de los humanos desde la infancia como del proceso clínico, en el que algunos de nuestros pacientes pueden situarse en la primera etapa (actuar y reaccionar) y debemos acompañarlos y ayudarlos a tomar conciencia de sus reacciones, en primer lugar, e ir trabajando las siguientes etapas de desarrollo de la mentalización.

El maltrato intrafamiliar y la violencia de género comprometen la base segura familiar y pueden llegar a destruirla. La paradoja del maltrato en la relación de pareja o de las madres y padres que maltratan a sus hijos es justamente que maltrata quien debería proteger. Que una madre o un padre maltrate a su hijo no desactiva el apego: el niño puede seguir buscando la proximidad hacia la figura de apego, justamente hacia aquel que maltrata. Así, cuando el niño experimenta malestar o miedo se activa el sistema de apego, lo que promueve la búsqueda de proximidad con el progenitor que en lugar de contener y calmar, maltrata, generando de nuevo un malestar que activará el apego y reiniciará el círculo vicioso que caracteriza al maltrato (Fonagy *et al.*, 2003). Lo mismo sucede en el caso de la relación de pareja, ya que uno es figura del apego para el otro.

El maltrato afecta profundamente a la capacidad reflexiva. Reconocer el estado mental del otro cuando está cargado de odio puede ser peligroso para el desarrollo del *self*, ya que uno mismo se ve empujado a sentirse indigno de ser querido. Por otro lado, los progenitores que maltratan tienden a distorsionar el significado de su conducta y a generar confusión, afirmando que tienen una intención o que sienten algo que contradice totalmente lo que hacen. El ambiente de esa familia, además, puede estar caracterizado por el autoritarismo, el ser tratado como un objeto, la ausencia de juego o por otros estilos parentales alejados de lo que el niño observa en otras familias de su entorno (Fonagy, 2000). La ausencia de capacidad reflexiva, de mentalización, sitúa a la familia en riesgo de actuar o de reaccionar con violencia. Un progenitor que no está disponible emocionalmente genera en el hijo un malestar intenso, que se amplificará en dicho progenitor si este ha tenido en su infancia experiencias de indefensión y soledad; en este contexto, ausente o mermada la capacidad de mentalización, puede producirse una escalada de intercambios violentos que buscan «solucionar» la situación pero que no hacen sino agravarla: es absolutamente fundamental pasar de la acción a la representación y al diálogo (Asen y Fonagy, 2017).

Implicaciones clínicas

Desde la perspectiva del apego y de la mentalización, el trabajo clínico con familias que presentan dificultades supone implicarse (terapeuta y familia) en un proceso para intentar comprenderse, observando y discutiendo las conexiones entre pensamiento, sentimiento y conducta. El estrés que sufren uno o varios de los miembros de la familia produce la hiperactivación o desactivación de las emociones, lo que interfiere en la mentalización y deteriora la relación familiar. En lugar de ser una base segura a partir de la cual desarrollarse, las interacciones familiares generan emociones intensas (miedo, frustración, ansiedad) que, al no poderse mentalizar, dificultan prestar atención a los sentimientos del otro y comprenderlos. Frente a esta experiencia de no comprender al otro (a mi padre, a mi hijo), aparece el intento de control (del otro o de uno mismo) que, cuando fracasa, genera de nuevo malestar, miedo, frustración, es decir, emociones intensas que no se pueden elaborar y vuelven a iniciar el círculo del conflicto.

Desde la perspectiva del apego, es importante entender qué aspecto de la relación familiar genera amenaza, y por tanto activa el apego, y por qué la familia no puede actuar como refugio seguro para paliar ese sentimiento. Veamos un ejemplo:

En la familia constituida por Laura y Manuel (ambos de 42 años) y sus hijos Pablo y Carlos (de 18 y 15 años), es Laura quien consulta por sentirse desbordada debido a los conflictos con sus hijos. La pareja se separó hace seis años, y es la madre quien se ocupa de los hijos, mientras que el padre, más distante, los ve cada dos fines de semana. La madre tiene una profesión muy exigente. Manuel, el padre, señala que todo es culpa de su exmujer, que no tiene autoridad, que ella es quien no está psicológicamente bien. Dice que él no puede hacer nada, que ya les dice a sus hijos que colaboren, y desiste de acudir a la consulta. En una de las entrevistas con Laura y sus hijos, el mayor, Pablo, se queja de que su madre está poco tiempo en casa, dice que en el trabajo la explotan y que le gustaría pasar más tiempo con ella. Laura comenta que son sus hijos quienes la explotan, que solo la quieren para que les haga las cosas; el hijo pequeño se enfada ante esta explicación. Laura comenta que su exmarido decía a sus hijos que ella los abandonaría, que los dejaría. Tanto la madre de Laura como su exsuegra cuestionan su capacidad como madre.

Este ejemplo sirve para ilustrar que la familia está afectada por el abandono. Madre e hijos probablemente lo sienten por parte del padre, y los hijos además pueden vivir la amenaza de que la madre también se vaya. Laura, desacreditada como madre por los demás, y quizá también por sí misma, se siente desbordada e impotente para contener la inquietud de sus hijos y la propia. Se generan emociones intensas que no pueden mentalizarse, las acciones del otro son interpretadas de manera sesgada porque para cada uno de ellos el otro es alguien incomprensible.

Desde la perspectiva del apego, el cambio terapéutico de las familias se facilita a partir de la autocomprensión de uno mismo y a su vez del rol que se desempeña en la familia, desde la autorreflexión, descubriendo qué ha dañado la confianza y restaurando las relaciones hasta recuperar la disponibilidad y sensibilidad emocional de los progenitores hacia los hijos así como unos vínculos significativos, confiables y seguros (Diamond, Russon y Levy, 2016). La contribución de la teoría del apego es especialmente relevante en las intervenciones dirigidas a optimizar la sensibilidad parental (Eagle, 2017) y, en consecuencia, el desarrollo cognitivo-emocional y la salud mental.

Referencias

AINSWORTH, M.D., BLEHAR, M.C., WATERS, E. y WALL, S. (1978). *Patterns of attachment: A psychological study of the Strange Situation*. Hillsdale: Erlbaum.

ASEN, E. y FONAGY, P. (2017). Mentalizing family violence part 1: Conceptual framework. *Family Process*, *56*(1), 6-21.

BARTHOLOMEW, K. y HOROWITZ, L.M. (1991). Attachment styles among young adults. *Journal of Personality and Social Psychology*, *61*(2), 226-244.

BATEMAN, A. W. y FONAGY, P. (eds.) (2012). *Handbook of mentalizing in mental health practice*. Washington: American Psychiatric Publishing.

BOWLBY, J. (1973). *El apego y la pérdida II: la separación*. Barcelona: Paidós.

— (1988). *Una base segura: aplicaciones clínicas de una teoría del apego*. Barcelona: Paidós.

BRENNAN, K.A., CLARK, C.L. y SHAVER, P.R. (1998). *Self*-report measurement of adult romantic attachment: An integrative overview. En J.A. Simpson y W.S. Rholes (eds.), *Attachment theory and close relationships* (pp. 46-76). Nueva York: Guilford.

BRETHERTON, I. y MUNHOLLAND, K.A. (1999). Internal working models in attachment relationships: A construct revisited. En: J. Cassidy y P.R. Shaver (eds.), *Handbook of attachment: Theory, research, and clinical applications* (pp. 89-111). Nueva York: Guilford.

BYNG-HALL, J. (1999). Family and couple therapy: Toward

greater security. En J. Cassidy y P.R. Shaver (eds.), *Handbook of attachment: Theory, research, and clinical applications* (pp. 625-645). Nueva York: Guilford.

CORTINA, M. y MARRONE, M. (2017). La teoría del apego: perspectivas históricas y actuales. En M. Cortina y M. Marrone (comps.), *Apego y psicoterapia: un paradigma revolucionario* (pp. 27-81). Madrid: Psimática.

DIAMOND, G., RUSSON, J. y LEVY, S. (2016). Attachment-Based Family Therapy: A review of the empirical support. *Family Process, 55*, 595-610.

DUSCHINSKY, R., BAKKUM, L., MANNES, J.M.M., SKINNER, G.C.M., TURNER, M., MANN, A., COUGHLAN, B., REIJMAN, S., FOSTER, S. y BECKWITH, H. (2021). Six attachment discourses: Convergence, divergence and relay. *Attachment & Human Development, 23*(4), 355-374.

EAGLE, M. (2017). Attachment theory and research and clinical work. *Psychoanalytic Inquiry, 37*(5), 284-297.

EZQUERRO, A. (2017). *Relatos de apego. Encuentros con John Bowlby*. Madrid: Psimática.

FONAGY, P. (2000). Attachment and borderline personality disorder. *Journal of the American Psychoanalytic Association, 48*(4), 1129-1146.

— (2004). *Teoría del apego y psicoanálisis*. Barcelona: Espaxs.

—, TARGET, M., GERGELY, G., ALLEN, J.G. y BATEMAN, A.W. (2003). The developmental roots of borderline personality disorder in early attachment relationships: A theory and some evidence. *Psychoanalytic Inquiry, 23*(3), 412-459.

GEORGE, C., KAPLAN, N. y MAIN, M. (1985). *The Adult Attachment Interview* [manuscrito no publicado]. Berkeley: University of California.

HAZAN, C. y SHAVER, P. (1987). Romantic love conceptualized as an attachment process. *Journal of Personality and Social Psychology, 52*, 511-524.

HILL, J., FONAGY, P., SAFIER, E. y SARGENT, J. (2003). The ecology of attachment in family. *Family Process, 42*(2), 205-221.

HOLMES, J. (2009). *Teoría del apego y psicoterapia*. Bilbao: Desclée De Brouwer.

MAIN, M. (2000). The organized categories of infant, child, and adult attachment: Flexible *vs.* inflexible attention under attachment-related stress. *Journal of the American Psychoanalytic Association, 48*(4), 1055-1096.

MALLINCKRODT, B. (2000). Attachment, social competencies, social support, and interpersonal process in psychotherapy. *Psychotherapy Research, 10*(3), 239-266.

MIKULINCER, M. y SHAVER, P.R. (2007). *Attachment in adulthood. Structure, dynamics, and change.* Nueva York: Guilford.

— y — (2012). Adult attachment orientations and relationship processes. *Journal of Family Theory & Review, 4*, 259-274.

MUNICH, R.L. (2006). Integrating mentalization-based treatment and traditional psychotherapy to cultivate common ground and promote agency. En J.G. Allen y P. Fonagy (eds.), *Handbook of Mentalization-Based Treatment* (pp. 143-156). Chichester: Wiley.

SEMPERE, J. y FUENZALIDA, C. (2017). Terapia familiar, grupal y multifamiliar. Una visión desde la teoría del apego. En M. Cortina y M. Marrone (comps.), *Apego y psicoterapia: un paradigma revolucionario* (pp. 377-429). Madrid: Psimática.

4. Perinatalidad

Eulàlia Arias-Pujol, Marta Gomà
y Antònia Llairó

¿Qué es la psicología perinatal?

Entendemos por psicología perinatal aquella rama de la psicología que se centra en el período del embarazo y el posparto. El prefijo «peri» traducido del griego como «todo lo que rodea o es cercano», en este caso al origen de una nueva vida (natalidad), ya no se refiere únicamente al momento del alumbramiento, sino que abarca un período mucho más amplio y profundo. Más amplio porque, como veremos en este capítulo, la psicología perinatal va más allá del embarazo y el posparto, extendiéndose al estudio de las transformaciones que sufre la pareja y la familia en conjunto. Y más profundo porque también se interesa en investigar el psiquismo previo a la concepción, observando desde las representaciones mentales de los futuros padres hasta las emociones, pensamientos y conductas (traumáticas o no) de las generaciones anteriores a partir de la hipótesis de la transmisión transgeneracional.

El humano recién nacido es altamente vulnerable y dependiente, y necesita de la relación para seguir con vida. Desde los inicios del psicoanálisis siempre se ha considerado que esa primera relación afectiva y continuada es imprescindible para el desarrollo sano del psiquismo. En esta línea, en las últimas décadas los avances de las neurociencias han aportado conceptos que lo corroboran: 1) La «plasticidad» del cerebro inmaduro, cuanto más inmaduras son las neuronas más alta es su actividad de conexión y esta es altamente sensible a la estimulación del entorno; 2) La descripción de las «ventanas plásticas» o «períodos críticos» del cerebro, por ejemplo, momentos de alta flexibilidad y receptividad a determinados aprendizajes, como el del lenguaje;

3) La existencia de una memoria inconsciente entre los 0 y los 3 años que guarda las vivencias sensoriales, motrices y emocionales (Mora, 2017), «ni recordables ni olvidables» (Watt, 2001, citado en Gerhart, 2008); 4) La epigenética, que señala la capacidad del entorno para estimular o inhibir una vulnerabilidad genética desde la vida intrauterina (Mora, 2017; Glover, 2023).

Además, los estudios observacionales han mostrado un bebé activo y sensible a los estímulos sensoriales (Stern 1998; Brazelton 1993; Cantavella, 2006), con capacidad de integración multimodal (Meltzoff, 2007), ofreciendo otro punto clave para la perinatalidad: el estudio de esta etapa desde la interacción entre sus protagonistas. De esta manera, se supera el paradigma causal que tradicionalmente señalaba a la madre como emisora y al bebé como receptor para abrir el campo y asignar a ambos (o a la tríada o familia) el rol de emisores y receptores, de activadores o inhibidores (Beebe y Lachmann, 2013).

Ante la certeza de que el entorno tiene un claro impacto durante los primeros años de vida, para la prevención del síntoma y el trastorno mental en perinatalidad interesa minimizar los factores de riesgo y aumentar los factores de protección.

Factores de riesgo frente a factores de protección

Un factor de riesgo (FR) es toda característica del niño o adolescente, o cualquier circunstancia de su entorno, que suponga una mayor posibilidad de trastorno psicopatológico de la que se observa en la población general. Encontramos factores de riesgo en el período perinatal en circunstancias de la concepción, el embarazo, el parto y los primeros años de vida de tipo biológico, psicológico y social (Amigó *et al.*, 1999). Estudios recientes han demostrado que la acumulación de FR genera una trayectoria de vida alterada y que las personas que acumulan dichos factores son más vulnerables a la posibilidad de padecer un trastorno mental (Artigue, Tizón, Salamero, 2016). Estudios sobre el maltrato infantil apuntan que las experiencias adversas en la infancia (ACE) son FR para la salud mental materna (Racine *et al.*, 2021). Frente a ello, los factores de protección (FP), que reducen o modifican el impacto de los factores de riesgo, la resiliencia y las experiencias de bienestar en la infancia (personales, familiares y comunitarias) son los principales recursos.

Centrándose en el desarrollo del cerebro social del bebé, Gerhardt narra que el bebé es activo y busca la interacción con los otros, pero no nace con la capacidad de entender situaciones y pensar «si como toda la papilla, haré feliz a mi mamá». Esta capacidad irá desarrollándose en respuesta a experiencias diversas de intercambio social. Durante los primeros meses, según la autora, el mayor FP para el bebé es «cogerle en brazos y disfrutar de él» y permitirle que transmita sus necesidades. No siempre es fácil entenderlas, pues el bebé se expresa con sus recursos preverbales, por lo que es importante que los cuidadores se tomen el tiempo necesario para aprender a «leer al bebe» y entender que está comunicando (Gerhardt, 2008).

Durante los primeros meses de vida en el bebé predomina la sensorialidad táctil, olfativa y auditiva; por esta razón, tienen un gran valor protector el contacto físico (abrazos, masajes) y la voz (hablada, susurrada y cantada). Cuando madura la vista del bebé, cobra importancia el rostro, especialmente la sonrisa y el contacto visual. Las «miradas positivas» son el estímulo más importante para el crecimiento de la inteligencia emocional y social del cerebro (Schore, citado en Gerhart, 2008). Entre los 6 y los 12 meses, las relaciones son más intensas y los vínculos de apego se consolidan. Alrededor de los 12-14 meses, la novedad de andar sin la ayuda del otro crea en el bebé placer y seguridad, y en los padres satisfacción y orgullo. Es importante que las expresiones faciales de miedo y enojo no sean las predominantes durante estos meses. En esta época el cerebro ya es muy capaz de generar imágenes internas con una clara función de autorregulación emocional ante la ansiedad, equivalentes al «objeto interno» de la madre que contiene a pesar de no estar presente. Alrededor de los 2 o 3 años, con el desarrollo del lenguaje aparece la posibilidad de conocer mejor los estados internos, contactar y comprender mejor los propios sentimientos, así como los de los demás. Con la aparición de la capacidad verbal se desarrolla también la capacidad de mantener recuerdos y pensamientos, evaluar la experiencia y proyectarse en el futuro. Si hay un antes y un después, el niño ya puede construir una narrativa personal. El desarrollo de esta personalidad verbal, narrativa, el recurso de poner en palabras los sentimientos y de verbalizar los recuerdos es crucial para el desarrollo de la seguridad emocional en la etapa adulta.

Las dificultades emocionales más frecuentes en el período perinatal

Son tres los grandes trastornos del posparto: el *baby blues*, la depresión posparto y la psicosis posparto.

El *baby blues* se considera un acontecimiento fisiológico muy frecuente (50% de las madres) que aparece los días posteriores al parto con una punta de intensidad entre el tercer y el quinto día. Se manifiesta con llantos, tristeza o euforia (labilidad emocional), sentimientos de confusión e irritabilidad. Probablemente tiene un componente hormonal (caída drástica de los estrógenos), aunque no se ha podido comprobar científicamente. Es importante no banalizar esta situación, realizar un acompañamiento y estar pendientes de la vinculación madre-bebé (Nanzer, 2015).

La psicosis posparto es poco frecuente (0,1-0,3% de los partos), y su manifestación es grave con consecuencias a largo plazo para la madre, el bebé y la familia (Gressier *et al.*, 2020), con una punta de máxima frecuencia de aparición a los diez días, aunque puede iniciarse en las dos o tres primeras semanas posparto y es más frecuente en el primer parto (Nanzer, 2015). Cursa de forma abrupta con la aparición de síntomas depresivos graves acompañados de signos psicóticos. Las ideas delirantes a menudo se centran en el nacimiento y en el bebé (negación del embarazo, sensación de no existencia del hijo, convicción de sustitución del bebé, etcétera) que pueden incluir alucinaciones auditivas, visuales, olfatorias o cenestésicas (Gressier *et al.*, 2020; Quatraro

Diagnóstico diferencial entre *Baby blues*, depresión posparto y psicosis posparto

	BABY BLUES	DEPRESIÓN POSPARTO	PSICOSIS POSPARTO
Tipo de trastorno	– Ligero. – No es considerado un trastorno.	– De intensidad variable.	– Grave.
Características	– Emotividad elevada. – Humor lábil de breve duración (días).	– Síntomas depresivos persistentes más de tres semanas.	– Confusión, discurso y comportamientos extraños. Ideas delirantes.
Frecuencia	>50%	20%	0,1-0,3%
Momento de inicio	– Entre el segundo y el quinto día después del parto.	– Variable durante el año que sigue el parto. – Máxima intensidad: curso de los tres primeros meses.	– Durante dos semanas después del parto.
Duración	– Corta (máximo quince días).	– De algunas semanas a varios años.	– Algunas semanas - algunos meses.
Necesidad de tratamiento	– No (reposo y entorno contenedor).	– Sí, si no se trata se puede cronificar. – Riesgo de recidiva.	– Es necesario tratamiento urgente. – Riesgo de suicidio o infanticidio.

Fuente: adaptado de Nanzer (2015).

y Grussu, 2020). Con un tratamiento precoz y adecuado la remisión puede llegar a ser total en un 70% de los casos, entre un 20-30% de recaídas en embarazos posteriores y un 10-15% pueden hacer una evolución hacia trastornos esquizofrénicos o bipolares (Nanzer, 2015).

La depresión posparto (DPP) es un trastorno que cursa en forma de episodio depresivo de intensidad variable y aparición dentro del primer año siguiente al parto (Nanzer, 2015). Es la patología más frecuente en la mujer durante el período mencionado (alrededor del 17%, Wang *et al.*, 2021), aunque las tasas están en aumento constante, especialmente tras la pandemia por COVID-19 (Mateus *et al.*, 2022) y pueden llegar a duplicarse en poblaciones vulnerables (Gomà *et al.*, 2020) o desfavorecidas, llegando al 40% en Sudáfrica (Wang *et al.*, 2021). Los síntomas más frecuentes son:

— Sentimiento de soledad.
— Sentimiento de ser una mala madre, incapaz, culpabilidad, vergüenza, autorreproches.
— Ansiedad, irritabilidad.
— Fatiga, agotamiento.
— Pérdida de energía, de motivación, de interés y de placer.
— Falta de interés por el bebé, poco placer en su cuidado.
— Cambios de apetito y de peso.
— Dificultad en conciliar el sueño o en volverse a dormir.
— Sentimientos negativos hacia el bebé.
— Temor de hacer daño al bebé.
— Ideas recurrentes de muerte o de suicidio.

La depresión se puede manifestar ya durante el embarazo en un 7-26% de la población y en el caso de la depresión mayor en el 3-12%. Desde la concepción, los futuros padres empiezan a prepararse y los conflictos internos relacionados con la parentalidad emergen; la mitad de las depresiones preparto remiten con la llegada del bebé, pero la otra mitad precisará de un trabajo preventivo, ya que en el período posparto estos conflictos aparecen en la relación con el bebé. Sin un tratamiento eficaz, el 30% de las depresiones se convierten en crónicas y persisten más allá del primer año de vida del bebé.

La manifestación depresiva en el padre también está descrita y con una tasa bastante frecuente: 10% (Paulson y Bazemore, 2010), 14% (Da Costa *et al.*, 2019), 16% (Wang *et al.*, 2016), con una prevalencia superior de tres a seis meses posparto (Paulson y Bazemore, 2010). La manifestación de la DPP en los padres presenta una sintomatología diferente, siendo los más frecuentes:

— Estrés, inquietud y angustia.
— Irritabilidad enfado, agresividad y violencia.
— Sentimiento de abandono.
— Agotamiento.
— Alcoholismo.
— Trastornos del sueño y de la alimentación.
— Sentimiento de insatisfacción en el nuevo rol de padre.

La ansiedad es un síntoma frecuente en el posparto (13%), porcentaje que se ha duplicado en los estudios realizados en España tras la pandemia por COVID-19 llegando al 32,6% de la población estudiada (Awad-Sirhana *et al.*, 2021). Puede ser uno de los síntomas de la depresión, puede ser banal y pasajera o puede revelar un trastorno ansioso, siendo los más frecuentes el ataque de pánico y el trastorno obsesivo compulsivo (TOC). Actualmente en España no se realiza un cribado de ansiedad de forma rutinaria ni en embarazo ni en posparto. A menudo, en la práctica clínica es difícil diferenciarlos e incluso se pueden inducir mutuamente o coexisitir.

Existe también evidencia del impacto de la depresión y la ansiedad perinatales en el bebé (mayor riesgo de dificultades emocionales, de ansiedad, cognitivas y de déficit de atención; Glover, 2014; Lautarescu *et al.* 2015) y en la relación madre-bebé (menor contacto visual, dificultades de vínculo). Spry *et al.* (2020) hallaron que un 37% de recién nacidos de madres con problemas persistentes de salud mental presentan alta reactividad emocional comparado con el 23% en el caso de madres sin historia de dichos problemas en etapa preconcepcional. Desde la psicobiología y la epigenética se han desarrollado multiplicidad de estudios a lo largo de los últimos años. Estos han relacionado el estrés prenatal con una aceleración de la historia de vida, con mayor riesgo de parto prematuro, una menarquia más temprana en las niñas y una reducción de la longitud de los telómeros sugestiva de una vida útil más corta (Glover, 2023). Se ha descubierto que el riesgo de esquizofrenia está especialmente asociado con el estrés severo en el primer trimestre (Guo, He, Song y Zheng, 2019). Sin embargo, no todos los niños se ven afectados por el estrés prenatal y los que sí lo están pueden verse afectados de maneras diferentes. En parte, esto se debe a las vulnerabilidades genéticas específicas de cada niño, las interacciones entre los genes y el entorno (O'Donnell *et al.*, 2017) y la naturaleza de la atención posnatal (Glover, 2023).

Los procesos psíquicos de la perinatalidad

Grandes autores de la psicología han estudiado profundamente el período perinatal, que hoy se beneficia de todas sus aportaciones. Gracias a su trabajo nos podemos apoyar en ellos para comprender las ansiedades y los conflictos propios de este período que nos permite proveer nuestra mejor atención hacia los bebés y sus madres.

Es necesario destacar aquí brevemente algunos autores y sus principales aportaciones, como la contribución de René Spitz con su concepto de depresión anaclítica, al observar las impresiones de deterioro psíquico y físico de los bebés privados de la presencia de su madre; el papel de Margaret Mahler ha sido esencial para entender los procesos y nociones de separación-individuación; Selma Fraiberg creó la metáfora de los «fantasmas en la *nursery*» para evocar la presencia inquietante de objetos internos de los padres alrededor de la cuna del bebé, ilustrando el rol crucial de la dimensión transgeneracional en las psicopatologías precoces; en Francia, Serge Lebovici dirigió su estudio hacia la interacción para identificar aquello que ocurre en la relación y lo que se revela a nivel de representación y de inconsciente, estimulando así el estudio de las interacciones desde un punto de vista psicoanalítico y contribuyendo a dar sentido a la conducta y a la observación de la relación madre-bebé; Bertrand Cramer y Palacio Espasa (1993) profundizan en la práctica de las psicoterapias madre-bebé, estableciendo una corriente propia conocida como la Escuela de Ginebra. A continuación detallaremos algunos de los procesos psíquicos más relevantes, sólidamente conceptualizados, que se pueden observar en la práctica diagnóstica y clínica perinatal.

La transparencia psíquica

Mónica Bydlowski (1991) describió la transparencia psíquica como un estado psíquico particular que se produce desde el inicio del embarazo y que permite a la mujer estar en contacto con su historia infantil. Se trata de un período de reactivación de la historia de la mujer embarazada con sus conflictos y emociones que despiertan desde el inicio del embarazo, apareciendo sentimientos, rivalidades, recuerdos que estaban dormidos o reprimidos. Estos recuerdos de su historia infantil más o menos modificados reaparecen en la escena mental de la mujer para permitir un trabajo psíquico con el que puede vincular sus vivencias infantiles a los temores relativos a su maternidad y a la representación de su bebé. La transparencia psíquica activa en la embarazada un movimiento de idas y venidas entre su historia infantil precoz y los movimientos de identificación con su bebé.

Este fenómeno promueve una movilidad psíquica para adaptarse a los cambios de su nueva situación y al mismo tiempo la hace más receptiva al cuidado psicoterapéutico. En este sentido, el período de embarazo es propicio a una psicoterapia breve y focal que permite disminuir la sintomatología depresivo-ansiosa que puede acompañarlo.

Área de mutualidad psíquica

Cramer y Palacio-Espasa (1993) desarrollaron el concepto de «área de mutualidad psíquica» entre la madre y el bebé. El funcionamiento psíquico parental vierte parte de su contenido sobre el bebé como se representa en el gráfico. Durante el embarazo, el bebé está totalmente dentro del psiquismo de la madre. Ella no lo percibe más que a través de su fantasía o imaginación, ya que tiene pocos elementos de realidad del bebé —aspecto representado en la parte izquierda del diagrama—. A partir del nacimiento, los padres siguen percibiendo al bebé desde sus propias expectativas, temores y fantasías. Es lo que llamamos las «proyecciones». De esta forma, los padres interpretan el llanto o los movimientos y expresiones del bebé en función de sus temores y expectativas. Con el tiempo, las características y funcionamientos propios del bebé real tomarán mayor espacio y, por tanto, el bebé saldrá paulatinamente de esta área de mutualidad psíquica desplazándose hacia la parte externa —parte derecha del diagrama.

Percepción del hijo a lo largo del tiempo

Fuente: conceptualización de la Escuela de Ginebra en Cramer, Palacio-Espasa (1993) y Nanzer *et al.* (2017).

Concepto de *handling* y *holding*

Propuesto por Donald Winnicott para sugerir los dos modos del funcionamiento materno absolutamente necesarios en un doble registro simultáneo: su técnica de cuidados hacia el bebé y su mundo interno de representación (Cadwell y Joyce, 2011). Este concepto encaja en lo que sería la conducta materna como acción y el funcionamiento psíquico de la madre como una disposición de base, y estaría profundamente enlazado con la frase muy conocida de Winnicott —«un niño solo no existe»— como imagen que resume la necesidad de comprender al bebé únicamente junto a su madre.

La función de *rêverie* materna

Basado en la teoría de Klein y desarrollado por W.R. Bion, este concepto es central en la comprensión de la experiencia emocional y de la interacción madre-bebé:

> Se refiere a la capacidad de la madre de desarrollar un órgano receptor que permita metabolizar la información sensorial consciente del bebé y transformarla en elementos necesarios para desarrollar una función de pensamiento de un aparato para pensar. (López Corvo, 2002)

La *rêverie* es un estado anímico de la madre que está abierto a la recepción de cualquier percepción o sentimiento del bebé; por tanto, es capaz de recibir las identificaciones proyectivas del bebé y transformarlas en comprensión y afecto. Es la captación del valor de una capacidad de pensamiento como medio para comprender y tratar la frustración del bebé y de ofrecerle la satisfacción de sus necesidades mentales.

La psicoterapia centrada en la parentalidad

La psicoterapia centrada en la parentalidad (PCP) deriva de las psicoterapias madre-bebé largamente estudiadas desde la década de 1980 por la Escuela de Ginebra de psiquiatría infantil. Ha tenido una gran repercusión positiva en la relación madre-bebé y en los síntomas del niño, así como en una mejora del estado tímico de las madres.

El período perinatal es una etapa muy sensible que llega hasta los treinta meses después del nacimiento; es especialmente susceptible y propicio para la movilización de las proyecciones de los padres, que están todavía cercanas a la conciencia y son fácilmente reconocidas por ellos. El buen resultado de las psicoterapias breves centradas en la parentalidad nos da prueba de ello. La intervención psicoterapéutica breve madre-bebé o padres-bebé consigue movilizar los síntomas del niño, sobre todo si son trastornos psicofuncionales ligeros como ansiedades de separación, trastornos alimentarios, del sueño o de adaptación.

La PCP tiene dos ejes básicos de intervención: el primero trata de identificar e interpretar los contenidos de las fantasías problemáticas parentales; el segundo se centra en la observación, la comprensión y la interpretación de las interacciones conflictivas que surgen en la sesión y que ponen en escena los mismos conflictos fantaseados que se representan en presencia del terapeuta.

La hipótesis de base es que los trastornos psicofuncionales y de conducta presentes en el bebé y en el niño pequeño encuentran su origen en la predisposición relacional precoz del bebé y en el impacto que las proyecciones y representaciones parentales tienen en su funcionamiento.

Se trata de una psicoterapia focalizada y breve en los casos de trastornos emocionales y ansiosos que permite comprender y aliviar el sufrimiento de las familias en estas primeras etapas en las que pueden cronificarse los conflictos de parentalidad. Está basada en la observación atenta de la interacción padres-bebé y en identificar las relaciones de objeto predominantes. Su aplicación por parte de los psicoterapeutas requiere una formación psicodinámica. Se puede extender desde el embarazo hasta diferentes etapas en el desarrollo infantil en sesión conjunta con los padres y el niño.

Su aplicación y sus beneficios se han detallado en diversas investigaciones llevadas a cabo en Suiza y actualmente en curso en Barcelona replicando los estudios previos. Existe un manual de aplicación de la psicoterapia centrada en la parentalidad que detalla las bases y procesos de parentalidad y su aplicación focalizada y detallada en diversas etapas de desarrollo (Nanzer, 2015).

Prevención, costes de la salud mental perinatal y el rol del psicólogo

La maternidad es un desafío para todas las mujeres, en especial para aquellas más vulnerables y las que están envueltas en una depresión. Sin embargo, los trastornos de salud mental en la etapa perinatal a menudo pasan desapercibidos, no son detectados y no reciben el tratamiento adecuado. El actual sistema de salud está más preparado para detectar dificultades somáticas que psicológicas. Los costes emocionales de este vacío son muy altos para aquellas mujeres que no son diagnosticadas, pero también para toda su familia, en especial para su bebé, que expresa su malestar mediante afectaciones corporales.

La salud mental perinatal es también un problema de salud pública. Es la causa principal de muerte en mujeres embarazadas y con hijos menores de un año, y tiene un potencial de efectos adversos sobre la familia y el bebé con consecuencias perjudiciales a largo plazo y un elevado coste económico. Por esta razón, es fundamental desarrollar e implantar políticas de prevención. En muchos países de la OCDE la evaluación de la salud mental en el período perinatal es una práctica rutinaria, aunque difieren sus aplicaciones y el cribado no siempre tiene una derivación adecuada (El-Den *et al.*, 2022). Por otro lado, la atención psicológica durante este período es bien considerada por las usuarias, quienes muestran preferencia por la ayuda psicológica frente a la medicina para mitigar su sufrimiento mental (Quatraro y Grussu, 2020).

La necesidad de políticas de prevención y los elevados costes de la salud mental perinatal nos llevan a considerar que el rol del psicólogo es de vital importancia. El psicólogo perinatal puede intervenir en distintos momentos de esta etapa: ante las dificultades de la fecundación (Camps, 2021); durante el embarazo, en las dificultades posparto (Cortada-Esteve *et al.*, 2019; Tarragó, 2020), en la relación madre-bebé y como psicoterapeuta perinatal (PCP, Nanzer *et al.*, 2017; Llairó *et al.* 2023). También tiene distintos niveles de actuación: con las usuarias (en la prevención, el cribado e intervención) (Gomà *et al.*, 2020) y con los equipos interdisciplinares (Gomà *et al.*, 2020; Prims *et al.*, 2023). En los equipos, puede contribuir a generar confianza entre los profesionales, favorecer la comunicación y la continuidad en el cuidado, e identificar las ansiedades grupales e institucionales que generan la fragmentación y la no colaboración. También puede ayudar a pensar los aspectos emocionales a partir de la formación, supervisión, análisis y seguimiento de casos. Su principal objetivo será desarrollar un lenguaje compartido que, desde las distintas identidades profesionales, cohesione al grupo.

Queremos subrayar la importancia de la prevención en el período perinatal, tanto para la madre como para el bebé y la relación que entre ellos se está construyendo (Nanzer, 2023; Glover 2023). Es un período de gran vulnerabilidad que requiere de abordajes bio-psico-sociales, en equipo multidisciplinar, integrando las necesidades de toda la familia y sus relaciones.

El cribado de la depresión y la ansiedad es una herramienta indispensable que debería aplicarse de forma rutinaria y universal. Este puede aplicarse con herramientas sencillas y sensibles que permiten una detección precoz. La ausencia de detección de los trastornos depresivo-ansiosos tiene importantes consecuencias en el desarrollo del bebé y riesgo de cronificación de las dificultades emocionales de la madre. Esto conlleva unos costes elevados para la salud de la madre, y especialmente del bebé, según el estudio de la London School Economics of Sciences. Se ha estimado que los costes de la depresión, la ansiedad y la psicosis perinatal para la salud pública de Reino Unido ascienden a 8,1 millones de libras cada año (Quatraro y Grussu, 2020).

Referencias

Amigó, E., Angulo, F., Arteman, A., Callabed, J., Casalé, D., Cerdan, et al. (1999). *Protocol de salut mental infantil i juvenil*. Barcelona: Direcció General de Salut Pública.

Artigue, J., Tizón, J. y Salamero, M. (2016). Reliability and validity of the List of Mental Health Items (lismen). *Schizophrenia research*, *176*(2-3), 423-430.

Awad-Sirhana, N., Simó-Teufel, S., Molina-Muñoz, Y., Cajiao-Nieto, J. e Izquierdo-Puchol, M.T. (2021). Factores asociados al estrés prenatal y la ansiedad en gestantes durante el covid-19 en España. *Enfermería Clínica*, *32*(suppl. 1), S5-S13. https://doi.org/10.1016/j.enfcli.2021.10.006 1130-8621/

BEEBE, B. y LACHMANN, F.M. (2013). *Infant research and adult treatment. Co-constructing interactions.* Nueva York: Routledge.

BRAZELTON, T.B. (1993). *La relación más temprana. Padres, bebés y el drama del apego inicial.* Barcelona: Paidós.

BYDLOWSKI, M. (1991). La transparence psychique de la grossesse. *Études freudiennes, 32,* 135-142.

— (2001). Le regard intérieur de la femme enceinte, transparence psychique et représentation de l'objet interne. *Devenir, 13,* 41-52.

CADWELL, L. y JOYCE, A. (eds.) (2011). *Reading Winnicott.* Londres: Routledge.

CAMPS, N. (2021). *Seguiment de parelles infèrtils amb fills nats amb tècniques de reproducció assistida mitjançant observació indirecta* [tesis doctoral no publicada]. Barcelona: Universitat de Barcelona.

CANTAVELLA, F. (2006). *Desenvolupament i salut mental. El valor de l'atenció en la primera infancia.* Barcelona: Universitat de Barcelona.

CORTADA-ESTEVE, M., FERNÁNDEZ-NISTAL, M.T. y TUSET-BERTRÁN, A.M. (2019). Trayectorias de desarrollo mental de un grupo de bebés prematuros de 1 a 30 meses. *Rev. neurol., 68*(8), 315-320.

CRAMER, B., PALACIO-ESPASA, F. (1993). *La pratique des psychothérapies mères-bébés. Etudes cliniques et thecniques.* París: PUF.

DA COSTA D., DANIELI, C., ABRAHAMOWICZ, M., DASGUPTA, K., SEWITCH, M., LOWENSTEYN, I. y ZELKOWITZ, P. (2019). A prospective study of postnatal depressive symptoms and associated risk factors in first-time fathers. *J Affect Disord., 249,* 371-377. https://doi.org/10.1016/j.jad.2019.02.033

EL-DEN, S., PHAM, L., ANDERSON, I., YANG, S., MOLES, R. J., O'REILLY, C. L., *et al.* (2022). Perinatal depression screening: a systematic review of recommendations from member countries of the Organisation for Economic Co-operation and Development (OECD). *Archives of Women's Mental Health, 25*(5), 871-893.

LAUTARESCU, A., CRAIG, M.C. y GLOVER, V. (2020). Chapter Two. Prenatal stress: Effects on fetal and child brain development. *International Review of Neurobiology*, *150*, 17-40.

LÓPEZ-CORVO, R.E. (2002). *Diccionario de la obra de Wilfred R. Bion*. Madrid: Biblioteca Nueva.

GERHART, S. (2008). *El amor maternal*. Barcelona: Albesa.

GLOVER, V. (2014). Maternal depression, anxiety and stress during pregnancy and child outcome; what needs to be done. *Best Pract Res Clin Obstet Gynaecol.*, *28*(1), 25-35.

— (2023). El entorno del niño comienza en el útero. *Revista de Psicopatología y Salud Mental del Niño y del Adolescente*, *M6*, 11-19.

GOMÀ, M., ARIAS-PUJOL, E., SURÍS; M., ABAD, A., SALA, G., PRIMS, E., MONTILLA, P., LLAIRÓ, A. (2020). La salud mental perinatal en tiempos de pandemia por COVID-19. *Revista de Psicopatología y Salud Mental del Niño y del Adolescente*, *36*, 11-21.

—, MARTÍNEZ, M., BLANCAFORT, X., MUNIENTE, G., ANTÓN, S., LARA, S., ARIAS-PUJOL, E., LLAIRÓ, A. y NANZER, N. (2021). Detection of depressive-anxiety symptomatology and associated risk factors among pregnant women in a low-income neighborhood. *Journal of Psychosomatic Obstetrics & Gynecology*, *42*(4), 293-299.

GRESSIER, F., MEZZACAPPA, A., LASICA, P.A., FOURCADE, C. y CORRUBLE, E. (2020). COVID outbreak is changing our practices of perinatal psychiatry. *Archives of Women's Mental Health*, 23, 791-792.

GUO, C., HE, P., SONG, X. y ZHENG, X. (2019). Long-term effects of prenatal exposure to earthquake on adult schizophrenia. *The British Journal of Psychiatry*, 215(6), 1-6.

LLAIRÓ, A., GOMÀ, M. y NANZER, N. (2023). The exploration of maternal representations during a parenthood-centred psychotherapy from pregnancy to one year postpartum. *Int J Psychoanal.*, *104*(1), 46-68. https://doi.org/10.1080/00207 578.2022.2149404

MATEUS *et al.* (2022). Rates of depressive and anxiety symptoms in the perinatal period during the COVID-19 pandemic: Comparisons between countries and with pre-pandemic data.

Journal Affect Disord., *316*, 245-253. https://doi.org/10.1016/j. jad.2022.08.017

MELTZOFF, A.N. (2007). «Like me»: a foundation for social cognition. *Developmental Science*, *10*(1), 126-134.

MORA, F. (2017). *Neuroeducación: solo se puede aprender aquello que se ama.* Madrid: Alianza.

NANZER, N. (2015). *La depresión postnatal: salir del silencio.* Barcelona: Octaedro.

—, KNAUER, D., PALACIO ESPASA, F., QAYOOM-BOULVAIN, Z., HENTSCH, F., CLINTON, P., TROJAN, D. y LE SCOUEZEC, I. (2017). *Manual de psicoterapia centrada en la parentalidad.* Barcelona: Octaedro.

NANZER, N., GOMÀ, M. y LLAIRÓ, A. (2023). Una psicoterapia centrada en la parentalidad para tratar la psicopatología perinatal, sostener el vínculo madre-bebé y prevenir los trastornos en el niño. *Revista de Psicopatología y Salud Mental del Niño y del Adolescente*, *M6*, 21-32.

O'DONNELL, K.J., GLOVER, V., LAHTI, J., LAHTI, M., EDGAR, R.D., RÄIKKÖNEN, K. *et al.*, (2017). Maternal prenatal anxiety and child COMT genotype predict working memory and symptoms of ADHD. *PLoS ONE*, *12*(6), e0177506.

PAULSON, J.F. y BAZEMORE, S.D. (2010). Prenatal and postpartum depression in fathers and its association with maternal depression: a meta-analysis. *JAMA 303*(19), 1961-1969. https://doi.org/10.1001/jama.2010.605

PRIMS, E., GOMÀ, M., OLIVÁN, A., COZODOY, E., SERRA, L., SALAS, I., SÁNCHEZ, C., FERRER, J., ALCOCER, T., ARIAS-PUJOL, E., MARTÍNEZ, M. y LLAIRÓ, A. (2023). El abordaje perinatal interdisciplinar desde Atención Primaria de Salud (APS): el desarrollo de una atención bio-psico-social integrada. *Revista de Psicopatología y Salud Mental del Niño y del Adolescente*, *M6*, 33-44.

QUATRARO R. y GRUSSU P. (2020). *Handbook of Perinatal Clinical Psychology. From theory to practice.* Nueva York: Routledge.

RACINE N., DEVEREAUX, C., COOKE, J.E. *et al.* (2021). Adverse childhood experiences and maternal anxiety and depression: a meta-analysis. *BMC psychiatry*, *21*(28), 1-10.

SPRY, E., MORENO-BETANCUR, M., BECKER, D., ROMANIUK, H. *et al.* (2020). Maternal mental health and infant emotional reactivity: a 20-year two-cohort study of preconception and perinatal exposures. *Psychol Med.*, *50*(5), 827-837. https://doi.org/10.1017/S0033291719000709

STERN, D. (1998). *La primera relación madre-hijo.* Madrid: Morata.

TARRAGÓ, R. (ed.) (2020). *Vivir la prematuridad.* Barcelona: Octaedro.

WANG, T., XU, Y., LI, Z. y CHEN, L. (2016). Prevalence of paternal postpartum depression in China and its association with maternal postpartum depression: A Meta-analysis. *Journal of Central South University. Medical Sciences,* *41*(10), 1082-1089. https://doi.org/10.11817/j.issn.1672-7347.2016.10.012

WANG, Z., LIU, J., SHUAI, H. *et al.,* 2021. Mapping global prevalence of depression among postpartum women. *Transl Psychiatry,* *11,* 543. https://doi.org/10.1038/s41398-021-01663-6 (corrección publicada en *Transl Psychiatry, 11,* 640)

5. Familia y género
Berta Aznar-Martínez

Este capítulo aborda el rol de la familia desde la perspectiva de género, analizando la relación entre esta, como principal agente y contexto socializador, con la transmisión de modelos de género determinados y el efecto en el desarrollo de niñas y niños.

Antes de profundizar en los mecanismos que se dan en la familia en cuanto a la socialización de género y el impacto que tienen en los hijos, conviene clarificar algunos conceptos y situar el presente trabajo en un marco teórico determinado que nos ayudará a comprender el resto de conceptos y relaciones que se explicarán más adelante.

A continuación, se describe el «binomio sexo-género» desde tres perspectivas distintas, de forma muy sintetizada y simplificada, que servirán para entender la concepción de la que parte este capítulo. Estas perspectivas son la *tradicional*, la *feminista* y la *queer*.

La primera de estas perspectivas la denominaremos visión *tradicional* que, apoyada en teorías biologicistas, considera que sexo y género están totalmente relacionados de forma natural. Desde esta perspectiva, hombres y mujeres difieren en capacidades, habilidades, comportamientos, características personales, potenciales, limitaciones, gustos y actitudes como consecuencia de factores biológicos. Es decir, desde esta perspectiva el sexo (cromosomas sexuales: xx mujer frente a xy hombre) condiciona el resto de áreas de la persona, a nivel afectivo (mujeres emocionales frente a hombres racionales), cognitivo (mujeres «de letras» frente hombres «de ciencias»), social (mujeres cuidadoras frente a hombres competitivos) y motor (mujeres tranquilas frente a hombres activos). La obra del psicólogo John Gray, *Los hombres son de Marte y las mujeres de Venus* (1992), un éxito de ventas en la década de 1990, plasmaría perfectamente esta concepción tradicional sobre sexo y género. En su libro, Gray explica una serie de supuestas diferencias de origen biológico entre hombres y mujeres que dificultan su entendimiento y propone pautas para que se comprendan y se comuniquen mejor adaptándose a las diferentes necesidades naturales de ambos.

Esta definición tradicional no deja margen de acción a la educación y la cultura; se trata de una visión profundamente determinista que sirve para justificar las desigualdades entre hombres y mujeres. Desde esta perspectiva, se sostienen y perpetúan los roles desiguales que en el siglo XXI siguen imperando entre hombres y mujeres.

Desde la perspectiva *feminista*, el sexo es una realidad material (cromosomas sexuales: xx mujer frente a xy hombre) que explica la reproducción humana y otros procesos biológicos, pero que ni condiciona ni limita a hombres y mujeres en el desarrollo de sus capacidades y potenciales. Para el feminismo, el género es una construcción social que impone a hombres y mujeres el desarrollo de determinadas habilidades, capacidades y comportamientos según su sexo mediante el proceso de socialización y, en consecuencia, también aquellas que se deben inhibir. Este proceso se lleva a cabo a través de la socialización diferenciada entre niños y niñas, futuros hombres y mujeres. Grandes feministas han realizado este análisis profundo a través de la conceptualización de las desigualdades sociales, como Celia Amorós (1997), que destaca la necesidad de conceptualizar adecuadamente para politizar.

También desde la neurociencia diversas investigaciones actuales refuerzan esta visión y se refieren con el término «neurosexismo» al análisis sesgado que históricamente se ha hecho sobre el origen de las diferencias entre hombres y mujeres y que ha conducido a conclusiones erróneas. De acuerdo con los últimos hallazgos, hombres y mujeres no tienen un cerebro distinto que condicione su desarrollo intra e interpersonal, sino que es la propia plasticidad del cerebro la que genera las diferencias a causa de las experiencias significativas de cada uno a lo largo de la vida y que dependen de la socialización diferenciada de ambos (Eliot, 2009; Fine, 2010; Ripon, 2019).

En cambio, la teoría *queer* sostiene que el sexo no es natural en los seres humanos, sino algo construido igual que el género. En *El género en disputa*, Judith Butler afirma que

> si se refuta el carácter invariable del sexo, quizá esta construcción denominada «sexo» esté tan culturalmente construida como el género; de hecho, quizá siempre fue género, con el resultado de que la distinción entre sexo y género no existe como tal. (2007, p. 55)

Por tanto, esta perspectiva niega el sexo como realidad biológica y lo equipara al género en cuanto construcción social. Además, la teoría *queer* niega que el sexo sea binario, y argumenta que este supuesto «binarismo» es un dispositivo mediante el cual el género se ha estabilizado dentro de la matriz heterosexual que caracteriza a nuestras sociedades. Esta posición también niega que el género como construcción social sea una imposición y lo categoriza como identidad, como si cada cual pudiera *performarlo* libremente y no fuera impuesto a cada sexo.

Este capítulo se enmarca en la segunda de las posiciones descritas en la conceptualización del binomio sexo-género y, por tanto, concebiremos el sexo como una realidad material inmutable y el género como una imposición mediante la cual se asignan a hombres y mujeres roles distintos que tienen origen en la cultura patriarcal y la perpetúan. Desde esta perspectiva, analizaremos a continuación la relación entre género y salud mental, para posteriormente centrarnos en el rol de la familia.

Género y salud mental

Cuando analizamos la salud mental desde la perspectiva de género, las diferencias entre hombres y mujeres son flagrantes. Según la OMS (2014), la gran mayoría de patologías tienen una prevalencia muy diferente entre unos y otras. Por ejemplo, los trastornos mentales más comunes, como la depresión y la ansiedad, ocurren entre dos y tres veces más en mujeres que en hombres. En cuanto a los trastornos alimentarios, las diferencias son aún mayores: 4,5 mujeres por cada hombre con anorexia y ocho mujeres con bulimia por cada hombre. Con otros trastornos ocurre lo contrario: dos hombres con trastorno paranoide y cinco hombres con trastorno antisocial por cada mujer. También hay más consumo de sustancias y adicción al alcohol o las drogas por parte de los hombres, pero aún más preocupante es la tasa de suicidios, que en Europa es entre tres y cuatro veces más elevada en hombres que en mujeres (OMS, 2014).

Desde la perspectiva de género, es evidente que estas diferencias en las patologías más comunes en hombres y en mujeres tienen su origen en la socialización diferenciada de ambos y la raíz es meramente educativa. Si analizamos con atención la manera en que se educa a los niños en la poca conexión con sus emociones y las de los demás, la competitividad, la fortaleza, la independencia, la demostración continua de valentía, es fácil entender la mayor prevalencia de trastornos paranoides y antisociales o el abuso de sustancias, comportamientos de riesgo y, en casos extremos, el suicidio, a causa de la dificultad de comprender y expresar las emociones y pedir ayuda. En cambio, las niñas son educadas en la empatía y el cuidado de los demás, la dependencia, la complacencia y la necesidad de agradar, incluyendo el físico como aspecto clave. La relación entre estas características y las patologías que se desarrollan en la vida adulta entre mujeres parece clara: depresión y ansiedad como respuesta a no cumplir con las expectativas, y cargas sociales y trastornos de la alimentación causados por la exigencia hacia su físico.

Además, desde la infancia se fomentan estrategias de afrontamiento distintas según el sexo; aquellas centradas en las emociones para las niñas y las centradas en el problema para los niños, dando como resultado la aparición de patologías distintas en hombres y mujeres (McLean y Anderson, 2009). Las diferencias de género en las tasas de prevalencia se explican también por modelos de funcionamiento implícitos a los síntomas y que difieren significativamente entre hombres y mujeres

(Eaton *et al.*, 2012). Por ejemplo, la rumiación es un síntoma característico de un funcionamiento internalizador y predominante en las mujeres, mientras que el abuso de sustancias es un ejemplo de funcionamiento externalizador predominante en los hombres. Esto también explicaría que el funcionamiento internalizante en las mujeres pueda generar en ellas síntomas ansioso-depresivos y el funcionamiento externalizante en los hombres conduzca a trastornos antisociales.

Un estudio realizado por Blum *et al.* (2017) nos advierte que estas diferencias de funcionamiento se instalan de manera decisiva durante la adolescencia, empezando a la edad de 10 años, cuando los niños y las niñas ya han asimilado las pautas de conducta que se consideran aceptables para cada sexo a través de la socialización, proceso en el que la familia tiene un papel muy relevante.

El rol de la familia en la socialización de género

La socialización de género se caracteriza por ser un proceso de aprendizaje e interiorización social diferenciado para niños y niñas. A lo largo de este proceso, las criaturas observan e imitan los estereotipos y roles diferenciados que perciben a su alrededor, los cuales son posteriormente interiorizados adaptando sus respuestas a las exigencias socializadoras de género. En dicho proceso intervienen diversos agentes sociales, como la familia, el grupo de iguales, la escuela y los medios de comunicación.

La familia es el agente de socialización más importante en la vida de las personas, dado que está presente en todas las fases del proceso. Es también el primer agente en el tiempo, ya que durante un lapso más o menos prolongado tiene prácticamente el monopolio de la socialización (Abela, 2003), y es el más importante porque se constituye en el nexo entre el individuo y la sociedad (Rodríguez Pérez, 2007).

A través de las pautas de crianza de cada familia se transmite a la descendencia una determinada visión del mundo y de las relaciones sociales mediante procesos de modelamiento, identificación o enseñanza directa de padres y madres. Las pautas de crianza incluyen aspectos como el manejo de la autoridad, las normas, las prácticas de enseñanza, las funciones encomendadas, las interacciones y el trato que los progenitores ofrecen a los hijos.

La familia, como espacio de convivencia por excelencia, engloba la mayor parte de las posibles dimensiones de igualdad entre hombres y mujeres, y junto con la configuración y organización conforme al reparto de roles en el seno familiar, podemos decir que son los primeros modelos de referencia que niños y niñas tienen (Gómez, 2008). De esta forma, es en la familia donde se reproducen y se transforman las dimensiones centrales de las relaciones sociales, donde se multiplican las primeras manifestaciones de roles, estereotipos y formas de poder que subyacen tras las relaciones entre hombres y mujeres en la sociedad, basados en el género. Por tanto, no cabe duda de que la dinámica de la familia, la distribución del poder y el reparto de responsabilidades dan sentido y refuerzan los roles de género (Montero *et al.*, 2004).

La socialización de género comienza a muy temprana edad y es el seno familiar donde se comienza a compartir símbolos y adquirir un tipo de lenguaje, los roles y los valores sociales que caracterizan a la cultura de pertenencia. En muchos casos, la familia actúa como agente socializador que favorece la adquisición de comportamientos distintos y estereotipados en niños y niñas (Rodríguez Menéndez, 2007). Podemos observar la transmisión de estos valores, expectativas y actitudes diferenciadas en la vida cotidiana de la familia, por ejemplo en los juguetes, en los roles asumidos a través del juego o en las distintas conductas que se permiten a niños y niñas. Simone de Beauvoir (1949) señaló en sus estudios que la permisividad de ciertas conductas en niños y la orientación a las niñas hacia otras conductas más propias de la feminidad desempeñan un papel muy importante en la socialización de género. De esta forma, las expectativas parentales pueden afectar el desarrollo de aspectos clave de la personalidad, los comportamientos y la salud de los niños y las niñas, así como limitar el desarrollo de su potencial relacionado con sus experiencias y oportunidades de vida.

Estudios e investigaciones sobre familia y género

Blum *et al.* (2017) realizaron un estudio internacional durante cuatro años en el que entrevistaron a cuatrocientos cincuenta adolescentes y a sus padres y madres en diecisiete países. Las entrevistas determinaron que, alrededor del mundo, tanto niñas como niños están atados a restricciones de género por parte de sus familias a muy temprana edad y que estas pueden tener graves consecuencias en su vida. Por ejemplo, los resultados mostraron que en todos los países, a la edad de 10 años, las niñas habían interiorizado que su mayor virtud era su belleza y aspecto físico. En esta misma línea, un estudio reciente demostraba que a los 6 años las niñas ya se sienten mucho menos inteligentes y capaces que sus iguales niños y que estas creencias las limitan en sus elecciones (Bian y Leslie, 2017).

En un nivel más cotidiano, otro estudio interesante mostraba el alarmante sesgo de género en las preocupaciones parentales por los hijos e hijas (Stephens-Davidowitzos, 2014). La investigación, a partir de los datos de buscadores como Google, concluyó que padres y madres estadounidenses realizan con mayor frecuencia consultas referidas a la inteligencia de los hijos en comparación con las hijas, y sobre la apariencia de sus hijas con mucha mayor frecuencia que la de sus hijos. Esto sugiere que tales preocupaciones están guiadas por importantes prejuicios en las expectativas de los padres respecto a sus hijos e hijas.

Una investigación que evaluaba las diferencias entre España y Finlandia en la transición del modelo familiar tradicional a un modelo igualitario concluyó que la educación en el núcleo familiar es la variable que más incidencia tiene en la reproducción de modelos familiares patriarcales en España (Moreno Mínguez, 2009).

En su estudio, Karakurt *et al.* (2013) mostraron la relación entre haber percibido en la infancia una relación igualitaria entre los progenitores y la violencia de género en la adolescencia, lo cual demuestra la importancia de proveer a niños y niñas de experiencias basadas en la igualdad de género en el núcleo familiar.

Modelos de familia en cuanto socialización de género

Martín Criado *et al.* (2000) proponen una clasificación de las familias considerando la distribución en el reparto de roles, las interacciones que se dan entre los miembros y las pautas educativas. De acuerdo con esta clasificación, las familias se podrían dividir en: modelo patriarcal-popular, modelo de transición, modelo disciplinario-normalizador y modelo igualitario.

El modelo patriarcal-popular se caracteriza por la inculcación del principio de austeridad, primando el respeto a las personas mayores. En este modelo familiar, la obediencia es requisito indispensable para la *buena educación* de los hijos e hijas y los resultados académicos tienen un rol secundario. En este tipo de organización familiar existe una marcada división de roles de género, en la que se considera al padre como *cabeza de familia* y a la madre como *refugio emocional*. Este tipo de familia suele recurrir a estrategias socializadoras represivas para garantizar la autoridad, la norma y la obediencia, y cuando el o la menor no cumple las expectativas se recurre al castigo, pero raramente es premiado cuando ocurre lo contrario (Rodríguez Pérez, 2007).

Gómez Bueno *et al.* (2001) afirman que el modelo patriarcal-popular está deslegitimado en la actualidad, puesto que entra en contradicción tanto con el nuevo capitalismo de consumo como con la institución escolar y los nuevos valores de igualdad de género, por sus principios educativos, su tratamiento diferencial entre hijos e hijas y el modo en que se ejerce la autoridad.

El modelo de transición se corresponde con organizaciones familiares en las que el padre y la madre consideran la disciplina como relevante y a la vez comparten valores relacionados con la igualdad de oportunidades de sus hijos e hijas. Estas familias no consiguen desarrollar estos principios en sus prácticas cotidianas porque a los progenitores les resulta muy difícil conjugar una relación de confianza con un control efectivo de los comportamientos de sus hijos e hijas y aplicar la igualdad de género con un tratamiento uniforme (Gómez Bueno *et al.*, 2001). Así, se encuentran en un continuo debate entre el nivel afectivo y moral en el proceso de socialización.

Se trata de familias que se sienten desorientadas en la educación de los hijos e hijas principalmente porque tienen como referencia un modelo *patriarcal-popular* que no quieren reproducir con sus criaturas. Por este motivo, buscan nuevas alternativas para socializar, pero se estructuran siguiendo los roles de género establecidos tradicionalmente. Por ejemplo, existe una clara diferenciación en el reparto de tareas en el hogar, en el que la mujer sigue manteniendo el dominio en la relación y vínculos afectivos. González Pozuelo (2009) explica que en estas familias es la mujer quien ejerce un rol instrumental, transmitiéndolo a las hijas y orientando a los hijos hacia un comportamiento más autónomo. En cuanto al padre, fomenta en los hijos la adquisición de competencias consideradas masculinas y alienta la feminidad tradicional en las hijas, aprobando la participación en aquellas actividades consideradas propias de su rol. En este modelo el hombre sigue siendo *cabeza de familia,* pero no entendido como autoridad sino como proveedor material. Tales contradicciones permanentes y cotidianas hacen que este tipo de familias se configuren bajo «una estructura de derechos familiares cada vez más favorables a hijos e hijas y en ellos los progenitores recurren, cada vez con menor éxito, a estrategias de poder en ausencia de una estrategia coherente» (Gómez Bueno *et al.*, 2001, p. 61).

El modelo *disciplinario-normalizador* se da en familias en las que se persigue educar a los hijos e hijas en la autodisciplina. Para ello, se recurre a un sistema de normas estables; esto significa que madres y padres son consecuentes con las normas que dictaron y estas no varían con su estado de ánimo. Los progenitores tienen claramente definido lo que entienden por buen comportamiento, y consideran que su referente principal son los resultados académicos de los hijos e hijas. No obstante, Gómez Bueno *et al.* (2001) señalan que, en relación con el reparto igualitario de roles, en diversos estudios se constata la existencia de diferencias en la práctica educativa entre niñas y niños que se encuentran al analizar el éxito académico, las diferentes competencias desarrolladas por unas y otros, así como al estudiar la relación entre los roles de género y las ocupaciones desempeñadas por ambos.

Como ya señalaba Beauvoir (1949), la adquisición de las pautas propias de la masculinidad y la feminidad se da a través de la experiencia vivida de niños y niñas en relación con el vínculo materno y paterno, y aunque en estas familias parece que no se transmiten pautas de socialización distintas para niños y niñas, la investigación muestra que se hace de forma sutil a través de las relaciones que cada uno de ellos establecen con sus progenitores y también mediante la relación e interacciones propias de la pareja.

El modelo *igualitario* se podría considerar el más deseable porque las pautas educativas en la familia se asientan en valores igualitarios. Aquí, la estructura familiar se diferencia de todos los anteriores esencialmente porque no se conforma bajo una estructura patriarcal; la toma de decisión y el ejercicio de los roles es compartido, o bien se ha invertido. La presencia de este modelo igualitario viene motivada principalmente por la incorporación de las mujeres al mercado laboral y por «el cambio hacia concepciones más igualitarias de los roles de género y las pautas de participación del padre en las tareas domésticas, que contribuyen sin duda alguna a desarrollar en las nuevas generaciones una ideología de rol más igualitaria» (González Pozuelo, 2009, p. 39), aunque aún es un cambio en gran medida generacional, que sigue presentando resistencias culturales (Alberdi, 2004).

En las familias igualitarias la pareja realiza los mismos roles participando de la crianza y cuidado del hogar, y la toma de decisiones se caracteriza por ser compartida. De este modo, se fomentan iguales derechos y obligaciones para las hijas que para los hijos, las mismas aspiraciones profesionales y deportivas, los mismos horarios, igual colaboración en las tareas de la casa y un reparto equitativo de recursos (Gómez Bueno *et al.*, 2001). Son familias en las que los roles tradicionales son modificados dependiendo de las habilidades e inclinaciones de sus miembros, y las metas familiares son muy variadas (Rodríguez Pérez, 2007).

Conclusiones

La familia tiene un papel fundamental en apoyar modelos saludables de identidad y relación en niños y niñas, que no opaquen su desarrollo socioemocional y les permitan moldear su personalidad libre de estereotipos. De esta manera, podrán desarrollar libremente su capacidad de pensar de forma crítica, plantearse metas personales y tomar decisiones que los lleven a su consecución.

Además, una educación sustentada en el desarrollo de las capacidades personales de cada miembro del núcleo familiar y no en su sexo aumentará el bienestar de todos y tendrá efectos positivos en la salud mental.

Trabajar y fomentar la educación y el trato igualitario en la familia es fundamental, puesto que las diferencias en los roles asignados limitan a niños y niñas en su libertad y generan desigualdad entre los sexos.

Las familias comprometidas con los valores igualitarios fomentarán a largo plazo una sociedad más justa en la que hombres y mujeres puedan compartir obligaciones y tener las mismas aspiraciones.

Referencias

ABELA, J.A. (2003). Infancia, socialización familiar y nuevas tecnologías de la comunicación. *Portularia*, *3*, 243-261.

ALBERDI, I. (2004). Cambios en los roles familiares y domésticos. *Arbor*, *178*(702), 231-261. https://doi.org/10.3989/arbor.2004.i702.567

AMORÓS, C. (1997). *Tiempo de feminismo. Sobre feminismo, proyecto ilustrado y postmodernidad*. Madrid: Cátedra.

BEAUVOIR, S. (1949). *The second sex*. Harmondsworth: Penguin [trad. cast.: *El segundo sexo*, Madrid: Cátedra, 2018].

BIAN, L., LESLIE, S.J., CIMPIAN, A. (2017) Gender stereotypes about intellectual ability emerge early and influence children's interests. *Science*, *355*(6323), 389-391. https://doi.org/10.1126/science.aah6524

BLUM, R.W., MMARI, K., MOREAU, C. (2017). It Begins at 10: How Gender Expectations Shape Early Adolescence Around the World. *Journal of Adolescent Health*, *61*(4), S3-S4.

BUTLER, J. (2007). *El género en disputa. El feminismo y la subversión de la identidad.* Barcelona: Paidós.

EATON, N.R., KEYES, K.M., KRUEGER, R.F., BALSIS, S., SKODOL, A.E., MARKON, K.E., GRANT, B.F. y HASIN, D.S. (2012). An invariant dimensional liability model of gender differences in mental disorder prevalence: Evidence from a national sample. *Journal of Abnormal Psychology*, *121*(1), 282-288. https://doi.org/10.1037/a0024780

ELIOT, L. (2009). *Pink Brain, Blue Brain. How Small Differences Grow into Troublesome Gaps and What We Can Do About It.* Boston: Houghton Mifflin Harcourt.

FINE, C. (2010). *Delusions of Gender. How Our Minds, Society, and Neurosexism Create Difference.* Nueva York: Norton.

GÓMEZ, V. (2008). El debate en torno a la regulación de la igualdad de género en la familia. *Política y sociedad*, *45*(2), 13-28.

GÓMEZ BUENO, C., CASARES, M., CIFUENTES, C., CARMONA, A. y FERNÁNDEZ, F. (2001). *Identidades de género y feminización del éxito académico.* Madrid: Ministerio de Educación, Cultura y Deporte.

GONZÁLEZ POZUELO, F. (2009). *Sexismo y violencia de género en la población escolar de Extremadura: un estudio sociológico para la igualdad de género.* Badajoz: Universidad de Extremadura.

GRAY, J. (1992). *Los hombres son de Marte y las mujeres de Venus.* Barcelona: Edicions 62.

KARAKURT, G., KEILEY, M. y POSADA, G. (2013). Intimate Relationship Aggression in College Couples: Family-of-Origin Violence, Egalitarian Attitude, Attachment Security. *J Fam Viol*, *28*, 561-575. https://doi.org/10.1007/s10896-013-9526-9

MARTIN CRIADO, E., GÓMEZ BUENO, C., FERNÁNDEZ PALOMARES, F. y RODRÍGUEZ, A. (2000). *Familias de clase obrera y escuela.* San Sebastián: Iralka.

MCLEAN, C. y ANDERSON, E. (2009). Brave men and timid women? A review of the gender differences in fear and anxiety.

Clinical Psychology Review, *29*, 496-505. https://doi. org/10.1016/j.cpr.2009.05.003

MONTERO, I., APARICIO, D., GÓMEZ-BENEYTO, M., MORENO-KÜSTNER, B., RENESES, B., USALL, F. y VÁZQUEZ-BARQUERO J.L. (2004). Género y salud mental en un mundo cambiante. *Gaceta Sanitaria, 18*(4), 175-181.

MORENO MÍNGUEZ, A. (2010). Family and Gender Roles in Spain from a comparative perspective. *European societies, 12*, 85-112. https://doi.org/10.1080/14616690902890321

OMS (2014). *Prevención del suicidio: un imperativo global.* S.l.: Organización Panamericana de la salud. https://iris.paho. org/bitstream/handle/10665.2/54141/9789275318508_spa. pdf?sequence=1&isAllowed=y

RIPON, G. (2019). *The gendered brain. The new neuroscience that shatters the myth of the female brain.* Londres: The Bodley Head.

RODRÍGUEZ MENÉNDEZ, M.C. (2007). Opiniones de las maestras de Educación Infantil sobre el papel de la familia y la escuela en la configuración de la identidad de género. *Revista Electrónica Interuniversitaria de Formación del Profesorado, 10*(1), 1-9.

RODRÍGUEZ PÉREZ, A. (2007). Principales modelos de socialización familiar. *Foro de Educación, 9*, 91-97.

STEPHENS-DAVIDOWITZ, S. (2014, 18 de enero). *Google, Tell Me. Is My Son a Genius? The New York Times.* https://www.nytimes. com/2014/01/19/opinion/sunday/google-tell-me-is-my-son-a-genius.html

6. La familia que adopta

Judith Lorente-de-Sanz y Carles Pérez Testor

La adopción en España

En respuesta a la tendencia a la globalización de nuestra sociedad, en 1997 la adopción internacional disparó sus cifras, convirtiéndose en un nuevo fenómeno social y familiar. Actualmente, España figura entre los cinco países del mundo con mayor número de adopciones internacionales (Commission for International Adoptions, 2019). Concretamente, 55 638 menores fueron adoptados entre 1997 y 2019,[1] procedentes principalmente de China, Vietnam, Rusia, Etiopía, India y Colombia. A pesar de que el número de adopciones internacionales en España ha disminuido drásticamente durante el período 2017-2019, la adopción se ha mantenido como una nueva forma de constituir una familia, marcada por una tendencia al alza en adopción nacional desde 2016 (Ministerio de Derechos Sociales y Agenda 2030, 2021).

El auge de esta realidad social durante las últimas décadas ha precipitado la necesidad de los profesionales de psicología de comprender los procesos psicológicos que implican tanto al menor como a su familia adoptiva durante las diferentes etapas del proceso de (pos)adopción. Este capítulo repasan los aspectos más relevantes de cada una, destacando que a pesar de la complejidad de las vivencias preadoptivas con las que llega el menor y del cambio de escenario que supone la adopción, es un suceso positivo para él, ya que le ofrece la oportunidad de elaborar su pasado e integrarlo con una nueva historia de vida enmarcada en la estabilidad de los vínculos afectivos.

---

1 Las cifras correspondientes a los años 2020 y 2021 no se han tenido en cuenta debido a la crisis de la COVID-19.

¿Quiénes son sus protagonistas?

En la adopción existen dos partes directamente implicadas: el menor en adopción y la familia solicitante. Ambas presentan necesidades distintas pero coincidentes y complementarias. Por un lado, un menor en situación de desamparo que necesita un entorno familiar favorecedor de un desarrollo físico y emocional saludable; por el otro, una familia con deseo de adoptarlo y brindarle cuidado, acompañamiento y protección. Sin embargo, las experiencias que ambos han atravesado antes de llegar a la adopción son complejas en la mayoría de los casos.

En primer lugar, el menor que lleva consigo la experiencia de haber sido abandonado por sus padres y otros miembros de su familia biológica, algo que deriva muchas veces en una profunda herida en su autoestima, ya que lo atribuye fácilmente al hecho de no haber sido lo suficientemente bueno para merecer ser amado y deseado. Así pues, a la experiencia de abandono se suma la vivencia de rechazo (Mirabent y Ricart, 2005). Tras ser abandonado, el menor pasa un tiempo (meses o años) a la espera de ser adoptado. En algunos casos, tiene la suerte de esperar en una familia de acogida que lo cuida y le ofrece una experiencia familiar reparadora. Sin embargo, la gran mayoría de ellos esperan en centros de acogida (adopciones nacionales) u orfanatos (adopciones internacionales). En este último caso, cabe tener en cuenta que la realidad de muchos de los países de procedencia es muy distinta a la que vemos y concebimos desde nuestro día a día, y por desgracia en algunas instituciones no son infrecuentes la negligencia o el maltrato físico y emocional de los menores, contexto que agudiza su sufrimiento y vulnerabilidad.

Como segundo protagonista tenemos a la familia solicitante. El 75 % de los solicitantes que buscan convertirse en padres o madres adoptivos lo hacen tras múltiples intentos frustrados de serlo por la vía biológica, ya sea por dificultades reproductivas, infertilidad o esterilidad (Mirabent y Ricart, 2005). Esta situación conlleva la necesidad de elaborar un duelo, no solo por el hijo al que deseaban traer al mundo, sino por la imposibilidad de crear una familia por la vía convencional, aceptando con ello la propia incapacidad reproductiva. Solo aquellas familias que puedan aceptar y resolver emocionalmente esta pérdida serán capaces de generar un espacio de parentalidad sano que deje crecer al menor adoptado en libertad, eximiéndole de ocupar el lugar del hijo al que no han podido engendrar y todo lo que este podría haber sido (Miravent y Aramburu, 2019).

Además, existe una tercera parte implicada, aunque indirectamente, en el proceso de (pos)adopción: la familia biológica del menor adoptado. El motivo por el cual debemos pensarla como otro de los protagonistas es precisamente porque ha formado parte de la etapa del desarrollo más importante del pequeño: le ha dado la vida y la oportunidad de vivirla, aunque desafortunadamente no ha podido acompañarlo en ella. Las causas por las que la familia biológica (o la madre en muchos casos, cuando se desconoce quién es el padre o este desistió de la paternidad mucho antes del nacimiento de su hijo) renuncia a su pequeño son múltiples y responden al reconocimiento de los propios límites económicos o personales para garantizar un adecuado desarrollo físico y emocional del menor; no obstante, en muchas ocasiones responde también al deseo de que alguien pueda hacerlo en su lugar. Como señalan Mirabent y Ricart (2005), tras el abandono de un hijo suele existir un fuerte deseo de que este pueda salir adelante en un entorno que le ofrezca mejores condiciones para una crianza saludable y feliz. Por este motivo, es importante que la familia adoptiva se reconcilie con la figura de la madre y el padre biológicos, transmitiendo así a su hijo una imagen reparada y reparadora de ellos, algo que necesitará para hacer las paces con su pasado.

¿Qué sucede antes de la adopción?

Precisamente por la situación de desamparo y vulnerabilidad en la que se encuentra el menor en adopción, la Administración tiene el deber de velar por su seguridad y bienestar, motivo por el cual se contemplan unos criterios de idoneidad de la familia solicitante antes de asignar la adopción. Estos tienen la finalidad de garantizar para el niño un nuevo contexto familiar capaz de responder a sus necesidades específicas, favoreciendo así su ajuste psicológico durante su crianza y desarrollo (Palacios, 2009). Así pues, los profesionales de las ICIF (instituciones colaboradoras de integración familiar), además de impartir varias sesiones formativas sobre la adopción a las familias solicitantes, evalúan y deciden su idoneidad para adoptar con base en unos criterios psicosociales ya establecidos. Los aspectos valorados en este proceso giran en torno a cinco ejes principales: circunstancias personales, circunstancias familiares y sociales, circunstancias socioeconómicas, aptitud educadora y expectativas en relación con el menor (Instituto Catalán de Acogimiento y de la Adopción, 2020).

Cuando hablamos de necesidades específicas del menor adoptado no solo nos referimos a que la familia adoptiva pueda acompañarlo en el proceso de adaptación e integración familiar, social y cultural (este último en el caso de las adopciones internacionales), sino también a que pueda sostener las secuelas psicológicas que le han dejado tanto la pérdida de sus padres como las experiencias vividas previas a la adopción (Mirabent y Ricart, 2005). Así pues, la adopción parte de una situación compleja que puede comprometer a corto y largo plazo el bienestar psicológico del menor, hecho que justifica el deber de la Administración de buscar familias capaces de manejarla saludablemente.

Asignación, espera y momento de encuentro padres-hijo

A pesar de que el procedimiento puede variar según el tipo de adopción, y en el caso de la internacional también en función del país, la espera es un factor con el que las familias adoptivas lidian de forma inevitable. Durante la espera, la familia va creando un espacio mental para su hijo, planeando su nueva vida juntos, e imaginando cómo será el pequeño y el rol parental que ejercerán como adultos. A pesar de que este fantaseo empieza mucho antes de la adopción, en el momento en que se plantean convertirse en padre y madre, va cogiendo fuerza conforme se acerca el final del proceso. Sin embargo, es necesario tener en cuenta que la situación del menor es muy distinta, pues ya sea por su corta edad o por su incapacidad de entender lo que es una familia, al no haber tenido nunca una, su preparación psicológica para la adopción es vaga o inexistente.

En la adopción nacional el encuentro con el nuevo hijo se da de forma progresiva, pasando de las visitas regulares en el centro de acogida, hasta el acoplamiento paulatino del menor a la unidad familiar que finaliza con la convivencia. No obstante, en la adopción internacional este proceso es mucho más rápido, por lo cual puede despertar emociones intensas tanto en la familia adoptiva como en el menor.

Aunque hay diferencias en la forma de proceder entre unos países u otros, en muchos casos existe un primer encuentro de pocas horas con el pequeño tras el cual deriva una convivencia inmediata. Tanto la falta de preparación del menor para este hecho como la incapacidad de comprender la situación de tener que permanecer con unos «extraños», a menudo con diferencias étnicas evidentes, puede desencadenar en él reacciones poco esperadas por su nueva familia como el miedo, el rechazo o la indiferencia. A pesar del dolor o la decepción que pueda generar en los padres adoptivos esta situación, será necesario que entiendan la reacción del menor como una respuesta transitoria a un importantísimo cambio en su contexto, asumiendo que su vida empezó mucho antes del evento de la adopción, y que sus experiencias relacionales previas pueden también explicar sus reacciones. Además, pese a que en algunos países las familias adoptivas tienen acceso a alguna fotografía, informes médicos o datos sobre la situación familiar previa del pequeño, la mayoría de ellas se dirigen al encuentro con la representación del hijo esperado como único referente. Por este motivo, será de vital importancia que la familia mantenga una actitud abierta y flexible ante el encuentro, evitando idealizar tanto la respuesta del menor como sus características físicas y su estado de salud (Mirabent y Ricart, 2005).

Infancia

El vínculo con la nueva familia

Los menores adoptados llegan con historias de vida muy diferentes, y si algo tienen en común todos ellos es que antes de la adopción han tenido múltiples experiencias relacionales (familia biológica, familia de acogida, profesionales de los centros de acogida u orfanatos, etcétera). Hayan sido caracterizadas por su carencia afectiva e inestabilidad, o bien por su calidez y responsividad emocional (algo poco frecuente, pero que algunos menores tienen la suerte de encontrar en contextos previos), el menor adoptado llega con modelos relaciones incorporados que modularán su vinculación con su nueva familia y entorno social.

La teoría del apego, conceptualizada por Bowlby (1993a, 1993b, 1993c), explica la tendencia innata del bebé a establecer vínculos afectivos significativos con una figura adulta con la finalidad última de asegurarse de que esta le proveerá de los cuidados necesarios para garantizar su desarrollo y supervivencia. No obstante, aunque el adulto referente ofrezca una respuesta inadecuada a las demandas físicas y emocionales del menor (negligente, abusiva o violenta), este desarrollará igualmente un vínculo de apego hacia aquel, aunque lo hará estableciendo un tipo de apego inseguro, que condicionará sus futuras relaciones interpersonales.

Estos patrones relacionales que el menor internaliza basados en el vínculo afectivo con sus referentes (padre y madre u otras figuras relevantes) son resistentes al cambio, pero también son dinámicos, lo que pone de manifiesto el efecto reparador que tiene para el niño adoptado el hecho de contar con nuevas figuras estables con quienes construir vínculos afectivos fuertes basados en la confianza hacia su disponibilidad para atenderlo, cuidarlo, amarlo y contenerlo (Juffer, van Ijzendoorn y Palacios, 2011; Rosser-Limiñana y Bueno, 2011). Los padres adoptivos tendrán, pues, el deber de proveer al menor con esta estabilidad afectiva, individualizando a su pequeño y haciéndolo sentir único y deseado.

Cambio y adaptación al nuevo contexto

La adopción supone un cambio brusco en la vida del menor al que este necesitará adaptarse. El niño adoptado, como cualquier otra persona, puede sentir desorientación, angustia, nerviosismo o miedo frente a las situaciones nuevas o desconocidas a las que se enfrenta tras la llegada a su nuevo contexto. Tanto desde la perspectiva de la familia adoptiva como desde la de su entorno social cercano, debe entenderse que ese niño se encuentra rodeado de personas que no conoce, en un espacio físico diferente y sin las personas referentes que hasta ahora tenía (funcionales o no, pero referentes). En el caso del menor adoptado fuera de España, debemos tener en cuenta que esas personas desconocidas que lo rodean tienen muchas veces rasgos étnicos distintos a los suyos y hablan un idioma que no puede entender, a lo que se suma que conviven con realidades cotidianas que pueden ser completamente nuevas para él en función de su país de procedencia (coches, ascensores, etcétera). Así pues, el menor se encuentra en un período de grandes impactos emocionales, que a menudo no puede elaborar debido a las carencias afectivas que hasta ahora ha tenido, a la falta de figuras de apego previas que le hubieran ayudado a poner en palabras y comprender sus propias emociones, quedando a merced de sus mecanismos más primarios para enfrentarlas, como son la disociación o el bloqueo afectivo.

En esta situación, el papel de la familia adoptiva será el de dar y respetar el espacio y el tiempo que su hijo necesite para asimilar el cambio, sin forzar procesos o situaciones. Así pues, el niño adoptado necesitará, en primer lugar, como el bebé recién nacido, un clima de estabilidad y seguridad que la familia podrá ofrecerle a través de rutinas, espacios, como puede ser una habitación propia, y momentos de interacción favorecedores del vínculo, como el juego (siempre que el menor lo acepte). Transcurrido este primer período, será importante que la familia lo acompañe poco a poco en el descubrimiento de su nuevo mundo, ofreciendo su capacidad de contención ante las inseguridades que esto pueda generarle.

La escolaridad

El inicio de la guardería o la escolaridad es un momento difícil para cualquier infante, pues implica una primera separación prolongada de sus progenitores y figuras referentes; sin embargo, con más o menos tiempo se suele dar la adaptación a esta nueva realidad. Precisamente porque en la mayoría de los casos ha existido una experiencia de estabilidad en los vínculos desde el nacimiento, existe en el niño una confianza firme en que al final de la jornada escolar alguien volverá a por él, que le permite tolerar la espera hasta ese momento con cierta normalidad.

No obstante, el menor adoptado parte de una situación muy diferente, pues en algún momento sus padres lo dejaron, sin volver jamás a buscarlo, motivo por el cual la escolaridad (o en general cualquier situación que pueda reactivar la experiencia de abandono) debe ser pensada por la familia adoptiva como un momento especialmente crítico que confronta al menor directamente con sus duras experiencias del pasado. Por este motivo, la guardería o la escuela son etapas que la familia debe afrontar sin prisa, asegurándose antes de que su hijo está lo suficientemente adaptado a su nueva vida y entorno como para enfrentar ese nuevo reto. Una buena metáfora para entenderlo puede ser la de un árbol recién trasplantado, que necesitará un tiempo de calma y estabilidad climática para poder enraizar bien y aguantar posteriores ventiscas y tormentas. Cabe mencionar que, a pesar de las dificultades añadidas, la mayoría de niños y niñas adoptados logran una buena adaptación al entorno escolar.

Hablando de los orígenes y la adopción

La mayoría de las adopciones son cerradas (tanto nacionales como internacionales), es decir, la familia adoptiva y la biológica no tienen contacto ni conocimiento mutuo. Esta situación supone un vacío en la historia de vida del menor que, además de generar malestar en él, también se produce en los padres, quienes sienten que no tienen respuestas para ayudarle a construir su narrativa.

A pesar de los interrogantes, que tras la imposibilidad de darles respuesta pueden ser rellenados con el ejercicio de imaginar conjuntamente, será necesario que la familia favorezca la comunicación sobre la adopción y sus orígenes desde el inicio y a lo largo de toda su crianza, transmitiéndole al menor que es algo de lo que se puede hablar con naturalidad. Esto allanará el camino para que, al llegar a la adolescencia, cuando inevitablemente necesitará revisar su propia historia para construir su identidad, busque, pida y pregunte abiertamente sin sentirse culpable o incómodo al hacerlo.

En la comunicación familiar sobre los orígenes y la adopción las propias inseguridades y duelos no resueltos de la familia adoptiva desempeñan un papel importante, pudiendo por ejemplo dificultar que los padres hablen de la familia biológica por sentir cierta rivalidad hacia ella, o que lo hagan sobre el país de origen y sus características para no evidenciar la diferencia con su hijo y su condición de padres adoptivos. Será pues de vital importancia para el ajuste psicológico del menor (sobre todo en su entrada a la etapa adolescente) que la familia pueda elaborar estas situaciones, o busque ayuda para hacerlo, para vivir una adopción saludable que promueva el bienestar de todos.

El menor adoptado tiene una estructura familiar distinta en la que existe una madre y un padre biológicos, y una madre y un padre adoptivos (o solo uno de ellos en el caso de las adopciones monoparentales). Este triángulo debe ser reconocido por la familia adoptiva y transmitir al niño una imagen positiva, aunque no edulcorada, de sus progenitores. Es decir, la familia debe poner en palabras la realidad de unos padres que no pudieron hacerse cargo de su hijo, aunque buscaron la forma de que alguien lo hiciera por ellos, asegurándose de ofrecerle la oportunidad de vivir una vida feliz como la de los demás niños. Además, será también necesario transmitir al hijo no solo el deseo de la familia biológica de darle una nueva vida, sino el deseo de la familia adoptiva de tenerlo. Este último aspecto es relevante porque el menor llega con una dolorosa vivencia de haber sido rechazado, y por tanto no deseado, motivo por el cual es importante verbalizar no solo el deseo de tener un hijo a quien darle una mirada única, amarlo y verlo crecer, sino también la irrevocabilidad de ese nuevo vínculo filio-parental que los convierte en sus padres para siempre.

El menor adoptado ha llegado a su nueva familia de una forma muy distinta a la de los otros niños, la mujer a quién llama «mamá» no lo ha concebido ni engendrado. Así pues, de igual modo que en la parentalidad biológica suele explicarse al hijo el proceso de embarazo, el parto y los primeros años de vida, será importante que la familia pueda hablarle a su hijo adoptado de su proceso de convertirse en padres (dificultades para ser padres biológicos, si existieron, burocracia, viaje, encuentro y recogida, llegada a casa, primeros años en la nueva familia, etcétera). Un buen recurso es documentarlo mediante fotografías o vídeos que queden a disposición del menor, facilitando así que este pueda acercarse y revisar su propia historia cuando le apetezca.

Precisamente, la familia adoptiva debe poder valorar la diferencia en todos sus sentidos, ya que uno no puede construir un autoconcepto y una identidad positiva si hay partes de sí mismo que siente que son negadas o rechazadas por sus referentes. Algunas familias intentan calmar las inquietudes del menor adoptado en relación con sus diferencias con frases como «tú eres igual que todos los demás», el problema es que cuando el menor compara su familia, su historia y muchas veces su aspecto físico con el de sus compañeros este mensaje no le encaja, situándolo en una disonancia entre lo que él ve y lo que sus padres dicen. El menor adoptado no es igual que todos los demás niños, tiene una experiencia y unas características únicas que deben ser reconocidas para que pueda construirse de acuerdo y con base en su propia realidad. Cuando esto no sucede, es fácil que el menor sienta malestar o sufrimiento psicológico, que a menudo se traduce en problemas de conducta, desajuste escolar, irritabilidad y rabietas, dificultades para conciliar el sueño, etcétera.

La comunicación sobre los orígenes y la adopción no deja de ser una herramienta con la que la familia adoptiva cuenta para ayudar a su hijo adoptado a elaborar su propia historia, favoreciendo así su mejor adaptación psicosocial (Aramburu *et al.*, 2018).

Adolescencia

La construcción de la identidad

Por lo general, la etapa adolescente es reconocida como un momento complejo para muchas familias. En el caso de las familias adoptivas, suele conllevar algunos retos añadidos. Cualquier adolescente necesita construir una identidad que le ofrezca un sentido de consistencia y estabilidad personal a través del tiempo y el contexto (Erikson, 1950, 1980), y a pesar de que viene apuntalándola a lo largo de su vida a través de las identificaciones con sus figuras referentes, esta etapa se convierte en un período crítico para su elaboración. Esta tarea implica la revisión y reorganización del propio pasado y de las experiencias relacionales significativas que este incluye, las cuales le han ido ofreciendo un retorno de sus características personales que tomará como base para configurarse como individuo. Sin embargo, ¿qué sucede cuando existe un pasado lleno de vacíos e interrogantes que dificultan ahilar una historia de vida y, por ende, una representación propia?

Para el adolescente adoptado no son pocos los desafíos a la hora de construir su identidad, pues no solo necesita mirar hacia atrás en busca de personas, lugares y experiencias que le ayuden a crear una narrativa de sí mismo, sino también debe incorporar en ella sus vivencias preadoptivas, entre las cuales se incluyen el rechazo por parte de su familia biológica, episodios de institucionalización y, en ocasiones, situaciones de abuso o negligencia. Si este doloroso pasado no puede ser suficientemente elaborado, con la ayuda de su familia o de profesionales, fácilmente aparecerán resistencias a mirar hacia atrás en esta etapa que dificultarán la construcción de la propia identidad.

Precisamente por esta necesidad de explorar el pasado, el adolescente muestra un mayor interés por conocer sus orígenes, que la familia adoptiva deberá entender como parte de su proceso de crecimiento y maduración. Aquí, nuevamente, la contención de los miedos que los propios padres puedan tener desempeña un papel relevante, pues no es infrecuente encontrar familias que viven como una amenaza el hecho de que su hijo o hija a esta edad quiera saber sobre sus orígenes, temiendo que un día pueda ir en busca de estos y perderlo. Es importante recordar que quienes le han ofrecido cuidado y cariño han sido ellos, y por esto a quienes el menor considera madre y padre son ellos, existiendo un fuerte vínculo afectivo que no tiene con su familia biológica.

En el caso de las adopciones internacionales, será clave para el ajuste psicológico del adolescente que pueda percibir como compatibles sus dos culturas, la del país de origen y la del de adopción (Benet-Martínez y Haritatos, 2005). A pesar de que hay menores que son adoptados a los pocos meses o años de vida, y por tanto su contacto con la cultura del país de procedencia ha sido escaso, existe algo que los vincula con ella: su origen e historia. El menor adoptado ha pertenecido a otra sociedad antes de llegar a su nuevo país, sociedad que lo ha acunado hasta el momento de su adopción, por lo que en algún lugar de su mente existe un lazo con la cultura y el país que ha formado y forma parte de él, y que puede ser más fuerte cuando existen rasgos étnicos que evidencian esta pertenencia. En este sentido, será importante que el adolescente perciba que en casa su cultura de origen es reconocida, aceptada y valorada, algo que le permitirá forjar una identidad libre de conflictos internos que se traducirá en su bienestar psicológico y en el de la familia.

Conclusiones

En este capítulo hemos hecho hincapié en que la adopción, a pesar de ser un fenómeno positivo y reparador para el menor, supone tanto para él como para su familia una serie de retos añadidos a lo largo de su crianza y desarrollo, pues la situación de vulnerabilidad con la que llega a su nuevo entorno obliga a los padres adoptivos a ser capaces de acoger y contener sus malestares, acompañándolo en el desafío de construir una nueva vida desde el cuidado y el cariño. Sin embargo, existe un factor clave para que pueda seguir adelante en ella de forma saludable: hacer las paces con su pasado. Para ello necesitará que la familia le ayude a construir un discurso sobre su propia historia, que le permita elaborar un duelo por las pérdidas que han caracterizado su vida preadoptiva, y a aceptar y valorar las diferencias con su entorno cercano y social. Esta tarea sentará las bases para que pueda construir una identidad cohesionada y basada en su propia realidad, lo que le permitirá afrontar la adolescencia y la posterior vida adulta con ajuste y bienestar psicológico.

Referencias

Aramburu, I., Pérez Testor, C., Mercadal, J., Salamero, M., Davins, M., Mirabent, V., Aznar, B. y Brodzinsky, D. (2018). Influence of Communicative Openness on the Psychological Adjustment of Internationally Adopted Adolescents. *Journal of research on adolescence, 30*(1), 226-237. https://doi.org/10.1111/jora.12464

Benet-Martínez, V. y Haritatos, J. (2005). Bicultural Identity Integration (bii): Components and Psychosocial Antecedents. *Journal of Personality, 73*(4), 1016-1050. https://doi:10.1111/j.1467-6494.2005.00337.x

Bowlby, J. (1993a). *La pérdida afectiva.* Barcelona: Paidós.
— (1993b). *La separación afectiva.* Barcelona: Paidós.
— (1993c). *El vínculo afectivo.* Barcelona: Paidós.

Commission for International Adoption (2019). *Data and prospects in International Adoptions: Summary reports.* https://www.commissioneadozioni.it/media/1732/report_cai_2019_200417.pdf

Erikson, E. (1950). *Childhood and society.* Nueva York: Norton [trad. cast.: *Infancia y sociedad*, Buenos Aires, Hormé, 2008].
— (1980). *Identity and the life cycle.* Nueva York: Norton.

Gobierno de España, Ministerio de Derechos Sociales y Agenda 2030 (2021). *Boletín de datos estadísticos de medidas de protección a la infancia, 30.* https://www.mdsocialesa2030.gob.es/derechos-sociales/infancia-y-adolescencia/PDF/Estadisticaboletineslegislacion/Boletin_Proteccion_23_Provisional.pdf

Instituto Catalán de Acogimiento y de la Adopción (2020). *Formación y valoración de la idoneidad.* https://dretssocials. gencat.cat/ca/ambits_tematics/acolliments_i_adopcions/adopcions/ formacio_i_valoracio/index.html#googtrans(ca|es)

Juffer, F., Van Ijzendoorn, M. y Palacios, J. (2011). Recuperación de niños y niñas tras su adopción, *Infancia y Aprendizaje, 34*(1), 3-18.

Mirabent, V. y Ricart, E. (2005). *Adopción y vínculo familiar. Crianza, escolaridad y adolescencia en la adopción internacional.* Barcelona: Paidós.

—y Aramburu, I. (2019). El impacto de la infertilidad en la familia que adopta. En: C. Pérez Testor (comp.). *Psicoterapia psicoanalítica de pareja.* Barcelona: Herder.

Palacios, J. (2009). La adopción como intervención y la intervención en adopción. *Papeles del Psicólogo, 30*(1), 53-62.

Rosser-Limiñana, A. y Bueno, A. (2011). La construcción del vínculo afectivo en la adopción. La teoría del apego como marco de referencia en la intervención post-adoptiva. *International Journal of Development and Educational Psychology, 1*(1), 333-340.

7. Migración y familia multicultural
Julieta Piastro Behar

> Hay un elemento en común que es clave y que subyace tras la
> psicología de todos los individuos desplazados [...] la perdida
> de familiares y amigos; la perdida de los cementerios de los
> ancestros; la pérdida del lenguaje familiar, de las canciones, de
> los olores, de la comida [...] la pérdida del país; la pérdida de la
> identidad previa y del sistema en el que se sustentaba.
>
> VAMIK D. VOLKAN

Los movimientos migratorios contemporáneos hacia España y
Cataluña se intensificaron significativamente hace tan solo tres
décadas. A ellos se ha sumado la reciente y sin lugar a dudas
privilegiada diáspora de jóvenes que se desplazan por el mundo
por motivos académicos, laborales y profesionales. Estos dos
fenómenos, en el contexto de la globalización, la comunicación
y las tecnologías, junto con las subyacentes consecuencias de la
caída de los grandes relatos y las grandes utopías, han modificado
nuestra imagen de mundo y han transformado radicalmente la
configuración de la sociedad, de la familia y de la pareja que
había predominado en la modernidad occidental.

Este capítulo se propone explicar algunos de los retos para
comprender los procesos subjetivos de la inmigración y de las
identidades migrantes, a través de un entramado epistemológico
formado por un paradigma y unas teorías que nos permiten concebir y pensar la pluralidad, la diversidad y la diferencia. Se trata
del paradigma de la complejidad, la teoría interseccional con una
perspectiva histórica decolonial y la teoría psicoanalítica.

La comprensión actual de nuestro mundo, y sobre todo de
las identidades fruto de los movimientos migratorios, requiere

de la deconstrucción del viejo paradigma eurocentrista que explica la historia, o mejor dicho todas las historias, desde una perspectiva colonialista de poder y de dominio. En ocasiones se piensa ingenuamente que gracias a la globalización, a internet y a las redes sociales comprendemos más la diversidad de nuestro mundo; por desgracia esto no es así. En efecto, las pantallas nos pueden acercar a lugares remotos, pero esto no garantiza ni la comprensión, ni mucho menos la comunicación entre diferentes formas de vida, a las que Wittgenstein llamaría juegos del lenguaje construidos a través del uso, la costumbre y la tradición. Los retos actuales pasan por deconstruir una epistemología que nos atrapa en formas rígidas de hacer ciencia y de producir conocimiento, que estrecha nuestra capacidad de concebir la pluralidad de verdades y la diversidad de formas de vida. Hemos de deconstruir también la concepción de historia lineal con su consecuente idea de avance, de civilización y de progreso.

Se hace necesario revisar nuestras teorías, ampliar nuestras metodologías y flexibilizar las técnicas de investigación. Esto significa deconstruir, deshacer y renombrar nuestra forma de nombrar, resignificar nuestros significados y relativizar nuestras verdades para dar cabida al otro y lograr la comprensión del orden simbólico que media entre el Yo y el Otro.

Abordaremos nuestros referentes en el siguiente orden: primero el paradigma de la complejidad, después la teoría de la interseccionalidad y su concepción de historia decolonial y por último la comprensión psicoanalítica de las identidades en movimiento.

Del paradigma de la simplicidad al paradigma de la complejidad

El paradigma de la simplicidad fue el marco de referencia teórico y conceptual que sustentó la producción científica occidental durante varios siglos, especialmente desde el surgimiento del positivismo en el siglo xix. A partir de ese momento el conocimiento quedó atrapado en las exigencias del objetivismo. Su apuesta fue sin lugar a dudas excluyente. Cualquier saber que ostentase la categoría de *científico* tenía que asumir las normas y parámetros de la ciencia positiva.

Sus consecuencias hasta bien entrado el siglo XXI se podrían resumir de esta manera. Desde el paradigma de la simplicidad no se puede comprender la diversidad. El reduccionismo obliga a pensar en identidades unívocas, en sistemas estáticos y en causalidades unilineales. Dicho paradigma encierra en sí mismo los principios que hoy nos hacen incapaces de comprender la diferencia porque su principio está fundamentado en una única visión y versión del mundo. Es esto lo que Chimamanda Ngozi Adichie llama, en su famosa conferencia TED Talk, «el peligro de una sola historia» (Adichie, 2009), una crítica inteligente a la práctica habitual de explicarlo todo a través de un pensamiento único, occidental y heteropatriarcal. Un pensamiento que se convierte en «norma» incluso fuera de Occidente, porque las otras culturas se miden con él, se comparan con él y compiten con él. Amin Maalouf explica este fenómeno en *Identidades asesinas*: «Cuando la modernidad lleva la marca del "Otro", no es extraño que algunas personas enarbolen los símbolos del arcaísmo para afirmar su diferencia» (Maalouf, 2001, p. 82), porque, como explica el autor, Occidente no quiere que los demás se le parezcan sino que le obedezcan.

La diversidad cultural solo es comprensible cuando se conciben identidades plurales, sistemas abiertos y causalidades múltiples. Hoy nos enfrentamos al progresivo deterioro de nuestros principios epistemológicos como resultado del agotamiento del paradigma clásico y, con él, a una ampliación del concepto de ciencia y de nuestra propia conciencia de la historia, gracias a lo cual se ha vuelto necesario el diálogo con otros discursos y otras experiencias de mundo.

La conciencia que hoy tenemos de la historia es fundamentalmente nueva. En ella podemos reconocer, siguiendo a Gadamer (1993), la historicidad de todo presente y la relatividad del conocimiento. Esta nueva dimensión de la historia tiene profundas repercusiones a nivel del conocimiento. Para esclarecer algunas de ellas es necesario apuntar las nociones y los principios básicos de un nuevo paradigma.

El concepto de paradigma se puede entender, con Edgar Morin, como un modelo formado por nociones maestras, nociones clave, principios clave, entre las que se establecen relaciones lógicas fuertes, capaces de dirigir los discursos que se construyen bajo su hegemonía. Se trata, por tanto, de un sistema de pensamiento que afecta tanto al nivel ontológico como al epistemológico y al metodológico.

El paradigma de la simplicidad que gobernó el pensamiento occidental desde el siglo XVII separó al sujeto de la ciencia y a la ciencia de la filosofía. Desligó la cultura del discurso científico, considerando la experiencia singular poco significativa en el terreno del conocimiento formal. Su ontología se fundamentó sobre entidades cerradas como sustancia, identidad, sujeto, objeto, y la metodología que utilizó fue reduccionista y cuantitativa. En este paradigma la epistemología se limitó a verificar o a desacreditar la validez del conocimiento.

Hasta ahora la propuesta científica con respecto a la imprecisión era eliminarla sin más. Actualmente, tanto en la física como en las matemáticas y en la neurología se reconocen fenómenos y conceptos imprecisos. En las ciencias humanas se hace aún más necesario darle un lugar a la imprecisión, al tener que enfrentar fenómenos como la libertad, el amor, la creatividad y el concepto mismo de sujeto que conoce, tan rechazado por los criterios del objetivismo.

Tenemos aquí otro principio clave para enfrentar la complejidad: el dualismo objeto-sujeto. En el paradigma clásico de Occidente, el objeto es lo cognoscible, lo determinable, lo aislable y lo manipulable, mientras que el sujeto es la perturbación, la deformación y el error.

Según la teoría de la complejidad de Morin, hay tres principios que nos pueden ayudar a pensar la complejidad. El primero, y punto de partida, es justamente el principio dialógico. El segundo es el principio de recursividad organizacional, proceso en el cual los productos y los efectos son al mismo tiempo causas y productores de aquello que los produce. El ejemplo perfecto somos los seres humanos como producto de un proceso de reproducción que nos produce y al mismo tiempo nos hace productores. En el nivel social, los seres humanos también somos productos y productores. El tercero es el principio hologramático, que sostiene que no solo la parte está en el todo, sino que el todo está en la parte. Esta idea, en apariencia paradójica, formulada por Pascal, trasciende al holismo que no ve más que el todo y al reduccionismo que solo ve las partes.

El concepto positivista de objeto hace de la conciencia una realidad (espejo) y al mismo tiempo una ausencia de realidad (reflejo). En efecto, se puede afirmar que la conciencia refleja al mundo, pero eso también puede significar que el mundo refleja al sujeto. Es decir, el objeto puede ser espejo para el sujeto tanto como esta para aquel.

Otro de los principios de la complejidad es la apertura epistemológica, que significa reconocer que en ella hay lugar para la incertidumbre y el diálogo. De esta manera, las hasta ahora consideradas limitaciones del conocimiento se transforman en una ampliación del concepto de ciencia y de conocimiento.

Descolonizar la comprensión de la migración

Descolonizar la comprensión de los actuales procesos migratorios significa deconstruir una mirada arraigada en el inconsciente europeo que coloca al inmigrante en el lugar de un subalterno al que en el mejor de los casos se mira con compasión y paternalismo, pues proviene del mal llamado «tercer mundo», y, en el peor, con desprecio y arrogancia. Descolonizar Europa también significa deconstruir en los países colonizados una dinámica de siglos de historia de sometimiento y desprecio al que fueron sometidos y de relaciones de explotación e injusticia que se han perpetuado hasta nuestros días.

Una gran parte de la población de los países colonizados mira con admiración al mal llamado «primer mundo», el mundo del vencedor, y piensa en él como el lugar ideal para emigrar; se trata del sueño europeo de una vida mejor. Por eso la lógica misma de los actuales movimientos migratorios mantiene una estrecha relación con los antiguos procesos de colonización.

Muchas de las nuevas migraciones deshacen el camino geográfico de los conquistadores por múltiples razones que van desde la aún tan fuerte idealización del vencedor, pasando por la identificación lingüística y cultural, hasta la cercanía geográfica. La cuestión es que hoy, más que nunca, el hecho traumático que significó la conquista, y que aún hace daño, requiere algún tipo de restauración. Aunque aquellas remotas historias no se conozcan en profundidad, las relaciones de subalternidad permanecen en la memoria tanto de los europeos como de los americanos o africanos, y es por eso por lo que generalmente la convivencia que se da como resultado de la inmigración conlleva la reproducción de viejos estereotipos y representaciones sociales coloniales, así como la reproducción de determinadas relaciones de subalternidad, explotación y sumisión.

Los procesos de colonización tuvieron muchos elementos en común que nos pueden dar pautas para comprender el complejo juego de identidades que se construyó y que aún prevalece en los países colonizados y en las relaciones que se establecen como producto de las inmigraciones contemporáneas.

Las colonizaciones inician con un violento exterminio de la población autóctona y el sometimiento de los supervivientes, sometimiento que poco a poco se convierte en una práctica de siglos de discriminación de su experiencia histórica, sus creencias, su cultura y su saber, además de la erradicación de su propia lengua y la imposición de otra que implicó otro exterminio doloroso y profundo, pues junto con ella se aniquiló una forma de vida, es decir, una forma de significar y dar sentido al mundo. Con la imposición de la lengua también se borraron los nombres de una geografía que contenía la memoria de la tierra. La incapacidad de los conquistadores para pronunciar las lenguas autóctonas representa una forma contundente de apropiación de los espacios colonizados.

El proceso de escritura de los códices en los que los pueblos de Mesoamérica narraron las violentas e incomprensibles experiencias que vivieron durante la conquista son una buena forma de entender el significado histórico que tuvieron los hechos traumáticos para la memoria colectiva, que aún prevalece de muchas maneras y se manifiesta en las relaciones sociales que se establecen en pleno siglo XXI.

Los textos recuperados en la *Visión de los vencidos* (León-Portilla, 1984) nos permiten no solo dimensionar el impacto de un genocidio, sino la aún necesaria elaboración psicológica de este proceso. Se trata de un volumen en el que se recuperan códices antiguos que narran una serie de prodigios y presagios funestos que dichos pueblos afirmaron ver unos diez años antes de la llegada de los españoles.

Quizá lo más interesante de estos textos sea que, a pesar de estar narrados como presagios, en realidad no fueron escritos antes de la llegada de los españoles; no fueron premonitorios o adivinatorios, sino narraciones construidas para encajar el dolor de dicha experiencia, para resignificar su historia y el sentido de su propia existencia. El valor psicoanalítico de estos escritos es justamente reconocer la necesidad que tiene un pueblo de narrar un hecho histórico y así poder encajarlo en su historia y aprender a vivir con él.

Han pasado muchos siglos desde entonces y seguramente no nos preocuparía el tema si pudiéramos considerarlo superado; por el contrario, en los países colonizados las desigualdades se han enquistado y con los procesos de inmigración contemporáneos se han perpetuado las relaciones de subordinación.

La identidad como identificaciones

Partimos del principio de que toda identidad vive en permanente construcción, es dinámica y cambiante, hasta el punto de que es imposible hablar de ella como algo que tiene una forma definida de una vez y para siempre. Las identidades desesencializadas no son más que identificaciones o, como las llama Maalouf, pertenencias identitarias de un sujeto hechas de fenómeno y relato, es decir, de experiencias que se rememoran y se resignifican dentro del relato identitario. El mismo Freud no habla de identidad sino de identificaciones, ya que reconoce que el sujeto se construye a través de diversos vínculos afectivos.

141

En *Psicología de las masas y análisis del yo*, Freud reconoce que los procesos individuales están vinculados a lo social:

> Es verdad que la psicología individual se ciñe al ser humano singular y estudia los caminos por los cuales busca alcanzar la satisfacción de sus mociones pulsionales. Pero solo rara vez, bajo determinadas condiciones de excepción, puede prescindir de los vínculos de este individuo con otros. (1978b, p. 67)

Para Freud, la identificación es la más temprana exteriorización de un lazo afectivo con otra persona. Este concepto nos interesa especialmente porque nos permite comprender los procesos migratorios a través de la experiencia singular de creación de vínculos y al mismo tiempo analizar cómo los sujetos se significan y se identifican en sus contextos sociales y culturales.

El psicoanálisis nos aproxima a la comprensión subjetiva de la inmigración al poner la mirada no solo en el proceso migratorio, sino en la forma en que cada sujeto lo vive y lo significa. También representa la posibilidad de elaborar el proceso migratorio a través de la palabra y de esa manera reconstruir un relato identitario resquebrajado que carece de un espejo de reconocimiento identitario que le permita sobrevivir y en ocasiones ni siquiera un lazo social con el cual comenzar a reconstruir su relato. El psicoanálisis trabaja justamente con el relato identitario de un sujeto.

Narración identitaria

La forma en que los seres humanos imprimimos orden y sentido al caos de la propia experiencia es la narración. La experiencia subjetiva se teje a través del lenguaje, dando forma a la narración identitaria. La identidad, como conjunto de identificaciones, es una construcción social dinámica que se elabora en determinados marcos conceptuales. Estos se definen como el conjunto de recursos teóricos y conceptuales que las personas tienen a su disposición para interpretar y comprender el mundo y también para actuar en él (Olivé, 1996, p. 136). Los marcos conceptuales de las identidades incluyen el contexto social, familiar e institucional en el que se construye una identidad, y el texto, es decir, las representaciones que los sujetos hacen de ese contexto a partir de sus experiencias singulares, por ejemplo, lo que creen y saben del mundo, lo que entienden e interpretan de él y los valores, necesidades, fines y deseos que adquieren en interacción con el contexto. El sujeto introyecta el contexto de una manera singular, y junto con el reflejo que le devuelve la mirada de los otros construye su relato identitario.

La identidad, como construcción social, se desarrolla en la interacción con otros. En *El multiculturalismo y la política del reconocimiento* (1993), Charles Taylor explica que hace falta el reconocimiento del otro para poder decir yo. No existe un yo sin otro que le devuelva como espejo una imagen de su yo. Los seres humanos adquieren los lenguajes necesarios para su definición cuando entran en contacto con otros que son significativos en su historia. De esta manera, la identidad se teje como una narración que se construye en el diálogo con los otros. La imagen de una persona no es independiente de lo que otros ven en ella. La narrativa identitaria no solo representa lo que los individuos dicen de sí mismos, también incluye la percepción que tienen de lo que otros referentes ven en ellos. El reconocimiento de los otros resulta fundamental en la construcción de la identidad.

Los caminos de la inmigración: la soledad y la culpa

Mientras que los gobiernos y las instituciones hablan de estadísticas y reducen la migración al impacto económico que representan para un país, las personas inmigradas viven o malviven en condiciones económicas precarias y se enfrentan profundamente solos al miedo, la angustia de la ausencia, la pérdida y la separación. Sufrimientos que el psiquiatra Joseba Achotegui denominó «síndrome de Ulises», con el que explica lo que él llama «duelo migratorio», es decir, la presencia de determinados síntomas psíquicos que en ocasiones se vuelven crónicos (Achotegui, 2002). Nosotros abordaremos aquí la soledad y la culpa en la inmigración desde una perspectiva psicoanalítica lacaniana.

La salida del país de origen no es voluntaria, generalmente es obligada por situaciones de pobreza, de regímenes dictatoriales o de guerras. En muchas ocasiones las condiciones mismas del trayecto son extremas e implican riesgos que solo asume aquel que está muy desesperado. Viajan en pateras, encerrados en un camión sin ventilación o debajo de él, o saltan la valla de Melilla. Miles de personas pierden la vida en el intento de llegar al sueño europeo.

La inmigración desde Latinoamérica podría parecer privilegiada, pues se realiza en avión y casi siempre con permiso de trabajo temporal o con pretexto de visitar amigos o familiares. Sin embargo, son historias de vida muy duras, pues casi siempre suponen la ruptura familiar. Las mujeres que emigran dejan a sus hijos con el padre, los abuelos o con algún pariente y se lanzan a trabajar a Europa para poder dar a los que se quedan en su país mejores condiciones de vida.

Podríamos afirmar que gran parte de los procesos de inmigración inician con la separación de los vínculos afectivos del sujeto y de los lugares más significativos de la memoria; se trata de un proceso en el que se experimenta una profunda soledad. La reagrupación, es decir, el procedimiento legal por el cual una persona puede traer a sus familiares a España, requiere de una estabilidad económica que para la mayoría es difícil de alcanzar. La experiencia de soledad explica también la necesidad de los inmigrantes de agruparse en barrios o poblaciones en los que encuentran la posibilidad de reconstruir identificaciones y lazos sociales basados en afinidades lingüísticas y culturales, compartiendo con un colectivo, o al menos con una parte de él, usos, costumbres y tradiciones. Es decir, se desarrolla un juego de lenguaje que les permite mantener algún saber sobre sí mismos.

Según Bassols, hay al menos dos formas de soledad: una soledad con el Otro, que se puede entender como la soledad existencial del ser humano; y una soledad sin el Otro, esto es, radical, sin representación posible en el lugar del Otro. Esta es una de las connotaciones que tiene para Lacan la soledad de la que habla en el seminario. Se trata de una soledad que es *ruptura del saber* del ser sobre sí mismo que, como ruptura, deja huella (Bassolls, 2006).

La soledad del inmigrante es, sin lugar a dudas, esta soledad radical, de falta de referentes y lazos sociales con los que reconstruir un relato identitario. Aquí la ruptura del saber es justamente la de no saber quién se es. Se trata de un sujeto des-vinculado, que está perdido y en el que la experiencia de soledad producida por el no saber deja huella.

Según Lacan, el síntoma es el retorno de la verdad que no se ve, la falla del saber de la verdad que ha quedado. Una de las acepciones que Lacan le da al síntoma es la metáfora. La metáfora, dice, «se coloca en el punto preciso donde el sentido se produce en el sin-sentido» (Lacan, 1985, p. 488). El sin-sentido es una perturbación en la cadena de significantes, en este caso una interrupción en el texto del relato identitario, que no encuentra sus palabras ni su sentido en el nuevo contexto y que solo puede aflorar en forma de síntoma. La soledad en la inmigración representa una imposibilidad de reconstruir el relato identitario, porque en ese juego de reflejos especulares, en el que se construyen las identidades, no hay un retorno. Además, la soledad del que emigra se topa con la soledad de las sociedades capitalistas neoliberales, en las que el individualismo, con sus valores de autorrealización, autonomía y libertad, no vincula a los sujetos porque, como decía Lacan, el discurso capitalista no genera lazos sociales.

La culpa

Por más penurias que viva en el camino, por más problemas que encuentre a su llegada, el emigrante nunca dirá a los que ha dejado en su país que está mal, que no tiene trabajo o que no ha podido arreglar sus papeles. Los problemas de los *de allá* siempre parecen más graves, más urgentes. ¿qué derecho tiene a quejarse, a preocuparlos? Si logra encontrar trabajo, un lugar donde vivir y obtener los papeles de residencia, entonces cada conquista contiene una carga de sentimiento de culpa, por tener lo que los suyos no tienen, por tener acceso a una seguridad social gratuita o simplemente por vivir en el llamado primer mundo. Muchas mujeres latinoamericanas envían la mayor parte de su sueldo a su familia, a los hijos que dejaron y a los que los cuidan; a pesar de esto, experimentan una profunda culpa por la separación y la pérdida. Cuando un familiar fallece, a la tristeza se suma la culpa de no haber estado ahí, de no haberlo acompañado, de no haber cuidado de él.

El sentimiento de culpa está arraigado en la cultura occidental; procede de la moral religiosa y se constituye por la asunción de las prohibiciones. La paradoja de la culpa es que no se controla por medio de la virtud, la rectitud o el respecto a la ley. En *El malestar en la cultura* Freud explica que cuanto más virtuoso es el individuo, más oprimido está por el sentimiento de culpa.

El psicoanálisis ha estudiado la culpa desde muy diferentes perspectivas. Melanie Klein analizó, desde el punto de vista de la angustia, los conceptos de «culpa depresiva» y «culpa persecutoria», ampliados posteriormente por León Grinberg, quien aportó una perspectiva útil para entender la culpa persecutoria. El sujeto resentido contra sí mismo por no haber hecho nada para evitar lo que considera inevitable, por ejemplo una separación, una pérdida o la muerte de alguien, desarrolla un masoquismo moral. Para Freud, tal masoquismo procede del instinto de muerte y corresponde a aquella parte que eludió ser proyectada al mundo como instinto de destrucción. Frente al objeto muerto se guarda resentimiento por haberse llevado partes del Yo. «Cuanto mayor es el resentimiento, mayor será la culpa y la persecución, y más difícil resultará la elaboración de dicho duelo» (Grinberg, 2005, p. 63). En la medida en que disminuye el resentimiento aumenta la pena con una connotación más depresiva; también se puede incrementar la preocupación y la responsabilidad propia de la culpa depresiva, así como la capacidad reparatoria.

Grinberg sintetiza la culpa persecutoria en un cúmulo de emociones que pasan por el resentimiento, la desesperación, el temor, el dolor y los autorreproches. El caso extremo es la melancolía. Lo que predomina en la culpa depresiva es la preocupación por el Yo y por el objeto, la nostalgia y la responsabilidad: «Se manifiesta especialmente en el duelo normal con actividades sublimatorias, de discriminación y de reparación» (Grinberg, 2005).

Por su parte, en la última clase del Seminario 7, de 1960, Lacan plantea una pregunta crucial para explicar la culpa: «¿Has actuado conforme al deseo que te habita?». Poco después afirma que solo se puede ser culpable, al menos en la perspectiva analítica, de haber cedido al deseo. Aquí hemos de entender «ceder» como «aflojar», «desistir» y no como «obedecer». Como cuando cede la rama de un árbol. La culpa surge con la traición del propio deseo frente al que se impone el deber; una traición que suele provocar desgarramientos interiores. Lacan explica que en la moral del poder, de todo poder, se impone la expulsión de lo que no encaja, que es justamente el deseo.

Así pues, la inmigración se puede considerar en sí misma como un *ceder en el deseo*. El exilio, la búsqueda de trabajo y de una vida mejor no son deseos, sino deberes. En muchos casos el inmigrante expresa su «deseo de partir», pero en el fondo de su motivación no se encuentra el deseo sino el deber.

La reagrupación familiar

Después de años de trabajo y ahorro, por ley, las personas inmigrantes pueden aspirar a reagrupar a los suyos, es decir, a reunir a toda su familia en el país de acogida. Suponiendo que lo logren, por lo general se encuentran frente a una nueva situación que no es fácil, pues en muchas ocasiones la migración supone una ruptura, un corte en el vínculo o una experiencia de abandono en los hijos y de un descubrimiento de independencia y autonomía en la mujer.

En el caso de las mujeres latinoamericanas, por ejemplo, la llegada del marido y de los hijos puede hacer aflorar heridas profundas. Como explica Cárdenas, diversas investigaciones demuestran que resulta mucho más difícil el momento de la reagrupación que el de la separación (Cárdenas, 2014). En el caso de adolescentes que de niños vivieron la separación del vínculo afectivo más significativo, con frecuencia sufren episodios de angustia y depresión, ya sea en el momento de la reagrupación o pasados unos años. En algunos de ellos los síntomas desaparecen mientras que en otros permanecen.

Los cuidados, el trato y el acompañamiento que reciban estos niños en su país durante la separación, junto con la comunicación que logren establecer con sus padres emigrados, serán decisivas a la hora de significar ese momento de la vida como anecdótico o como traumático. Si la separación se vive como un abandono será difícil de asimilar y seguirá siendo dolorosa incluso pasado el reencuentro de la reagrupación; si se logra que sea vivida como un paréntesis necesario por cuestiones económicas o políticas, la posibilidad de que sea asimilada como algo temporal y necesario hará que resulte menos dolorosa para los hijos.

En cuanto a las relaciones de pareja, cuando la reagrupación incluye al marido, el proceso puede resultar muy complicado, pues mientras que en su país ellos han de ser los hombres proveedores, en el nuevo contexto son ellas las que tienen trabajo y llevan el dinero a casa, al menos durante los primeros meses. Si el marido logra encontrar trabajo en poco tiempo, es posible que la pareja no sufra una desestabilización importante; cuando ocurre lo contario, en ocasiones la terrible inseguridad que lo invade se convierte en rabia y violencia hacia ella. El problema fundamental radica en que son pocos los inmigrantes que pueden acceder a la atención psicológica y, sin ella, es muy difícil elaborar los procesos que supone la inmigración.

Referencias

ACHOTEGUI, J. (2002). *La depresión de los inmigrantes: una perspectiva transcultural*. Barcelona: Mayo.

ADICHIE, C. (2009). *El peligro de la historia única*. TEDGlobal https://www.ted.com/talks/chimamanda_ngozi_adichie_the_danger_of_a_single_story/c?language=es

BASSOLS, M. (2006). *La soledad de la esfera* [Entrevista original publicada en el *Boletín de la Escuela de la Orientación Laca-*

niana, 8]. http://ampblog2006.blogspot.com/2015/08/la-soledad-de-la-esfera-por-miquel.html

CÁRDENAS RUÍZ, I. (2014). La reagrupación familiar. ¿Qué dice la literatura? Una revisión más allá de lo sistémico. *Redes, Revista de Terapia Relacional e Intervenciones Sociales, 30.*

FREUD, S. (1978a). El problema económico del masoquismo. En *Obras completas* (vol. 22). Buenos Aires: Amorrortu.

— (1978b). Psicología de las masas y análisis del yo. En *Obras completas* (vol. 18). Buenos Aires: Amorrortu.

GADAMER, H.G. (1993). *El problema de la conciencia histórica.* Madrid: Tecnos.

GRINBERG, L. (2005). Sobre dos tipos de culpa. Su relación con los aspectos normales y patológicos del duelo. *Revista de Psicoanálisis, 45*, 59-72.

LACAN, J. (1985). La instancia de la letra. En *Escritos.* Buenos Aires: Siglo XXI.

LEÓN-PORTILLA, M. (1984). *La visión de los vencidos. Relaciones de la Conquista.* Versión de textos nahuas de Ángel María Garibay. México: UNAM.

MAALOUF, A. (2001). *Identidades asesinas.* Barcelona: Alianza.

OLIVÉ, L. (1996). *Razón y sociedad.* México: Fontamara.

TAYLOR, C. (1993). *El multiculturalismo y la política del reconocimiento.* México: FCE.

VOLKAN, V. (2019). *Inmigrantes y refugiados.* Barcelona: Herder.

8. Violencia en la familia

Berta Vall, Jaume Grané, Elena Lloberas, Josep
A. Castillo-Garayoa, Judith Lorente-de-Sanz
y Carles Pérez Testor

Este capítulo se centra en el concepto de violencia en el contexto familiar. En primer lugar, contextualiza y define los diferentes tipos de violencias que se dan en la familia; a continuación, muestra con más detalle la prevalencia, las características y el impacto de la violencia en la pareja, la violencia de niños y adolescentes hacia sus progenitores y la violencia entre hermanos, para presentar, por último, unas conclusiones. La cuestión del género y su relación con los diferentes tipos de violencia familiar se revisa aquí de forma transversal.

Contextualización y definiciones

Definición y terminología

La violencia en la familia (familiar o intrafamiliar) abarca toda acción u omisión (desde el acoso o la intimidación hasta el uso de la violencia física) perpetrada por al menos uno de los integrantes de la familia y que menoscaba la vida o la integridad física o psicológica, incluso la libertad, de otro u otros miembros que la integran. Esta violencia está definida, organizada y mediatizada por la relación que existe entre los componentes familiares, relación que genera las características de intimidad, continuidad e interacción entre las conductas de todos ellos. Incluye la violencia en la pareja, la violencia entre hermanos, el maltrato infantil (de cualquier familiar hacia los niños), el abuso sexual intrafamiliar, la violencia ascendente y el maltrato a ancianos (Paz *et al.*, 2022a). Nótese que aquí nos centraremos en la violencia en la pareja, por ser la temática que más hemos investigado en nuestro grupo, y en la violencia de niños y adolescentes hacia sus progenitores, así como la que se da ente hermanos por ser «nuevas» formas de violencia que están experimentando un gran incremento en los últimos años.

Cabe decir que la violencia en la familia muchas veces se entrelaza con la violencia de género (VdG). Según la *Declaración sobre la eliminación de la violencia contra la mujer* (48/104, ONU,1994), la VdG se entiende como «una manifestación de las relaciones de poder históricamente desiguales entre el hombre y la mujer y como uno de los mecanismos sociales fundamentales por los que se fuerza a la mujer a permanecer en situación de subordinación respecto del hombre». Por tanto, se puede describir la VdG como toda forma de violencia que el hombre ejerce sobre la mujer por su específico rol de género. Esta violencia no es una cuestión doméstica, propia del carácter del maltratador, sino consecuencia de una situación de discriminación contra las mujeres, con origen en una estructura de poder patriarcal (Paz *et al.*, 2022a). Asimismo, aunque los hombres son las principales víctimas de homicidios a nivel global, las mujeres y las niñas están sobrerrepresentadas entre las víctimas de homicidios en la pareja o la familia, siendo mujeres el 64% de víctimas de homicidios de este tipo (United Nations Office on Drugs and Crime, 2018). Así pues, los homicidios de este tipo son el resultado de estereotipos de género y desigualdad, especialmente en lo que se refiere a los crímenes sexuales. Otro ejemplo de esta conexión es el hecho de que los incidentes de violencia física en contra de las mujeres (excluyendo la violencia sexual) a menudo suceden en casa (37%) y normalmente el agresor es un miembro de la familia. Nos centraremos en la violencia en el ámbito familiar, sin perder de vista la perspectiva de género.

Conceptos básicos

Para entender la violencia en el contexto familiar, como el problema multifactorial que es, es preciso realizar análisis complejos.

Un marco conceptual útil para entenderla es el modelo ecológico social desarrollado por Bronfenbrenner (1979), que permite añadir al estudio de la violencia en el contexto familiar diferentes niveles del desarrollo de la persona, desde aquellos más personales hasta los más contextuales. Así pues, tiene en cuenta el nivel individual (ontosistema), el microsistema (que hace referencia al entorno más próximo de la persona, por ejemplo la familia), el exosistema (el contexto indirecto) y el macrosistema (las estructuras sociales formales e informales). El modelo ilustra la interconexión entre los niveles, entendidos como diferentes estructuras contenidas unas en otras como un «juego de muñecas rusas» (Bronfenbrenner, 1979, p. 2).

Si trasladamos este modelo a la violencia familiar, podemos obtener una descripción más comprensiva del fenómeno. El diagrama de la página 154 muestra que el nivel individual incorpora aspectos relacionados con la edad, la educación, las actitudes y creencias (por ejemplo, la rigidez en los roles de género), la habilidad para lidiar con estresores, problemas de salud mental, el tipo de apego, el consumo de drogas o alcohol, etcétera. El nivel relacional incluye aspectos que tienen que ver con el entorno familiar (por ejemplo, la rigidez de los roles de género en la familia, la presencia de violencia en ella), compañeros, pareja y otras redes sociales cercanas a la persona. A nivel de comunidad, se tienen en cuenta variables como el vecindario (por ejemplo, la falta de lazos estrechos que favorezcan que los vecinos ayuden a una víctima de VdG), el lugar de trabajo (por ejemplo, que se acepten conductas violentas o abusivas en el entorno laboral), el apoyo social (que exista una permisividad en torno a la VdG), las redes sociales, etcétera, que hacen perdurar el problema del maltrato a través de pautas culturales sexistas y autoritarias. Por último, a nivel social se incluyen aquellas normas sociales y culturales, o acciones legislativas que favorecen la aparición de la VdG, por ejemplo, la inefectividad de la ley y la falta de respuesta de las instituciones ante las situaciones de VdG, el rol de los medios de comunicación en la «normalización» de la VdG o en la estereotipación de los roles de género. Desde este modelo se analiza cómo los factores en los distintos niveles interactúan e influyen en la aparición de la VdG.

Modelo ecológico contextual

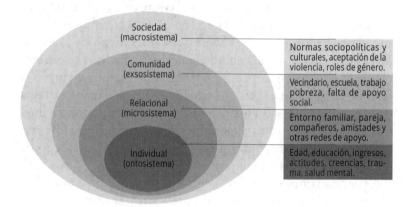

Violencia en la pareja

Definición

La violencia contra la pareja hace referencia a la violencia por parte de cónyuges, novios o novias, actuales o anteriores. Puede darse en parejas heterosexuales u homosexuales y puede ser ejercida por un hombre o por una mujer. La violencia en la pareja se refiere a cualquier comportamiento, dentro de una relación íntima, que cause o pueda causar daño físico, psíquico o sexual a los miembros de la relación (OMS, 2013). Lo fundamental es la relación sentimental entre quien ejerce la violencia y quien la sufre (Vall *et al.*, 2016); no se limita por el estado civil de la pareja ni por la existencia o no de convivencia (Paz *et al.*, 2022b). Una de cada tres mujeres en la Unión Europea (33%) ha sido víctima de violencia física y sexual desde los 15 años, de las cuales el 22% recibió esta violencia por parte de su pareja (FRA, 2014). Por tanto, vemos que la violencia en el contexto de pareja contra las mujeres es muy prevalente, evidenciando la interrelación de la violencia en la pareja con la VdG (Paz *et al.*, 2022a).

Tipos

La violencia en la pareja se puede presentar como (OMS, 2013; Ministerio de Igualdad, 2020):

— Violencia física: por ejemplo, abofetear, golpear, patear o pegar.
— Violencia emocional/psicológica: por ejemplo, mediante insultos, denigración, humillación constante o intimidación (como al destruir objetos), amenazas de causar daño o de llevarse a los hijos.
— Violencia psicológica de control: por ejemplo, aislar a una persona de sus familiares y amigos, vigilar sus movimientos y restringir su acceso a recursos financieros, empleo, educación o atención médica.
— Violencia sexual: por ejemplo, relaciones sexuales forzadas y otras formas de coacción sexual.
— Violencia económica: por ejemplo, no dar dinero a la mujer para los gastos del hogar habiendo dinero disponible, impedirle que tome decisiones en relación con la economía familiar; prohibirle que trabaje fuera de casa; usar la tarjeta de crédito de la mujer sin su permiso.

En el contexto español, según datos de la macroencuesta, el tipo de violencia en la pareja que presenta más prevalencia es la psicológica de control (afecta al 27% de mujeres) seguida por la violencia emocional/psicológica (afecta al 23,2% de mujeres). La violencia sexual y la violencia económica presentan una prevalencia similar (afecta al 13,3% de mujeres). Por su parte, la violencia física muestra menores tasas de prevalencia (afecta al 11% de mujeres) (Ministerio de Igualdad, 2020). Un dato importante a tener en cuenta para analizar la gravedad de la violencia es su frecuencia: tres de cada cuatro mujeres han sufrido en más de una ocasión alguna de las violencias antes mencionadas. La violencia psicológica de control y la violencia económica son las más recurrentes (en todas las mujeres que la han sufrido). En general, las mujeres mayores de 65 años son las menos afectadas por todos los tipos de violencia revisados. La violencia psicológica de control afecta mayormente a mujeres más jóvenes (a más del 40% de ellas entre los 16-24 años) (Ministerio de Igualdad, 2020). Otro dato importante para valorar la gravedad de la violencia es la combinación entre tipos: la violencia psicológica siempre está presente en las relaciones en las que también hay violencia física y/o violencia sexual (Ministerio de Igualdad, 2020; Vall *et al.*, 2014; Aznar-Martínez, 2019).

Impacto

Las consecuencias para las víctimas de violencia en la pareja pueden ser físicas y psicológicas, con una repercusión a corto o largo plazo. Casi la mitad de las mujeres (46,6%) que han sufrido violencia por parte de su pareja refieren lesiones físicas, siendo el 6% de ellas de tipo permanente (Ministerio de Igualdad, 2020). El impacto psicológico se da en más mujeres: tres de cada cuatro afirman que los episodios de violencia les han producido alguna consecuencia psicológica, por ejemplo, pérdida de autoestima, ansiedad, desesperación, depresión, problemas de sueño o alimentación y pensamientos o intentos de suicidio (por orden de prevalencia) (Ministerio de Igualdad, 2020). Además, una de cada tres ha consumido alguna sustancia para afrontar lo sucedido (mayoritariamente medicamentos, seguido de alcohol y drogas) y no han podido acudir a su lugar de trabajo o estudio (17,4%) (Ministerio de Igualdad, 2020).

Factores de riesgo y el ciclo de la violencia

Factores de riesgo

Stith *et al.* (2004) revisaron en su metaanálisis los factores de riesgo del agresor y de la víctima en los diferentes niveles del modelo socioecológico. Centrándose en los factores de riesgo del agresor, encontraron que en el nivel del exosistema estar desempleado, tener un nivel económico bajo, ser joven y tener menos educación eran predictores débiles de la violencia; mientras que estar estresado a nivel vital/con la carrera tenía un nivel predictor medio. En el nivel del microsistema, un historial de agresión a una pareja y baja satisfacción de pareja tiene un efecto moderado, mientras que los celos presentan un efecto bajo. A nivel ontogénico, tomar drogas y actitudes permisivas hacia la violencia tienen un nivel alto de predicción. Los roles de género tradicionales, la presencia de sentimientos de rabia y hostilidad, así como la depresión muestran un nivel moderado de predicción. Como se puede ver, hay pocos factores que tengan un efecto predictivo fuerte, lo que pone de manifiesto la complejidad de la violencia en la pareja y la necesidad de adoptar una perspectiva multifactorial cuando se analiza este fenómeno.

En lo que se refiere a los factores de riesgo de la víctima, el metaanálisis de Stith *et al.* (2004) encontró que parecen tener más relación con el hecho y las consecuencias de sufrir la violencia por parte de las parejas que con factores de riesgo predictor; así, por ejemplo, encontraron que la violencia de la mujer contra su pareja era un factor de riesgo de predicción alta, aunque es posible asumir que esta violencia de la mujer se manifiesta como defensa frente a la violencia que ha recibido por parte de su pareja. Otro ejemplo de factor de riesgo son la depresión y el miedo de violencia por parte de la pareja; de nuevo, factores que pueden representar una respuesta a la violencia sufrida. También se ha encontrado una baja calidad de la relación de pareja según las víctimas (Pérez Testor, *et al.*, 2007; Davins, *et al.*, 2010), hecho que indica la importancia de centrar las acciones de prevención en esta dimensión de especial relevancia para víctima y agresor. En lo que se refiere al ciclo vital de la pareja, cabe destacar que la investigación ha mostrado que las mujeres embarazadas o con niños pequeños tienen más riesgo de sufrir violencia por parte de sus parejas (Hellmuth, *et al.*, 2013). Nuestro grupo de investigación coordina el proyecto europeo Fathers' Rock, que se centra en formar a profesionales de los servicios de perinatalidad en la identificación de situaciones de riesgo de VdG.

Ciclo de la violencia

A la hora de preguntarnos por qué las mujeres no abandonan a la pareja que las maltrata, son varios los factores que influyen en este hecho. Si recuperamos el modelo socioecológico podemos revisar factores individuales, como patrones de personalidad y de apego (véase Camps-Pons, Castillo-Garayoa y Cifre, 2014; Pérez Testor, *et al.*, 2007, para un revisión en profundidad de estas cuestiones); factores relacionales, como el ciclo de la violencia; factores a nivel de la comunidad y la sociedad, como la aceptación de los roles de género estereotipados, la culpabilización de la víctima por parte de la sociedad o el marco legislativo, etcétera. Este apartado se centra en el nivel relacional y revisa el ciclo de la violencia. Lenore Walker (1979) desarrolló el ciclo de la violencia como modelo explicativo del modo en que se produce y mantiene la violencia en la pareja. Este modelo consta de tres fases:

1. Fase de acumulación de tensión: durante esta fase el hombre agresor se muestra irascible y la mujer intenta controlar la situación (evitar el abuso) procurando satisfacer/agradar al agresor. Al no conseguirlo, la víctima tiende a paralizarse y el sentimiento de culpa crece en ella, produciéndose el comportamiento de invalidez/indefensión aprendida.

2. Fase de explosión violenta: durante esta fase suceden los abusos y agresiones, incluidas las amenazas. El detonante suele ser un evento externo o el estado emocional del agresor y no el comportamiento de la víctima; esto significa que el inicio del episodio de maltrato es impredecible y está fuera del control de la víctima. Durante esta etapa las mujeres víctimas suelen pedir ayuda.

3. Fase de reconciliación o de «luna de miel»: el agresor pide perdón, intenta minimizar el abuso (y también, entre estos factores, culpar a la víctima de su abuso). El agresor intenta reconciliarse presentando su mejor comportamiento (ofrece ayuda, es generoso, pide disculpas, etcétera). Procurará convencer a la pareja de que el abuso no

se repetirá, y la víctima puede creerlo, estrechándose los lazos relacionales entre la pareja.

Estas fases son cíclicas, de modo que, una vez el agresor ha recuperado la confianza de la víctima, vuelven a la fase 1 de escalada de tensión. Y a medida que avanza la violencia, el tiempo que transcurre entre las diferentes fases suele ser más corto; la fase de luna de miel suele acortarse, mientras que las de tensión y de explosión violenta pueden alargarse en el tiempo.

Violencia en el noviazgo

Definición y tipos

La violencia en el noviazgo (VN) es un problema generalizado en la adolescencia y la juventud (el 70% de los adolescentes han sufrido este tipo de violencia, Taylor *et al.*, 2017), y hace referencia a aquella violencia que implica actos o abusos intencionales de tipo sexual, físico o psicológico por parte de un miembro de la pareja contra el otro. Se caracteriza por que ocurre en el contexto de una relación afectiva y/o sexual íntima entre jóvenes con distintos grados de formalidad que no tienen una relación de convivencia, ni hijos en común, ni relaciones jurídicas ni económicas vinculantes. Las relaciones de pareja son un reto en esta etapa, ya que las habilidades para relacionarse con amigos han de ser transferidas a un nuevo contexto en el que buscar apoyo e intimidad puede desembocar en conflicto y los patrones de agresividad presentes pueden verse exacerbados por la importante tarea evolutiva de construir relaciones íntimas (Kochendorfer y Kerns, 2020).

La violencia psicológica es el tipo más frecuente y suele presentarse de forma bidireccional. Aun así, las consecuencias/impacto a largo plazo son mayores para las mujeres (destacando la ansiedad y los trastornos depresivos) y la posibilidad de escalar en la violencia (pasar de violencia emocional a violencia física o sexual) es mayor en los hombres. Cabe destacar que las personas jóvenes tienden a idealizar el concepto del amor romántico, lo que puede llevarlas a confundir el amor o la pasión y el control (de ahí las altas tasas de violencia psicológica de control entre jóvenes). Estos comportamientos, aun siendo insanos, si no van acompañados de otros tipos de violencia, es probable que desaparezcan a medida que la persona joven madura (Ministerio de Igualdad, 2020). Con referencia a la violencia psicológica, en los últimos años se ha incrementado el ciberacoso entre jóvenes: más del 50% de los participantes en el estudio de Borrajo *et al.* (2015) —jóvenes entre 18 y 30 años— había sido víctima de algún tipo de ciberacoso en los últimos seis meses. Cabe mencionar la relación que existe entre el ciberacoso y los otros tipos de violencia; por ejemplo, una investigación del European Institute for Gender Equality (EIGE) afirma que el 70% de las mujeres que han sufrido ciberacoso, también han sufrido al menos una forma de violencia física o sexual por parte de una pareja íntima (EIGE, 2017). Nuestro grupo de investigación coordina el proyecto europeo DeStalk, que se centra en la ciberviolencia y el uso de *stalkerware* en las relaciones de pareja.

La violencia sexual o física en el noviazgo es ejercida mayoritariamente por los hombres contra las mujeres. Con referencia a la violencia sexual, en 2016 la Organización Mundial de la Salud informó de que una de las mayores amenazas para el desarrollo saludable de la sexualidad entre los jóvenes es la pornografía en línea. El aspecto más preocupante de la pornografía es la normalización de las actitudes violentas y abusivas hacia las mujeres que caracterizan cada vez más este tipo de contenido sexual (agresión, degradación y cosificación sexual). Según investigaciones sobre este tema, nueve de cada diez escenas pornográficas contienen violencia física y agresión, y aproximadamente la mitad de las escenas contienen agresión verbal hacia las mujeres (Bridges *et al.*, 2010). La pornografía normaliza la violencia sexual y no contempla el consentimiento, por tanto, puede tener un impacto directo en la violencia sexual en quienes la consumen a una edad temprana. En este sentido, para contrarrestar este efecto nocivo de la pornografía en edades tempranas estamos trabajando en el proyecto europeo Consent para formar a familias, profesorado y estudiantes en educación afectivo-sexual.

Factores de riesgo

Existe una amplia variedad de factores de riesgo que pueden facilitar el desarrollo de la VN. Jenning *et al.* (2017) señalaron el consumo/abuso de alcohol, los rasgos de personalidad, los problemas de ira, la exposición a la violencia, la violencia entre iguales, la orientación de los roles de género y la depresión. En el estudio *La caja de la masculinidad*, Sanmartín *et al.* (2022) ponen de manifiesto que los adolescentes que presentan más actitudes sexistas tienen actitudes más positivas hacia la violencia en la pareja, mayores conductas de riesgo sexual, más atracción por parejas sexistas, mayor apoyo hacia el mito idealizado del amor y de vinculación amor-maltrato, mayor dependencia emocional en la pareja y peor calidad en las relaciones de pareja. Por tanto, el mantenimiento de actitudes sexistas se relaciona con formas perjudiciales de interacción íntima entre adolescentes. Por otra parte, haber sufrido VN en la etapa adolescente, en el caso de las víctimas está relacionado con mayor riesgo de sufrir violencia en la pareja en la vida adulta (Chiodo *et al.*, 2012). Se ha identificado un repertorio de «mitos» sobre el amor y la pareja que están presentes en los jóvenes, tanto hombres como mujeres, y que tienen origen en el modelo romántico del amor (Paz *et al.*, 2022b). Estos mitos inducen en la población adolescente y joven pensamientos distorsionados sobre la pareja y las relaciones, que no se ajustan a lo que debe ser una pareja igualitaria y libre de violencia (Bonilla-Algovia y Rivas-Rivero, 2020).

Violencia filio-parental

Definición

El constructo de la violencia filio-parental (VFP) ha sido ampliamente investigado en las últimas décadas. En su primera conceptualización, la VFP fue definida como un patrón de maltrato ascendente caracterizado por ataques físicos, amenazas verbales y no verbales de los hijos hacia padres o madres (Sears *et al.*, 1957).

Posteriormente, fue conceptualizado como el «síndrome de padres maltratados» y como un subtipo de violencia familiar (Harbin y Madden, 1979); también ha sido denominado como «síndrome del emperador» (Garrido, 2005). Recientemente, se ha planteado la expresión «violencia y abuso de niños y adolescentes hacia sus progenitores» (VANAP) (CAPVA, siglas en inglés de *Child and Adolescent to Parent Violence and Abuse*) para referirse a este fenómeno (Baker y Bonnick, 2021), haciendo alusión al concepto de dinámica familiar, en lugar de patrón conductual, del comportamiento abusivo, dañino y repetitivo hacia uno de los padres o bien hacia una figura cuidadora adulta. Dicho comportamiento abusivo hace referencia no solo a la violencia física, sino también al comportamiento emocional, coercitivo o controlador, abuso sexual, abuso económico, daños a la propiedad y violencia hacia otros miembros de la familia, como los hermanos (Baker y Bonnick, 2021; Cottrelly Monk, 2004; Pérez y Pereira, 2006).

Tipos de VFP

De la definición anterior se derivan los tres principales subtipos de VFP (Aroca-Montolío *et al.*, 2013):

1. Física: dirigida hacia los padres o hacia el hogar familiar.
2. Psicológica: insultos, gritos, intimidación, juegos mentales, exigencias irreales, insistencia en normas, mentiras, huida del hogar o amenazas.
3. Económica: incluye robo de dinero o pertenencias, venta de posesiones de los padres, incurrir en deudas que después deberán pagar los progenitores, o exigir objetos económicamente inasumibles por parte de estos.

Factores de riesgo contextuales

En cuanto a los factores asociados a la VFP, la investigación demuestra la existencia de los siguientes factores de riesgo ambientales: la exposición a la violencia, ya sea como víctima o como testigo, que tiene como resultado la interiorización de violencia observada (Calvete *et al.*, 2011); la falta de comunicación y cohesión afectiva en el ambiente familiar (Lozano *et al.*, 2013); los estilos de crianza extremos (permisivo, autoritario o sobreprotector) (Lyons *et al.*, 2015), así como la existencia de un grupo de iguales agresivo o violento (Calvete *et al.*, 2011). Además de estos factores contextuales (véase el diagrama), desde el modelo ecológico de Bronfenbrenner (1979), fenómenos como la socialización de género y la violencia hacia la mujer (macrosistema) estarían en interinfluencia directa con la violencia entre iguales (exosistema), el funcionamiento familiar (microsistema) y las variables psicológicas individuales (ontogenia).

Modelo ecológico aplicado a la violencia filio-parental

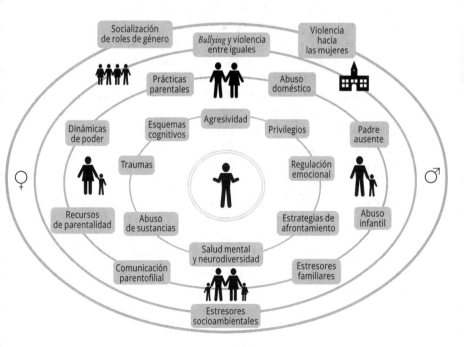

Perfiles: agresor y víctima

El perfil del agresor

Las dos características principales del perfil del agresor de VFP son el género masculino (con una prevalencia del 70% de los casos) y una edad entre 14 y 17 años (Aroca-Montolío, 2013). También hay una marcada diferencia de género en el tipo de violencia ejercida, ya que el masculino presenta mayor tendencia al maltrato físico, agresividad y conducta delictiva (Calvete *et al.*, 2011; Lozano *et al.*, 2013), mientras que el femenino presenta tasas superiores en el maltrato psicológico, violencia verbal, emocional y económica (Lozano *et al.*, 2013).

Si bien es cierto que en la adolescencia la personalidad y la identidad están en desarrollo, los rasgos de personalidad asociados a la VFP son: impulsividad, rebeldía y egocentrismo (Pichiule Castañeda *et al.*, 2014). A nivel clínico, los síntomas psicopatológicos relacionados son: baja autoestima, autoconcepto negativo, malestar psicológico, sentimientos de soledad, satisfacción vital reducida, déficit de empatía y ausencia de remordimientos (Lozano *et al.*, 2013); los trastornos mentales de mayor prevalencia son: el trastorno de personalidad antisocial, el trastorno de personalidad narcisista, el trastorno bipolar, el trastorno por déficit de atención (con hiperactividad o sin ella), el trastorno negativista desafiante y el trastorno depresivo mayor (Pereira y Bertino, 2009). Por otro lado, el consumo de sustancias (alcohol y cannabis) y el bajo rendimiento escolar son fenómenos frecuentes en la VFP (Calvete *et al.*, 2015). Desde una perspectiva holística, la mayoría de agresores en casa son víctimas de acoso (*bullying* y *ciberbullying*) en su grupo de iguales (Cottrell y Monk, 2004). Paradójicamente, en el contexto español, según el estudio de Calvete *et al.* (2011), se ha observado que el 75% de los casos de VFP suceden en familias de nivel socioeconómico medio y medio-alto.

El perfil de la víctima

La perspectiva de género toma aquí especial relevancia. La madre es la víctima principal de VFP, con una prevalencia del 60% de los casos (Aroca-Montolío, 2014). De hecho, las madres víctimas de VFP suelen ser víctimas de VdG por parte de sus parejas (31,4%) (Herrador *et al.*, 2017). Las causa de esta mayor prevalencia en las mujeres como víctimas pueden ser los roles de género y los factores sociales patriarcales, según los cuales la madre asume el rol de principal figura cuidadora y responsable de la crianza, con la consecuente mayor exposición a la violencia. Por este motivo, algunos autores defienden que el fenómeno debería denominarse «violencia filio-maternal». Sin embargo, la ramificación de la violencia se ha observado en la mayoría de casos de VFP, de modo que cuando la madre es víctima suelen serlo también el padre y el resto de hermanos (Ibabe y Jaureguizar, 2009). Con referencia a las tipologías familiares (tradicional, madre soltera, padre soltero, reconstituida y adoptiva), cabe destacar que el tipo de familia monoparental constituida por una mujer presenta ratios de VFP estadísticamente superiores al resto de tipologías (Biehal, 2012).

Violencia entre hermanos

Definición, tipos y prevalencia

La violencia entre hermanos *(sibling violence)* se define como el patrón conductual de violencia dirigido hacia un hermano u hermana, que puede incluir abuso físico, emocional, sexual, psicológico y económico (Elliot *et al.*, 2020). Desde una perspectiva histórica, siempre han existido conflictos y rivalidades entre la fratría, aunque la normalización de este fenómeno lleva implícito el riesgo de invisibilizar la violencia entre hermanos, poniendo obstáculos en las medidas de prevención e intervención (Phillips *et al.*, 2009). En cuanto a la prevalencia de este fenómeno, se estima que en torno al 40-50% de la población adolescente está expuesta al acoso entre hermanos (Tucker *et al.*, 2014; Wolke *et al.*, 2015). Además, la violencia física está presente en más de la mitad de los casos (54%) de violencia entre hermanos (Reese-Weber, 2008) y la violencia verbal en tres de cada cuatro casos (83%) (Skinner y Kowalski, 2013).

Factores relacionados: perspectiva de género y otras formas de violencia

La bibliografía sobre el tema demuestra que los factores relacionados con la violencia entre hermanos son: nivel socioeconómico familiar bajo (Eriksen y Jensen, 2009; Bowes *et al.*, 2014), menor cantidad de años de matrimonio (Eriksen y Jensen, 2009), pobre calidad relacional entre el padre y la madre (Wolke *et al.*, 2015), baja calidez afectiva maternal y paternal, el trato diferencial autopercibido entre hermanos (Updegraff *et al.*, 2005), poca supervisión parental, alta hostilidad familiar, testimonio de violencia familiar, mayor diferencia de edad entre hermanos y formación universitaria o superior de al menos uno de los padres (Tucker *et al.*, 2013).

Resulta sorprendente que muchos estudios que analizan los factores de riesgo de la violencia entre hermanos se centran en evaluar variables exclusivamente en la figura materna, tales como elevadas tasas de trastorno depresivo mayor (Bowes *et al.*, 2014) y mayor inestabilidad emocional (Eriksen y Jensen, 2009). En ese sentido, sería necesario un análisis profundo de los factores condicionantes de este malestar en la figura materna, incluida la dinámica de violencia en la relación conyugal.

Desde una perspectiva de género, la evidencia empírica demuestra que el agresor suele ser el hermano varón (Tucker *et al.*, 2013). Además, se han observado mayores tasas de acoso de los niños hacia sus hermanos pequeños (Bowes *et al.*, 2014). También son destacable tasas más elevadas de violencia en parejas de hermanos varones (Tucker *et al.*, 2013) y la mayor tendencia a la violencia entre hermanos a mayor cantidad de hijos varones (Eriksen y Jensen, 2009). De este modo, en los casos de violencia entre hermanos de género distinto, la propia condición del género puede influir en el poder que un hermano tiene sobre el otro (Rai *et al.*, 2020).

La violencia entre hermanos se ha vinculado con otras formas de violencia interpersonal, tales como la violencia íntima de pareja, la violencia hacia la descendencia y el acoso escolar o *bullying* (Bowes *et al.*, 2014; Eriksen y Jensen, 2009). En este sentido, parece que los efectos de la violencia son acumulativos, ya que los menores acosados tanto por hermanos como por compañeros de clase presentan problemas emocionales más graves (Wolke *et al.*, 2015), probablemente debido a la falta de un lugar seguro libre de violencia.

En síntesis, a pesar de que cada vez hay más evidencia de que la violencia entre hermanos es un fenómeno muy extendido, curiosamente existe poca investigación científica sobre sus efectos adversos y protocolos de intervención (Wolke *et al.*, 2015).

Conclusiones

Cabe destacar que, en general, existe un patrón de violencia relacionado con los roles de género en todos los tipos de violencia mencionados. Este fenómeno pone de manifiesto la urgencia de formular políticas eficaces igualitarias que fomenten la prevención primaria desde etapas tempranas: en la infancia en el caso de violencia entre hermanos y VFP, así como en la adolescencia en el caso de la VN. Asimismo, es importante tener una visión multifactorial de la VdG; para ello, el modelo socioecológico permite tener en cuenta diferentes factores que influyen en esta violencia, poniendo especial énfasis en la relación entre las diferentes dimensiones del modelo.

Es importante mencionar que este capítulo no incluye la violencia hacia la descendencia, aunque es cierto que los menores a menudo sufren indirectamente las consecuencias de la violencia mediante la exposición secundaria a ella en el seno familiar. Más de la mitad de las mujeres que han sufrido violencia por parte de su pareja y que tienen hijos dicen que estos presenciaron o escucharon episodios de violencia, y en muchos de estos casos eran menores (Ministerio de Igualdad, 2020). Estos datos indican la importancia de poner el foco en los niños. En este sentido, en el contexto español, el Pacto de Estado contra la VdG, 2017-2023, incluye dos ejes de trabajo específicos para la asistencia y protección de los hijos víctimas de VdG. El pacto supuso un punto de inflexión en la actuación de los poderes públicos para erradicar la VdG, ya que facilitó la unión de un gran número de instituciones, organizaciones y personas expertas en la formulación de medidas para erradicar la violencia sobre las mujeres; asimismo, garantiza la mejora y el perfeccionamiento del sistema con independencia del partido político que se encuentre en el Gobierno.

Por último, cabe mencionar que el EIGE estima que el coste anual total de la VdG en la Unión Europea es de doscientos veintiséis mil millones de euros y casi ciento cincuenta y dos mil millones en relación con la violencia doméstica (EIGE, 2014), que incluye la pérdida de ganancia económica, provisión de servicios (salud, legales, sociales y especializados) y el impacto personal (físico y emocional) en la víctima. Por tanto, es necesario desarrollar acciones con un carácter transversal e interseccional, además de un enfoque multifactorial para prevenir, detectar y erradicar la VdG. En este sentido, los diferentes proyectos que estamos desarrollando pretenden adoptar este enfoque y llevar a cabo una investigación enfocada en promover un cambio social.

Referencias

Aroca-Montolío, C., Lorenzo-Moledo, M. y Miró-Pérez, C. (2013). La violencia filio-parental: un análisis de sus claves. *Anales de Psicología*, *30*(1), 157-170. https://doi.org/10.6018/analesps.30.1.149521

Aznar-Martínez, B. (2019). Violencia en la pareja. En: C. Pérez Testor (comp.). *Psicoterapia psicoanalítica de pareja*. Barcelona: Herder

Baker, V. y Bonnick, H. (2021). *Understanding CAPVA: A rapid literature review on child and adolescent to parent violence and abuse for the Domestic Abuse Commissioner's Office, Respect*. https://domesticabusecommissioner.uk/wp-content/

uploads/2021/11/CAPVA-Rapid-Literature-Review-Full-November-2021-Baker-and-Bonnick.pdf

BIEHAL, N. (2012). Parent abuse by young people on the edge of care: A child welfare perspective. *Social Policy and Society*, *11*(2), 251-263. https://doi.org/10.1017/S147474641100059

BONILLA-ALGOVIA, E. y RIVAS-RIVERO, E. (2020). Diseño y validación de la escala de mitos del amor romántico. *Revista Iberoamericana de Diagnóstico y Evaluación-e Avaliação Psicológica*, *4*(57), 119-136. https://doi.org/10.21865/RIDEP57.4.09

BORRAJO, E., GÁMEZ-GUADIX, M. y CALVETE, E. (2015). Cyber dating abuse: Prevalence, context, and relationship with off-line dating aggression. *Psychological reports*, *116*(2), 565-585. https://doi.org/10.2466/21.16.PR0.116k22w4

BOWES, L., WOLKE, D., JOINSON, C., LEREYA, S.T. y LEWIS, G. (2014). Sibling bullying and risk of depression, anxiety, and *self*-harm: A prospective cohort study. *Pediatrics*, *134*(4), e1032-e1039. https://doi.org/10.1542/peds.2014-0832

BRIDGES, A.J., WOSNITZER, R., SCHARRER, E., SUN, C. y LIBERMAN, R. (2010). Aggression and sexual behavior in bestselling pornography videos: A content analysis update. *Violence Against Women*, *16*(10): 1065-1085. https://doi.org/10.1177/1077801210382866

BRONFENBRENNER, U. (1979). *The ecology of human development: Experiments by nature and design.* Cambridge: Harvard University Press [trad. cast.: *La ecología del desarrollo humano*, Barcelona, Paidós, 2002].

CALVETE, E., ORUE, I. y SAMPEDRO, R. (2011). Violencia filio-parental en la adolescencia: características ambientales y personales. *Infancia y aprendizaje*, *34*(3), 349-363. https://doi.org/10.1174/021037011797238577

—, — y Gámez-Guadix, M. (2015). Reciprocal longitudinal associations between substance use and child-to-parent violence in adolescents. *Journal of Adolescence*, *44*, 124-133. https://doi.org/10.1016/j.adolescence.2015.07.015

CAMPS-PONS, S., CASTILLO-GARAYOA, J.A. y Cifre, I. (2014). Apego y psicopatología en adolescentes y jóvenes que han

169

sufrido maltrato: implicaciones clínicas. *Clínica y salud, 25*(1), 67-74. https://dx.doi.org/10.5093/cl2014a6

CHIODO, D., CROOKS, C.V., WOLFE, D.A., McISAAC, C., HUGHES, R. y JAFFE, P.G. (2012). Longitudinal prediction and concurrent functioning of adolescent girls demonstrating various profiles of dating violence and victimization. *Prevention Science, 13*, 350-359. https://doi.org/10.1007/s11121-011-0236-3

COTTRELL, B. y MONK, P. (2004). Adolescent-to-parent abuse: A qualitative overview of common themes. *Journal of family Issues, 25*(8), 1072-1095. https://doi.org/10.1177/0192513 X03261330

DAVINS, M., BARTOLOMÉ, D., SALAMERO, M. y PÉREZ TESTOR, C. (2010). Mujeres maltratadas y calidad de la relación de pareja. *Aloma, 27*, 265-278. https://raco.cat/index.php/Aloma/article/view/216945

ELLIOTT, K., FITZ-GIBBON, K. y MAHER, J. (2020). Sibling violence: Understanding experiences, impacts, and the need for nuanced responses. *The British Journal of Sociology, 71*(1), 168-182. https://doi.org/10.1111/1468-4446.12712

ERIKSEN, S. y JENSEN, V. (2009). A push or a punch: Distinguishing the severity of sibling violence. *Journal of Interpersonal Violence, 24*(1), 183-208. https://doi.org/10.1177/0886260508316298

EUROPEAN AGENCY FOR FUNDAMENTAL RIGHTS (FRA) (2014). *Violence against women: An EU-wide survey: Main results.* Viena: European Union Agency for Fundamental Rights. https://fra.europa.eu/sites/default/files/fra_uploads/fra-2014-vaw-survey-main-results-apr14_en.pdf

EUROPEAN INSTITUTE FOR GENDER EQUALITY (EIGE) (2017, 19 de junio). *Cyber violence is a growing threat, especially for women and girls.* https://eige.europa.eu/news/cyber-violence-growing-threat-especially-women-and-girls

GARRIDO, V. (2005). *Los hijos tiranos. El síndrome del emperador.* Barcelona: Ariel.

GOBIERNO DE ESPAÑA, MINISTERIO DE IGUALDAD (2020). *Macroencuesta de violencia contra la mujer 2019.* https://violencia-genero.igualdad.gob.es/violenciaEnCifras/macroencuesta2015/

HARBIN, H.T. y MADDEN, D.J. (1979). Battered parents: a new syndrome. *The American Journal of Psychiatry, 136*(10), 1288-191. https://doi.org/10.1176/ajp.136.10.1288

HELLMUTH, J.C., GORDON, K.C., STUART, G.L. y MOORE, T.M. (2013). Risk factors for intimate partner violence during pregnancy and postpartum. *Archives of Women's Mental Health, 16*(1), 19-27. https://doi.org/10.1007/s00737-012-0309-8

HERRADOR, A., CANO, A. y REY, M. (2017). *Factores de vulnerabilidad en madres víctimas de violencia filio-parental. Por un futuro de tratamiento con las familias.* Barcelona: Universitat de Barcelona. https://cejfe.gencat.cat/web/.content/home/recerca/cataleg/crono/2017/factors_vuln_mares/factores_vulnerabilidad_madres.pdf

IBABE, I., JAUREGUIZAR, J. y DÍAZ, Ó. (2009). Adolescent violence against parents. Is it a consequence of gender inequality. *The European Journal of Psychology Applied to Legal Context, 1*(1), 3-24.

JENNINGS, W.G., OKEEM, C., PIQUERO, A.R., SELLERS, C.S., THEOBALD, D. y FARRINGTON, D.P. (2017). Dating and intimate partner violence among young persons ages 15-30: Evidence from a systematic review. *Aggression and Violent Behavior, 33,* 107-125. https://doi.org/10.1016/j.avb.2017.01.007

KOCHENDORFER, L.B. y KERNS, K.A. (2020). A meta-analysis of friendship qualities and romantic relationship outcomes in adolescence. *Journal of Research on Adolescence, 30*(1), 4-25. https://doi.org/10.1111/jora.12505

LOZANO, S., ESTÉVEZ, E. y CARBALLO, J.L. (2013). Individual and familiar risk factors in child-to-parent violence cases. *Trabajo y Acción Social, 52,* 239-254. https://doi.org/10.5944/ap.14.2.20747

LYONS, J., BELL, T., FRÉCHETTE, S. y ROMANO, E. (2015). Child-to-Parent Violence: Frequency and Family Correlates. *Journal of Family Violence, 30,* 729-742. https://doi.org/10.1007/s10896-015-9716-8

MORAL JIMÉNEZ, M.D., GARCÍA, A., CUETOS, G. y SIRVENT RUÍZ, C. (2017). Violencia en el noviazgo, dependencia emocional y autoestima en adolescentes y jóvenes españoles. *Revista iberoamericana de psicología y salud.* https://doi.org/10.23923/j.rips.2017.08.009

Oficina de Naciones Unidas contra la Droga y el Delito (2018). *Global study on homicide: Gender-related killing of women and girls.* Viena: ONU. https://www.unodc.org/documents/data-and-analysis/GSH2018/GSH18_Gender-related_killing_of_women_and_girls.pdf

OMS (2013). *Comprender y abordar la violencia contra las mujeres. Violencia infligida por la pareja.* Washington: Organización Mundial de la Salud. https://apps.who.int/iris/bitstream/handle/10665/98816/WHO_RHR_12.36_spa.pdf

— (2016). *Sexual Education. Informe núm. 1.* https://www.euro.who.int/__data/assets/pdf_file/0008/379043/Sexuality_education_Policy_brief_No_1.pdf

ONU (1994). *Declaración sobre la eliminación de la violencia contra la mujer. Resolución de la Asamblea General 48/104 de 20 de diciembre de 1993.* https://www.acnur.org/fileadmin/Documentos/BDL/2002/1286.pdf

Paz, J.I., Martínez, R., Marrero, J. L., Alconada, M., Gila, M., Pérez, N. y Tirado. R. (2022a). *Violencia contra las mujeres. Conceptos básicos, marco normativo e intervención profesional e institucional.* Andalucía: Instituto Andaluz de la Mujer. https://www.juntadeandalucia.es/iam/catalogo/doc/iam/2022/143654378.pdf

—, —, —,—, —, — y — (2022b). *La juventud y la VdG.* Andalucía: Instituto Andaluz de la Mujer. https://www.juntadeandalucia.es/iam/catalogo/doc/iam/2022/143654378.pdf

Pereira, R. y Bertino, L. (2009). Una comprensión ecológica de la violencia filioparental. *Redes*, 21, 69-90.

Pérez Testor, C., Castillo, J.A., Davins, M., Salamero, M. y San-Martino, M. (2007). Personality profiles in a group of battered women: Clinical and care implications. *Journal of Family Violence*, 22, 73-80. https://doi.org/10.1007/s10896-006-9057-8

Pérez, T. y Pereira, R. (2006). Violencia filio-parental: un fenómeno emergente. Introducción. *Revista Mosaico, 36*, 1-3.

PHILLIPS, D.A., PHILLIPS, K.H., GRUPP, K. y TRIGG, L.J. (2009). Sibling violence silenced: Rivalry, competition, wrestling, playing, roughhousing, benign. *Advances in Nursing Science*, *32*(2), E1-E16. https://doi.org/10.1097/ANS.0b013e3181 a3b2cb

PICHIULE CASTAÑEDA, M., GANDARILLAS GRANDE, A. M., DÍEZ-GAÑÁN, L., SONEGO, M. y ORDOBÁS GAVÍN, M.A. (2014). Violencia de pareja en jóvenes de 15 a 16 años de la Comunidad de Madrid. *Revista Española de Salud Pública*, *88*(5), 639-652. https://dx.doi.org/10.4321/S1135-572720 14000500008

RAI, A., GROSSMAN, S.F. y PERKINS, N.H. (2020). The impact of COVID-19 on family violence in immigrant communities in the United States. *Greenwich Social Work Review*, *1*(2), 84-96. https://doi.org/10.21100/gswr.v1i2.1161

REESE-WEBER, M. (2008). A new experimental method assessing attitudes toward adolescent dating and sibling violence using observations of violent interactions. *Journal of Adolescence*, *31*(6), 857-876. https://doi.org/10.1016/j.adolescence. 2007.11.002

SANMARTÍN ORTÍ, A., KURIC KARDELIS, S. y GÓMEZ MIGUEL, A. (2022). *La caja de la masculinidad: construcción, actitudes e impacto en la juventud española*. Madrid: Centro Reina Sofía sobre Adolescencia y Juventud. https://doi.org/10.5281/ zenodo.7319236

SEARS, R.R., MACCOBY, E.E. y LEVIN, H. (1957). *Patterns of child rearing*. Row: Peterson and Co.

SKINNER, J.A. y KOWALSKI, R.M. (2013). Profiles of sibling bullying. *Journal of interpersonal violence*, *28*(8), 1726-1736. https://doi.org/10.1177/0886260512468327

STITH, S.M., SMITH, D.B., PENN, C.E., WARD, D.B. y TRITT, D. (2004). Intimate partner physical abuse perpetration and victimization risk factors: A meta-analytic review. *Aggression and Violent Behavior*, *10*(1), 65-98. https://doi.org/10.1016/j. avb.2003.09.001

TAYLOR, B.G., MUMFORD, E.A., LIU, W. y STEIN, N.D. (2017). The effects of different saturation levels of the Shifting Boundaries intervention on preventing adolescent relationship abuse and sexual harassment. *Journal of Experimental Criminology*, 13, 79-100. https://doi.org/10.1007/s11292-016-9277-8.

TUCKER, C.J., FINKELHOR, D., SHATTUCK, A.M. y TURNER, H. (2013). Prevalence and correlates of sibling victimization types. *Child abuse y neglect*, 37(4), 213-223. https://doi.org/10.1016/j.chiabu.2013.01.006

—, —, TURNER, H. y SHATTUCK, A. M. (2014). Sibling and peer victimization in childhood and adolescence. *Child abuse y neglect*, 38(10), 1599-1606. https://doi.org/10.1016/j.chiabu.2014.05.007

UPDEGRAFF, K.A., THAYER, S.M., WHITEMAN, S.D., DENNING, D.J. y MCHALE, S.M. (2005). Relational aggression in adolescents' sibling relationships: Links to sibling and parent-adolescent relationship quality. *Family Relations*, 54, 373-385. https://doi.org/10.1111/j.1741-3729.2005.00324.x

VALL, B., SEIKKULA, J., LAITILA, A. y HOLMA, J. (2016). Dominance and dialogue in couple therapy for psychological intimate partner violence. *Contemporary family therapy*, 38, 223-232.

—, PÄIVINEN, H. y HOLMA, J. (2014). Results of the Jyväskylä research project on couple therapy for intimate partner violence: topics and strategies in successful therapy processes. *Journal of Family Therapy*, 40(1), 63-82.

WALKER, L.E. (1979). Battered women: A psychosociological study of domestic violence. Book Review. *Psychology of Women Quarterly*, 4(1), 136-138. https://doi.org/10.1177/036168438000400101

WOLKE, D., TIPPETT, N. y DANTCHEV, S. (2015). Bullying in the family: sibling bullying. *The Lancet Psychiatry*, 2(10), 917-929. https://doi.org/10.1016/S2215-0366(15)00262-X

9. La familia separada: coparentalidad
Anna Vilaregut, Cristina Günther
e Ignacio Bolaños

La aprobación de la Ley del Divorcio en España en 1981[1] ha significado un antes y un después en la conceptualización de la familia. La disolución del vínculo conyugal (por ruptura de pareja, separación, divorcio, entre otros motivos) ha supuesto una reorganización en dos núcleos familiares conformados por cada uno de los progenitores y los hijos de ambos en los que estos conviven de una forma más o menos equilibrada. Esta nueva realidad no significa que se haya producido una ruptura familiar, sino una transformación de su ciclo evolutivo que requiere ciertas adaptaciones; entre ellas, nuevas definiciones relacionales entre los miembros, que adquieren especial relevancia cuando atañen a la parentalidad.

A pesar de los probables niveles de conflicto asociados a la ruptura de pareja y las inevitables reacciones emocionales que conlleva, la parentalidad debe quedar preservada en la medida de lo posible. Esto requiere esfuerzos adicionales que en algunas ocasiones se ven obstaculizados por procedimientos judiciales contenciosos en los que los padres se convierten en rivales que compiten por la tenencia de los hijos. No obstante, es importante destacar la lenta pero progresiva disminución de la litigiosidad en los últimos años. A modo de ejemplo, en 2021 el 21 % de los divorcios se tramitaron de forma contenciosa mientras que en 2014 fue el 25 % (Consejo General del Poder Judicial, 2022).

---

1 Gobierno de España, Ley 30/1981, de 7 de julio, por la que se modifica la regulación del matrimonio en el Código Civil y se determina el procedimiento a seguir en las causas de nulidad, separación y divorcio, (BOE-A-1981-16216).

Con el fin de minimizar estos riesgos se han ido diseñando intervenciones específicas como la mediación familiar o la coordinación de la parentalidad que ponen el foco en la consolidación del vínculo coparental tras la ruptura del vínculo conyugal.

El contexto legal ha tenido, y tiene, una enorme relevancia en la construcción social de esta realidad familiar y los componentes que la conforman. Así, no fue hasta 1981 que quedaron regulados (y, por tanto, legitimados) la separación y el divorcio. Mientras que la separación suponía la «suspensión de la vida en común de los casados», el divorcio implicaba la disolución del matrimonio. Ambas hacían referencia a parejas casadas. En Cataluña, la Ley 10/1998, de 15 de julio, de Uniones Estables de Pareja, regula por primera vez la ruptura de parejas de hecho. Con diferentes acepciones, estas regulaciones coinciden en recalcar la continuidad de la responsabilidad parental en las nuevas realidades familiares.

La Ley 1/2001, de 15 de marzo, de mediación familiar de Cataluña, se propone como objetivo «devolver a las partes el poder de decisión para resolver la crisis del matrimonio o de la unión estable de pareja, o las desavenencias del padre y la madre en relación con los hijos comunes menores de edad». La regulación fue actualizada mediante la Ley 15/2009, de 22 de julio, de mediación en el ámbito del derecho privado. Este poder decisional implica la posibilidad de que padres y madres decidan en conjunto los efectos de su ruptura y diseñen, con la ayuda de la persona mediadora, el mejor futuro posible para todos los miembros de la familia. Se trata de una corresponsabilidad puntual que inevitablemente tiene esperables efectos positivos en la posterior relación coparental.

La relación coparental es la forma en que los padres trabajan juntos en sus roles parentales, es decir, la manera en que se apoyan o no, cómo resuelven las visiones sobre cuestiones y valores relacionados con la crianza de sus hijos, la división de trabajo y el manejo de las interacciones familiares (Feinberg, 2002); esta relación es independiente del vínculo legal que exista en la pareja (Pinsof, 2002). Es decir, podemos hablar de coparentalidad en parejas de hecho, casadas, separadas o divorciadas. Lo que define la relación de coparentalidad es la tenencia de hijos y gira alrededor del sistema triádico progenitor 1-progenitor 2-hijo (Feinberg, 2002).

Como no puede ser de otra manera, las leyes deben adaptarse a los cambios sociales y familiares; a su vez, promueven nuevas realidades en las situaciones que regulan. Así, la Ley 25/2010, de 29 de julio, del libro segundo del Código Civil de Cataluña, relativo a la persona y la familia, introdujo los planes de parentalidad como un «instrumento para concretar la forma en que ambos progenitores piensan ejercer las responsabilidades parentales, en el que se detallan los compromisos que asumen respecto a la guarda, el cuidado y la educación de los hijos». Al mismo tiempo, recalca que «la coparentalidad y el mantenimiento de las responsabilidades parentales compartidas reflejan materialmente el interés del hijo por continuar manteniendo una relación estable con los dos progenitores».

La irrupción del concepto de «custodia compartida» supuso una nueva dimensión en la conceptualización de la coparentalidad, términos que muchas veces han tendido a asimilarse, pero que no significan lo mismo: la custodia compartida es un término legal mientras que la coparentalidad es un concepto relacional y, por tanto, precisa negociarse, definirse.

Lamela y Figueiredo (2016) señalaron que, al tratarse de un constructo relativamente nuevo en psicología, no existe una única definición para el término coparentalidad. Ahrons (1981) propuso que en la coparentalidad los progenitores interaccionan de forma constructiva, cooperan entre sí y mantienen una relación de apoyo mutuo centrada fundamentalmente en la crianza de los hijos, estando ambos implicados activamente en sus vidas. Pero, como ocurre en todas las relaciones, no siempre las cosas son tan positivas. Puede haber maneras funcionales y disfuncionales de comunicarse en una interacción coparental, con una cierta responsabilidad compartida en el resultado y, por tanto, en los posibles cambios. Una de las definiciones más utilizadas es la de Feinberg (2002). En la misma línea, McHale (2007) conceptualiza la coparentalidad como el proyecto compartido entre las personas mutuamente responsables de la crianza de un hijo.

Margolín *et al.* (2001), describen un modelo de coparentalidad basado en tres categorías: 1) Cooperación; 2) Conflicto y 3) Triangulación. En cambio, Feinberg (2002) representa la coparentalidad a través de cuatro dimensiones interrelacionadas: 1) Acuerdo/desacuerdo en los asuntos relacionados con la crianza; 2) División de las tareas relacionadas con la crianza; 3) Apoyo/desautorización entre los padres; 4) Manejo conjunto de las interacciones familiares. Integrando las distintas propuestas teóricas, Teubert y Pinquart (2010) proponen un modelo sustentado en las cuatro: 1) La cooperación, entendida como el grado en el que las figuras intercambian información sobre el hijo, proporcionan apoyo y respeto mutuo y le comunican al hijo un clima de lealtad mutua; 2) Acuerdo, definido como el grado de similitud y acuerdo entre las respuestas de ambas figuras parentales ante temas relacionados con los hijos; 3) Conflicto, el grado de discusión o pelea con referencia a la crianza de los hijos, así como el grado en el que se desautoriza o debilita a la otra figura parental a través de la crítica, menosprecio o la culpa; 4) Triangulación, incluye la formación de coaliciones entre el hijo y una de las figuras parentales y el involucramiento del hijo en los conflictos parentales.

Pese a los matices, las distintas propuestas acerca de la coparentalidad describen la responsabilidad compartida entre adultos en relación con la crianza de los hijos, con independencia de si aquellos son los progenitores biológicos o adoptivos, miembros de la familia extensa, parejas homosexuales o heterosexuales, casadas, separadas, etcétera (Feinberg, 2002; Lamela y Figueiredo, 2016; Marsanic y Kusmic, 2013; McHale, 2007).

Se trata entonces de una dimensión conjunta de la parentalidad, una dimensión relacional que requiere algún grado de interacción y comunicación, que supone niveles intermitentes de decisión sobre la misma relación, sobre todo en momentos cruciales, y que se desarrolla de manera dinámica y evolutiva en diferentes niveles de una misma continuidad, ubicados entre extremos más o menos positivos de calidad. Como tal, puede verse temporalmente dañada en procesos conflictivos de ruptura (divorcio difícil) en los que la imposibilidad de mínimos acuerdos conlleva la delegación del poder decisional en el sistema judicial con la probable implicación de todos los miembros de la familia (incluidos los hijos y la familia extensa) y la consiguiente judicialización de las relaciones familiares.

Mientras que la parentalidad describe los estilos y prácticas que cada figura parental aporta individualmente en su interacción con los hijos, la coparentalidad se focaliza en la dinámica relacional interparental referente al cuidado de los hijos comunes (Teubert y Pinquart, 2010). Dicho de otro modo, como sugieren Lamela y Figueiredo (2016), y como lo muestra el diagrama, la parentalidad se relaciona con los intercambios verticales entre dos subsistemas familiares distintos (subsistema parental y subsistema filial) y la coparentalidad se refiere a los intercambios horizontales entre dos adultos socialmente responsables del desarrollo de uno o más hijos. Diversos estudios han demostrado que la coparentalidad es una dimensión con efectos específicos sobre el desarrollo de los hijos, incluso cuando se controlan otras variables como los estilos parentales individuales, el estrés familiar o la calidad de la relación conyugal (Caldera y Lindsey, 2006;

Representación de la relación parental y la relación coparental

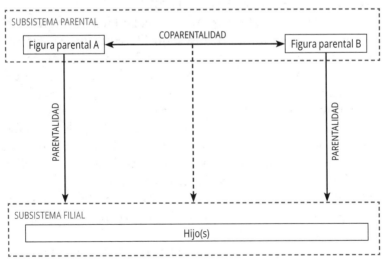

Fuente: Günther, 2017.

Karreman *et al.* 2008; Kolak y Vernon-Feagans, 2008; Teubert y Pinquart, 2010).

En un breve ejercicio que planteamos a estudiantes de Psicología, de un máster en Mediación y de un máster de Terapia Familiar, les preguntamos sobre qué les sugería la palabra «coparentalidad». Las respuestas iban en una línea muy parecida, con dos vertientes. La primera enfocada a definir la relación coparental como aquella que existe entre dos progenitores que, juntos o divorciados, se coordinan en la crianza de los hijos:

> La palabra coparentalidad me sugiere compromiso y responsabilidad. Comprometerse de forma responsable en la crianza de un hijo o hija en común. Este «contrato» entre las dos partes iría más allá de vincularse con el hijo o hija, pues también se espera la relación con el otro progenitor. Desgraciadamente, tras un divorcio, no siempre se da esta coparentalidad. (P. Castillo, comunicación personal, 4 mayo de 2022)

La segunda, conceptualizar la coparentalidad con una mirada más amplia en la cual se incluye distintos contextos como «una nueva forma de crianza […] tener un hijo sin ser pareja». (Q. Mitjans, comunicación personal, 5 mayo de 2022).

Con el fin de facilitar una transición familiar saludable en el proceso de separación se han diseñado diferentes intervenciones, en su mayoría centradas en el ejercicio y la consolidación de una coparentalidad adecuada. La tabla de la página 182 muestra que, en función del momento en que se encuentra la pareja o la familia, es posible encontrar ayuda para una adecuada reestructuración del vínculo conyugal (terapia del divorcio de Sprenkle, 1985) o para la toma de decisiones consecuentes a la ruptura como la reorganización familiar o el reparto de bienes (mediación familiar, Parkinson, 2005). También existen programas psicoeducativos que consisten en intervenciones preventivas breves centradas en los aspectos más relevantes a tener en cuenta para un mejor afrontamiento de la nueva situación (Fariña *et al.*, 2002).

Cuando la separación ya es un hecho y hay obstáculos emocionales o relacionales que impiden la necesaria consecución de acuerdos entre los progenitores, la mediación terapéutica puede facilitar el desbloqueo del conflicto (Milne, 1988; Waldron *et al.*, 1984). A su vez, la terapia familiar en divorcio difícil pone el foco más en la relación conflictiva y no tanto en la consecución de acuerdo. El objetivo es la modificación de las atribuciones negativas entre los diferentes miembros de la familia y la construcción de narrativas alternativas no destructivas (Issacs *et al.*, 1986).

También existen programas para padres que no residen habitualmente con los hijos, como el Dads for Life de Braver *et al.* (2005), o intervenciones en casos de rechazo filial, como el programa de reunificación terapéutica de Markan y Weinstock (2005) o el Multi-Modal Family Intervention de Friedlander y Waltrers (2010), entre otros. Por último, la coordinación de la parentalidad (Deutsh *et al.*, 2018; Higuchi y Lally, 2014) es un proceso alternativo de resolución de disputas centrado en los hijos menores, en el que un profesional de la salud mental o del ámbito judicial con formación y experiencia en mediación familiar asiste a progenitores con altos niveles de conflicto en la resolución de sus desavenencias, y mediante su consentimiento o el del juzgado puede tomar algunas decisiones menores dentro del ámbito de la sentencia (American Psychological Association, 2012; Association of Families and Conciliation Courts, 2003).

Junto con el creciente número de programas de intervención orientados a mejorar la relación coparental ha aumentado el diseño de instrumentos para evaluarla. Así lo muestra la revisión sistemática realizada por Mollà *et al.* (2020), que identifica y resume las principales características de veintiséis instrumentos y resalta que el 40% de ellos han sido creados en los últimos dos años; de estos, solo dos han sido validados en población española y evalúan algunos aspectos de la relación entre padres: el «Cuestionario de adaptación al divorcio-separación, CADS-S» (Yárnoz-Yaben y Comino-González, 2010), que evalúa la adaptación al divorcio-separación del progenitor que responde y, a través de él, del grupo familiar en conjunto, y el «Cuestionario de ayuda recibida de la expareja, CARE» (Yárnoz-Yaben, 2010), que evalúa la percepción por parte del progenitor que responde (custodio o no custodio) del apoyo que le brinda su expareja en

La terapia familiar

Intervenciones centradas en el ejercicio y consolidación de una coparentalidad adecuada

Intervenciones	Autores	Objetivos	Tipos
Terapia del divorcio	Sprenkle (1985).	Facilitar la toma de decisiones predivorcio. Reestructuración y recuperación tras el divorcio.	
Mediación familiar	Parkinson (2005).	Comunicación y protagonismo en el logro de un acuerdo mutuamente aceptable sobre los temas en disputa.	
Programas psicoeducativos	Fariña *et al.* (2002).	Información sobre los beneficios de la colaboración parental y aspectos relevantes sobre el proceso de ruptura, especialmente relacionados con los hijos.	Children in the Middle (Arbuthnot y Gordon, 1996). New Beginnings Ruptura de pareja no de familia (Fariña *et al.*, 2002). Egokitzen (Martínez Pampliega, Iriarte y Sanz, 2014). CODIP (Children of Divorce Intervention Program) (Pedro-Carroll, 2005).
Mediación terapéutica	Milne (1988). Waldron *et al.* (1984).	Abordar los requisitos relacionales sin los cuales la negociación y los acuerdos no serán posibles.	Parental conflict resolution (PCR) (Neff y Cooper, 2004). Impasse-Directed Mediation (Campbell y Johnston, 1986).

Continúa

Terapia familiar en divorcio difícil	Isaacs *et al.* (1986).	Psicoeducación, establecimiento de métodos reglados de comunicación y de coordinación adecuada, habilidades de desvinculación del conflicto, dirigidas tanto a los excónyuges como a sus hijos.	Integrative family therapy (Lebow y Rekart, 2006).
Programas para padres que no residen habitualmente con los hijos	Braver *et al.* (2000).	Se centran en la frecuencia del contacto, en la calidad de la relación y en el apoyo económico.	Dads for Life (DFL) (Braver *et al.*, 2000).
Intervenciones en casos de rechazo filial	Markan y Weinstock (2005).	Modificar sentimientos y creencias, así como comportamientos familiares asociados al rechazo filial.	Reunificación terapéutica (Markan y Weinstock, 2005). Multi-Modal Family Intervention (MMFI) (Friedlander y Walters, 2010). Overcoming Barriers Family Camp (Sullivan, Ward y Deutsch, 2010).
Coordinación de la parentalidad	American Psychological Association (2012); Association of Families and Conciliation Courts (2003); Deutsch *et al.* (2018); Higuchi y Lally (2014).	Ayudar a progenitores con alto nivel de conflicto a implementar su plan de parentalidad. Facilitar la resolución de disputas. Educar sobre las necesidades de los hijos.	

la crianza de los niños. Por tanto, ambos instrumentos no evalúan la coparentalidad como se describe en la bibliografía reciente sobre el tema ni se adaptan a todas las estructuras familiares posibles. De ahí que Mollà (2023), a través del proyecto
I+D+i (PSI2017-83146-R), diseñó y validó el «Cuestionario de
evaluación de la coparentalidad, CECOP» —conformado por
quince ítems y con una consistencia interna de 0,97—, el primero en población española que permite evaluar la coparentalidad en cualquier estructura familiar desde una conceptualización
triádica —como la define Feinberg (2002)—, proporcionando información sobre el contexto relacional en el cual vive un niño o
adolescente.

En este capítulo hemos querido demostrar que hablar de familia
separada no se refiere a un solo tipo de estructura familiar con
el convencimiento de que hubiésemos sido demasiado reduc-
cionistas y poco atentos a los cambios que ha habido desde que
en 1981 se aprobó la Ley del Divorcio en España. Por este motivo, nos hemos enmarcado en el paradigma de la complejidad,
en el cual se hace más evidente la importancia de tener en cuenta las nuevas realidades familiares y los cambios en el nivel de
marco jurídico, con un denominador común: cuanto atañe a la
parentalidad, sin distinción de qué estructura familiar hablamos,
se debe priorizar la continuidad de la responsabilidad parental.
  Así pues, hemos hecho un repaso por la definición de la coparentalidad, sus características y, especialmente, su evolución
con la construcción social y jurídica de la familia, la pareja, los
modelos de crianza, etcétera. Como nos expresaban los estudiantes a los que les pedimos que nos describieran la coparentalidad
con sus palabras, aparecen nuevas prácticas en relación con la
coparentalidad. Un ejemplo es el ejercicio de la coparentalidad
sin ser pareja. En efecto, la prensa ya recoge algunos artículos
sobre esta casuística, describiéndola como «la tendencia de formar
una familia sin ataduras sentimentales» y presentando la existencia de agencias y aplicaciones destinadas a facilitar este tipo de
relación entre dos personas (Ricou, 2022; Pérez y González,
2022). Cabe esperar que la investigación y la práctica avancen

para configurar un marco de referencia destinado a que los profesionales que trabajan con familias tengan los conocimientos y las competencias suficientes para enfrentar estas nuevas realidades familiares con una mirada holística, singular y compleja en el ejercicio de la coparentalidad.

Referencias

AHRONS, C.R. (1981). The continuing coparental relationships between divorced spouses. *American Journal of Orthopsychiatry*, 51, 415-428.

AMERICAN PSYCHOLOGICAL ASSOCIATION (2012). Guidelines for the practice of parenting coordination. *American Psychologist, 67*(1), 63-71.

ARBUTHNOT, J. y GORDON, D.A. (1996). Does mandatory divorce education for parents work? A six-month outcome evaluation. *Family court review, 34*(1), 60-81.

ASSOCIATION OF FAMILY AND CONCILIATION COURTS TASK FORCE ON PARENTING COORDINATION (2003). Parenting coordination implementation issues. *Family Court Review, 41*(4), 533-564.

BRAVER, S.L., GRIFFIN, W.A. y COOKSTON, J.T. (2005). Prevention programs for divorced nonresident fathers. *Family Court Review, 43*(1), 81-96.

CALDERA, Y.M. y LINDSEY, E. W. (2006). Coparenting, mother-infant interaction, and infant-parent attachment relationships in two-parent families. *Journal of Family Psychology, 20*(2), 275-283. https://doi.org/10.1037/0893-3200.20.2.275

CAMPBELL, L.E. y JOHNSTON, J.R. (1986). Impasse-directed mediation with high conflict families in custody disputes. *Behavioral Sciences & the Law, 4*(2), 217-241.

CONSEJO GENERAL DEL PODER JUDICIAL (2022). *Estadísticas sobre la actividad de los órganos judiciales.* https://www.poderjudicial.es/cgpj/es/Temas/Estadistica-Judicial/Estudios-e-Informes/Demandas-presentadas-de-nulidades--separaciones-y-divorcios/

DEUTSCH, R.M., MISCA, G. y AJOKU, C. (2018). Critical review of research evidence of parenting coordination's effectiveness. *Family Court Review*, *56*(1), 119-134.

FARIÑA, F., ARCE, R., NOVO, M. y SEIJO, D. (2002). Programa de intervención «ruptura de pareja, no de familia» con familias inmersas en procesos de separación. *Psicopatología Clínica Legal y Forense*, *2*(3), 67-85.

—, SEIJO D., ARCE, R. y NOVO, M. (2002). *Psicología Jurídica de la Familia: Intervención en casos de separación y divorcio.* Barcelona: Cedecs.

FEINBERG, M.E. (2002). Coparenting and the transition to parenthood: A framework for prevention. *Clinical Child and Family Psychology Review*, *5*(3), 173-195.

FRIEDLANDER, S. y WALTERS, M.G. (2010). When a child rejects a parent: Tailoring the intervention to fit the problem. *Family Court Review*, *48*(1), 98-111.

GÜNTHER, C. (2017). *La alianza terapéutica en terapia familiar con progenitores separados en conflicto: un modelo del proceso de cambio intrasistema* [tesis doctoral]. Universitat Ramon Llull. https://www.tdx.cat/handle/10803/403375#page=1

HIGUCHI, S.A. y LALLY, S.J. (eds.) (2014). *Parenting coordination in postseparation disputes: A comprehensive guide for practitioners.* Washington: American Psychological Association.

ISAACS, M.B., MONTALVO, B. y ABELSOHN, D. (1986). *Divorcio difícil.* Buenos Aires: Amorrortu.

KARREMAN, A., VAN TUIJL, C., VAN AKEN, M.A.G. y DEKOVIC, M. (2008). Parenting, coparenting, and effortful control in preschoolers. *Journal of Family Psychology*, *22*, 30-40. https://doi.org/10.1037/0893-3200.22.1.30.

KOLAK, A. M. y VERNON-FEAGANS, L. (2008). Family-level coparenting processes and child gender as moderators of family stress and toddler adjustment. *Infant and Child Development*, *17*(6), 617-638. https://doi.org/10.1002/icd.577

LAMELA, D. y FIGUEIREDO, B. (2016). Coparenting after marital dissolution and children's mental health: a systematic review. *Jornal de Pediatria*, *92*(4), 331-342. https://doi.org/10.1016/j.jped.2015.09.011

LEBOW, J. y REKART, K.N. (2007). Integrated family therapy for high-conflict divorce with disputes over child custody and visitation. *Family Process*, *46*, 79-91.

MCHALE, J.P. (2007). When infants grow up in multiperson relationship systems. *Infant Mental Health Journal*, *28*(4), 370-392. https://doi.org/10.1002/imhj.20142

MARKAN, L.K. y WEINSTOCK, D.K. (2005). Expanding forensically informed evaluations and therapeutic interventions in family court. *Family Court Review*, *43*(3), 466-480.

MARSANIC, V.B. y KUSMIC, E. (2013). Coparenting Within the Family System: Review of Literature. *Collegium Antropologicum*, *37*(4), 1379-1384.

MARTÍNEZ-PAMPLIEGA, A., AGUADO, V., CORRAL, S., CORMENZANA, S., MERINO, L. e IRIARTE, L. (2015). Protecting children after a divorce: Efficacy of Egokitzen, An intervention program for parents on children's adjustment. *Journal of Child and family Studies*, *24*(12), 3782-3792.

MILNE, A. (1988). The nature of divorce disputes. En J. Folberg y A. Milne (eds.), *Divorce mediation. Theory and practices.* Nueva York: Guilford Press.

MOLLÀ CUSÍ, L. (2023). *Validación y aplicabilidad clínica del Cuestionario de evaluación de la coparentalidad (CECOP) en diferentes estructuras familiares* [tesis no publicada]. Barcelona: Universitat Ramon Llull. http://hdl.handle.net/10803/688247

—, GÜNTHER-BEL, C., VILAREGUT PUIGDESENS, A., CAMPRECIÓS ORRIOLS, M. y MATALÍ COSTA, J.L. (2020). Instruments for the Assessment of Coparenting: A Systematic Review. *Journal of Child and Family Studies*, *29*, 2487-2506. https://doi.org/10.1007/s10826-020-01769-3

NEFF, R. y COOPER, K. (2004). Parental conflict resolution: Six-, twelve-, and fifteen-month follow-ups of a high-conflict program. *Family Court Review*, *42*(1), 99-114.

PARKINSON, L. (2005). *Mediación familiar. Teoría y práctica.* Barcelona: Gedisa.

PEDRO-CARROLL, J.L. (2005). Fostering resilience in the aftermath of divorce: The role of evidence-based programs for children. *Family Court Review*, *43*(1), 52-64.

PÉREZ, S. y GONZÁLEZ, A.M. (2022, 9 de octubre). Ni amor ni sexo: buscar pareja por una app solo para compartir la crianza de un hijo. *La Vanguardia*. https://www.lavanguardia.com/magazine/mamas-y-papas/20221009/8556837/coparentalidad-fin-amor-romantico.html

PINSOF, W.M. (2002). The death of «till death do us part»: The transformation of pair-bonding in the 20th century. *Family Process*, *41*(2), 135-157.

RICOU, J. (2022, 27 de febrero). La copaternidad, o cuando se crea un vínculo entre dos desconocidos para que críen un hijo. *La Vanguardia*. https://www.lavanguardia.com/vida/20220227/8086530/coparentalidad-dos-desconocidos-u-nen-criar-hijos.html

SPRENKLE, D. (1985). *Divorce therapy*. Nueva York: Haworth.

SULLIVAN, M.J., WARD, P. y DEUTSCH, R. (2010). Overcoming Barriers Family Camp: A program for high-conflict divorced families where a child is resisting contact with a parent. *Family Court Review*, *48*, 116-135.

TEUBERT, D. y PINQUART, M. (2010). The Association Between Coparenting and Child Adjustment: A Meta-Analysis. *Parenting: Science and Practice*, *10*, 286-307. https://doi.org/10.1080/15295192.2010.492040.

YÁRNOZ-YABEN, S. (2010). Cuestionario de apoyo recibido de la ex pareja (CARE): un instrumento breve para evaluar la co-parentalidad post divorcio. *Revista de Psicopatología y Psicología Clínica*, *15*(2), 133-142.

— y COMINO-GONZÁLEZ, P. (2010). El CAD-S, un instrumento para la evaluación de la adaptación al divorcio-separación. *Psicothema*, *22*(1), 157-162.

WALDRON, J.A., ROTH, C.P., FAIR, P.H., MANN, E.M. y McDER-MOTT JR, J.F. (1984). A therapeutic mediation model for child custody dispute resolution. *Mediation Quarterly*, (3), 5-20.

WOLCHIK, S. A., WEST, S.G., WESTOVER, S., SANDLER, I.N., MARTIN, A., LUSTIG, J., *et al.* (1993). The children of divorce parenting intervention: Outcome evaluation of an empirically based program. *American Journal of Community Psychology*, *21*, 293-331.

Referencias legales

Ley 10 de 1998. Uniones Estables de Pareja (15 de julio de 1998).
Ley 1 de 2001. Mediación Familiar de Cataluña (15 de marzo de 2001).
Ley 15 de 2009. Mediación en el ámbito del derecho privado (22 de julio de 2009).
Ley 25 de 2010. Del libro segundo del Código Civil de Cataluña, relativo a la persona y la familia (29 de julio de 2010).
Ley 5 de 2012. Mediación en asuntos civiles y mercantiles (6 de julio de 2012).
Ley 7 de 2015. Relaciones familiares en supuestos de separación o ruptura de los progenitores (30 de junio de 2015).
Ley 15 de 2015. De la jurisdicción voluntaria (2 de julio de 2015).

10. Evaluación de la familia desde la mirada psicoanalítica

Cristina Nofuentes y Carles Pérez Testor

Cuando la familia decide consultar y busca ayuda terapéutica es porque, en principio, desea mejorar la relación y no es capaz de resolver la situación por sí sola. El terapeuta ofrece un espacio en el que se facilita la interacción entre los miembros de la familia, propone un trabajo de investigación que proporciona comprensión a los conflictos de la relación y con ello puede ayudar a descubrir aspectos que hasta el momento podían haber sido ignorados o encubiertos por la familia. Sin embargo, antes de empezar un tratamiento es necesario un diagnóstico cuyo objetivo es identificar y llegar a comprender lo que está ocurriendo emocionalmente entre los miembros de la familia a partir de la información que ellos mismos exponen al terapeuta.

Psicopatología de la familia

Diferentes autores han intentado hacer aproximaciones nosológicas familiares que van desde las familias más sanas a las más desestructuradas en las que prevalece la confusión. Si el sistema continente falla, también falla la capacidad de los padres para asumir las funciones parentales. Así, se crea una relación de objeto parcial, desaparece la capacidad de pensar o esta se delega (Pérez Testor y Salvador, 1995; Pérez Testor, 1996, 2002). Si el que entra en crisis es el sistema contenido (los hijos), pueden aparecer dificultades de individuación, temor y presencia de ansiedades catastróficas o claustrofóbicas, implicación en la pareja parental, etcétera. Las aproximaciones nosológicas que nos han parecido más interesantes, y con las que trabajamos, son las de Meltzer y Harris (2023) y la de Fernández Mouján (1973).

Tipologías familiares de Donald Meltzer y Martha Harris

Ya hemos comentado en el capítulo 1 la importancia de las funciones emocionales en el modelo de Meltzer y Harris (2023). Dependiendo de si predominan las funciones emocionales introyectivas o si prevalecen las funciones emocionales proyectivas, tendremos una tipología u otra de familia. Dichas tipologías son:

1. Familia de pareja básica.
2. Familia matriarcal.
3. Familia patriarcal.
4. Familia banda.
5. Familia en reversión.

Familia de pareja básica

La familia de pareja básica está presidida por la pareja de padres, que se preocupa de las funciones introyectivas. En este tipo de familia es fundamental que la pareja tenga un buen grado de entendimiento. Si la pareja de padres funciona positivamente en el nivel conyugal, esto puede ayudar a la parentalidad. La pareja necesitará un espacio de intimidad para reforzar la conyugalidad y a la vez les ayudará a diferenciarse de los hijos evitando la confusión de roles. Lo padres no pueden delegar sus responsabilidades y han de ser capaces de dibujar unos límites claros entre el subsistema parental y el subsistema filial. Tanto el padre como la madre han de ser capaces de contener las ansiedades de los hijos y de contenerse mutuamente.

Lo cierto es que el desarrollo y el crecimiento tanto de los hijos como de la pareja da seguridad al grupo y es a través de cada miembro de la familia que se establecen vínculos con la sociedad. Padres e hijos están diferenciados y su relación con el entorno de trabajo, escuela, ocio, etcétera, será individual. Para Meltzer y Harris, la familia de pareja básica tiene unos recursos internos adecuados.

No obstante, también puede ocurrir que los miembros de la pareja parental estén separados por las dificultades que pueden tener en el nivel conyugal, aunque su relación puede ser lo suficientemente sana como para funcionar de forma adecuada como padres. Si la separación o divorcio ha sido de mutuo acuerdo y no se ha caído en un divorcio litigante (Pérez Testor, 2019), estos padres pueden funcionar como pareja básica.

Aunque la familia solo tenga un miembro parental, ya sea la madre o el padre, si es capaz de organizar el grupo familiar mediante el predominio de las funciones emocionales introyectivas, la consideraremos familia de pareja básica.

En estas familias las ansiedades predominantes serán las depresivas y los mecanismos de defensa variados y flexibles.

Familia matriarcal

Esta tipología de familia se caracteriza por la presencia de una figura paterna débil, enferma, inadecuada o ausente y una figura materna sobre la que recae toda la responsabilidad familiar, pero no puede ejercer adecuadamente las funciones introyectivas.

En estas situaciones, la familia matriarcal se organiza en un supuesto básico de dependencia con la comunidad. Los miembros de la familia se adaptan a la sociedad sin posibilidad de pensamiento crítico. La disciplina del grupo está centrada en la culpa más que en la imposición, por lo que es difícil contener la desadaptación de alguno de sus miembros si carece de sensibilidad superyoica.

Existe la tendencia a subrogar las funciones emocionales o las responsabilidades en uno de los hijos mayores que ha de ser «el hombre de la casa». Otras veces, la función paterna puede recaer en otras figuras masculinas, como un abuelo o un profesor. Dado que la madre puede dedicar mucho tiempo al trabajo y a tareas fuera de casa, puede recaer sobre la hija mayor el deber de encargarse de las funciones maternas hacia sus hermanos.

En estas familias las ansiedades predominantes serán las persecutorias y de separación y los mecanismos de defensa el control, la disociación y la represión.

Familia patriarcal

Se caracteriza por la presencia de una figura paterna dominante y una figura materna enferma, ausente o incapacitada. Al contrario de la familia matriarcal, aquí la disciplina es dura y se utiliza tanto el castigo corporal como la mordacidad tiránica, dado que la ternura se considera debilidad.

A veces la figura materna es sustituida por la abuela materna, que se siente responsable ante la ausencia de su hija e intenta ayudar a sus nietos. Es una estructura más inestable que la familia matriarcal, dado que, si se rompe la autoridad basada en la disciplina, esta no se rehace y genera la dispersión del grupo. Los hijos pueden abandonar el grupo familiar ante una crisis de autoridad.

En estas familias las ansiedades predominantes serán las paranoides y los mecanismos de defensa la proyección, el control y la racionalización.

Familia banda

Según Meltzer y Harris (2023), esta tipología puede aparecer cuando una o dos figuras parentales se deslizan hacia un estado narcisista entre la madurez y la pseudomadurez y actúan por identificaciones negativas hacia sus figuras de apego. La crítica hacia la educación recibida los lleva a promover que se cumplan sus expectativas en los hijos, sin tener en cuenta ni los deseos, ni las emociones de estos últimos.

Las pautas educativas están basadas en la crítica a la propia educación. Puede parecer que se organizan mediante funciones introyectivas, pero no se aplican sino que se simulan. En efecto, en lugar de generar amor aparece la seducción; en lugar de esperanza se da la alegría maníaca; en lugar de pensamiento se imponen el eslogan y el dogma.

Si no se aceptan estos mecanismos aparece el castigo y la exclusión. Estas familias quedan definidas por el apellido y no por el nombre. No hay diferenciación entre unos y otros; no se tolera la diferencia. Se es miembro de la familia o no se forma parte de ella. La tendencia es a ser un grupo antisocial, mafioso y delincuente.

En estas familias las ansiedades predominantes serán las paranoides y los mecanismos de defensa la escisión, la actuación, el control y la disociación.

Familia en reversión

Meltzer y Harris (2023) indican que estas familias son una caricatura hostil de la vida familiar. Una o las dos figuras parentales padecen trastorno mental grave, por ejemplo, algún tipo de trastorno psicótico, viven una sexualidad perversa o presentan alguna tendencia criminal.

Desafían a la comunidad y se aíslan al no seguir las normas, ni cumplir las leyes. Esto las lleva a la precariedad y a sobrevivir gracias a la economía ilegal. El sufrimiento mental persecutorio produce que el grupo tienda a la identificación con figuras fuertes y violentas. El líder del grupo no es el más sabio y prudente, sino todo lo contrario: es el más violento e impulsivo que da una falsa seguridad a la familia.

El grupo tiende al caos y aparecen creencias estrambóticas, supersticiones y delirios, lejos de cualquier criterio racional o científico, y puede aparecer una tendencia a la perversión sexual, al suicidio, a los accidentes provocados, etcétera. También pueden coquetear con sectas destructivas.

A pesar de que en la descripción de las familias por reversión hemos hablado de precariedad y economía ilegal, este funcionamiento también puede aparecer en familias de clase social alta, aunque en ellas la economía ilegal es diferente y puede centrarse en la corrupción económica y política en todos los niveles.

En estas familias las ansiedades predominantes serán las paranoides y catastróficas y los mecanismos de defensa más frecuentes la escisión, la anulación y la proyección masiva. Cabe destacar que la identificación proyectiva es un mecanismo de defensa que puede aparecer en todas las tipologías familiares.

Tipologías familiares de Octavio Fernández Mouján

Fernández Mouján (1973) propone cuatro tipologías de grupo familiar con criterios basados en la confusión frente a diferenciación. Podemos encontrar muchas semejanzas entre la clasificación de Fernández Mouján con la de Meltzer y Harris, por lo que cada terapeuta puede escoger cuál se adapta mejor al tipo de población a la que atiende. Dichas tipologías son:

1. Familias aglutinadas.
2. Familias uniformadas.
3. Familias aisladas.
4. Familias integradas.

Familias aglutinadas

Se trata de familias que presentan una exagerada tendencia a ir «todos a una», por lo que forman un grupo indiferenciado, con falta de identidad individualizada y con unas interacciones estereotipadas.

Aquí el apellido vuelve a ser protagonista por encima del nombre de cada miembro. Esto no deja de ser una característica común a la mayoría de familias desorganizadas. El afecto es claustrofóbico, pero sirve para mantener al grupo fusionado utilizando la culpa —esto nos recuerda las familias matriarcales de Meltzer y Harris—. María Victoria Oliva (1919-2012), psicoanalista, fundadora del Servei de Psiquiatria i Psicologia Infanto-Juvenil del Hospital de Sant Pere Claver, se refería a estas familias como «Pot de confitura» («bote de confitura») donde el almíbar condensa el sabor de todas las frutas e impide diferenciarlos por separado. Así serían estas familias, impregnadas de un almíbar simbólico que no les permite la diferenciación. La ideología del grupo está centrada en el «clan» y la desconfianza hacia el exterior; la falta de reflexión y de pensamiento crítico los mantiene unidos.

En estas familias las ansiedades predominantes serán las de separación y los mecanismos de defensa que pueden aparecer con más frecuencia son la proyección, la evitación, el desplazamiento, la negación y la idealización.

Familias uniformadas

Estas familias se caracterizan por una tendencia a la sumisión de sus miembros a una figura parental, que actúa como objeto perseguidor. Se niegan las diferencias, por lo que en esta tipología el apellido también está por encima del nombre de cada uno.

Maria Victòria Oliva la denominaba «Caixa de formatgets en porcions» («caja de quesitos en porciones»). Cada porción es idéntica a las demás, envueltas con una lámina de aluminio que las separa, pero no las diferencia, sino que las uniformiza.

Las interacciones entre los miembros de estas familias son rígidas y se basan en el poder del líder, con frecuencia el *paterfamilias*, hecho que recuerda a las familias patriarcales de Meltzer y Harris. La ideología está centrada en la exigencia, el control y la falta de reflexión y pensamiento.

En estas familias la ansiedad predominante acostumbra a ser la paranoide y los mecanismos de defensa se mueven entre el control, la racionalización, la intelectualización, la formación reactiva y la proyección.

Familias aisladas

Fernández Mouján (1973) destaca en esta tipología el predominio de la individualidad y el deterioro de la identidad grupal. En ellas lo importante es precisamente el nombre, y el apellido, esto es, el referente familiar, está devaluado.

Las interacciones son superficiales, nadie espera gran cosa de otro miembro y las expectativas son muy pobres. Es por eso por lo que cualquier hecho positivo hace que los miembros valoren la vida familiar como muy satisfactoria. Si hasta ahora hemos visto familias muy cerradas tipo Montescos o Capuletos, aquí las familias son «Vive como quieras», sin la relación amorosa de la famosa película de Frank Capra (1938), con una ideología individualista y adaptativa.

En estas familias las ansiedades predominantes pueden ser paranoides y los mecanismos de defensa la escisión, el aislamiento, la idealización y la disociación.

Familias integradas

Esta tipología se correspondería con la familia de pareja básica propuesta por Meltzer y Harris. Existe un equilibrio entre el individuo y el grupo familiar, por lo que la importancia entre nombre y apellido también estaría presente. Lo roles de los miembros son flexibles, y no se confunden las responsabilidades de los padres con las de los hijos. Los padres contienen las ansiedades de los hijos y la pareja conyugal se apoya mutuamente.

En estas familias se fomenta la capacidad reflexiva, por lo que aparecerán diferencias y discusiones que se pueden explicitar y discutir abiertamente sin secretismos.

Las ansiedades prevalentes son las depresivas (integradoras) y los mecanismos de defensa acostumbran a ser variados y flexibles.

En resumen, podríamos decir que en las familias aglutinadas y uniformadas las relaciones entre padres e hijos son muy difíciles dada la estereotipia relacional y la rigidez de unos y otros, lo cual imposibilita el diálogo y el cambio. En las familias aisladas no se generan conflictos entre padres e hijos, dada la rigidez y distancia entre los diferentes miembros. Cada miembro busca soluciones individualmente y no se crea el espacio necesario para el intercambio y la solidaridad. En cambio, en las familias integradas es posible afrontar los conflictos y los cambios que experimenta todo grupo en crecimiento. Las crisis no se viven como desastres irreparables, sino como momentos privilegiados para clarificar las dificultades y malentendidos para llegar a pactos y acuerdos.

Técnica del diagnóstico

Primer contacto

El primer contacto de la pareja o de la familia que consulta con la Unidad Asistencial de Pareja y Familia (UAPF) de la Fundació Vidal i Barraquer se realiza de forma presencial o por teléfono con la secretaría de la unidad. La demanda puede ser directa o indirecta. En el primer caso, el interlocutor reconoce tener problemas en su relación familiar y pide hora para acudir a la consulta; en el segundo, por lo general el proceso comienza con la solicitud de asistencia individual o de pareja y es en las primeras entrevistas cuando se sospecha que en realidad se puede tratar de un conflicto familiar y se recomienda al paciente realizar una entrevista con toda la familia.

Primera entrevista

La complejidad de los movimientos transferenciales y contra-transferenciales de las entrevistas familiares aconseja que sea un equipo terapéutico, formado por un terapeuta y un coterapeuta, el que atiendan a la familia. A lo largo de los últimos cuarenta años, la UAPF ha contado con terapeutas que han preferido trabajar solos y otros que han preferido la coterapia.

En la primera entrevista, el terapeuta[1] atiende a quien consulta, ya sea toda la familia o una parte de ella, y deja que los asistentes se expresen libremente. El terapeuta suele tomar la palabra con una breve presentación e información sobre la duración de la visita, que habitualmente es de setenta y cinco minutos. En las primeras intervenciones suele preguntar por el motivo de consulta, esperando con ello formular hipótesis sobre el motivo de consulta aparente y el latente. La dinámica que se establece depende de cada grupo familiar, pero en todos los casos el terapeuta

---

1   Utilizaremos el término «el terapeuta» para describir tanto al terapeuta hombre como mujer, y ya sea individual como en coterapia.

intentará favorecer la intervención de cada uno los miembros de la familia, ofreciéndoles la oportunidad de expresarse.

La familia trae a la consulta un sufrimiento que no ha sido capaz de elaborar. Y es importante observar cómo este se distribuye entre los miembros, quién es el portador, y cómo se defiende el resto del grupo; cómo se evita, se modifica o se proyecta, empobreciendo o enriqueciendo a la familia.

El motivo principal por el cual la primera entrevista acostumbra a ser de carácter libre es porque permite al terapeuta observar cómo interactúan los miembros de la familia para así recoger los datos necesarios para elaborar la historia clínica de forma espontánea. Si no es así, tiene la oportunidad de solicitar algunas aclaraciones, pedir mayor profundización en aspectos poco comprensibles e incluso contradictorios y preguntar, cuando lo considere oportuno, mostrando el mismo interés por todos los miembros de la familia. La actitud del profesional no ha de ser directiva, el curso de la entrevista se irá produciendo en función del relato de la familia. El ritmo del terapeuta ha de sincronizarse con el del grupo. Hay primeras entrevistas llenas de silencios y otras en las que ya se puede iniciar la exploración; todo esto dependerá mucho del tiempo que cada miembro necesita para hablar, pensar y expresarse. El terapeuta se interesará por lo que la familia va mostrando, sin adelantarse, y favoreciendo el diálogo. Las intervenciones serán sobre todo señalamientos y clarificaciones, estando atento al lenguaje verbal y al no verbal.

Si es posible, en la primera entrevista intentará localizar el momento de inicio del conflicto por el que solicitan ayuda, saber qué han hecho para resolverlo y cuál es su hipótesis sobre lo que les pasa. El terapeuta se fijará en si hay factores precipitantes o desencadenantes. Investigará los recursos o el tipo de capacidades de la familia y se hará una idea de si el problema es más estructural o coyuntural.

Es importante que el terapeuta esté atento al estilo comunicativo del grupo, si acuden a la defensiva o muestran resistencias o, por el contrario, son colaboradores y comunicativos. La transferencia y la contratransferencia serán dos elementos básicos para el diagnóstico y el tratamiento. Es importante tener en cuenta que en la primera entrevista se ponen las bases de la alianza terapéutica, tema que se desarrollará en el capítulo 12.

Al final de la primera entrevista, el terapeuta ha de ser capaz de estructurar un pequeño comentario de devolución. Por lo general, se trata de un pequeño resumen sobre la información recibida de la familia y lo que ha podido observar. Cuando se acerca el límite del tiempo disponible es conveniente indicar a los consultantes que la entrevista está a punto de concluir. Si el terapeuta considera que no puede hacerse cargo del caso o que no es adecuado el abordaje familiar, debe comunicarlo y derivarlo a otro terapeuta u otro servicio al finalizar la primera entrevista. Esto suele ocurrir cuando se considera que no es un problema familiar, sino individual o de pareja y se deriva a los consultantes a una terapia específica.

Si el terapeuta considera que puede ser adecuado el trabajo con toda la familia, propone un espacio diagnóstico que puede consistir en una segunda entrevista con los padres, una tercera con los hijos y otra final con todo el grupo.

Segunda entrevista: subsistema padres

En la segunda entrevista el terapeuta suele convocar a los padres para conocer su papel en el conflicto familiar. En un elevado porcentaje de situaciones, el conflicto tiene su origen en la pareja parental, ya que los desacuerdos en cómo ejercer la parentalidad o la educación de los hijos son el caldo de cultivo perfecto para generar conflictos.

El terapeuta deberá explorar aspectos de la conyugalidad, por ejemplo la colusión (Pérez Testor *et al.*, 2019), y explorar las funciones parentales (se preguntará sobre el nacimiento de los hijos, la adaptación al cambio de etapa de pareja a padres, la crianza y la relación con ellos, detectando identificaciones y proyecciones) y el equilibrio entre los dos aspectos.

Siempre es adecuado realizar, aunque sea de manera breve, una devolución de los aspectos observados, que pueden ser de interés para los padres.

Tercera entrevista: subsistema hijos

La perspectiva del conflicto desde la mirada de los hijos acostumbra a dar una información complementaria de gran interés. Pensamos que esta entrevista es importante porque permite que los hijos puedan hablar libremente de cómo ven ellos a la familia sin que sus padres puedan coartar con su presencia la expresión libre. También podemos explorar las relaciones fraternas y los posibles conflictos en ese nivel.

Cuarta entrevista: devolución a todo el grupo

Después de las tres entrevistas, el terapeuta ha establecido una hipótesis diagnóstica y pronóstica sobre qué funciones emocionales sobresalen en la familia y cuáles de ellas son predominantes. Lo completará con una formulación clínica del caso y podrá ayudarse de alguna de las clasificaciones descritas con anterioridad para entender mejor el caso. A partir de ahí podrá dirigirse a la familia y describir de forma comprensiva cómo es la relación entre los miembros de la familia, mostrando las funciones emocionales introyectivas y proyectivas que prevalecen y proponiendo el tratamiento que considere más adecuado. Una vez que la familia acepte el tratamiento, es necesario perfilar los objetivos que se persiguen y la forma de alcanzarlos. Esto incluye las pautas de relación, la manera de llevar a cabo las sesiones, la frecuencia y la duración. Todo ello quedará incluido en el marco de trabajo.

Formulación clínica del caso

La formulación clínica del caso, siguiendo a Eells y Lombart (2003), es la elaboración de la hipótesis que describe los problemas de la familia, incluidas posibles causas precipitantes y aspectos que hacen que esos problemas persistan en el tiempo. Hemos elaborado el siguiente esquema de formulación clínica:

1. Motivo de consulta.
2. Temas.
3. Funciones emocionales introyectivas y proyectivas.
4. Ansiedades.
5. Mecanismos de defensa.
6. Transferencia y contratransferencia.
7. Estilo comunicativo.
8. Diagnóstico (tipología familiar).
9. Objetivos.
10. Foco.

El terapeuta valorará también si durante el proceso diagnóstico ha habido cambios, se han producido aportaciones, recuerdos, sueños, de forma espontánea o si se mantiene un discurso rígido y estereotipado. Valorará el nivel de *insight* o introspección, cómo han respondido a un señalamiento o interpretación, ya que todos serán factores a tener en cuenta para la indicación terapéutica. Para realizar esta formulación, el terapeuta deberá explorar los aspectos que a continuación describimos.

Ansiedad

Entendemos la ansiedad como el sufrimiento, ya sea en forma psíquica, física, consciente o inconsciente (de la cual solo vemos sus efectos o derivaciones).

Las familias sufren ansiedad o dolor mental como grupo que se ha de reconocer y escuchar sin intentar evitar. Este dolor nos dará información sobre el conflicto y la forma de gestionarlo por parte del grupo. La ansiedad circula y se reparte de manera diferente entre los miembros. La tarea fundamental del aparato mental familiar es procesar la ansiedad.

En esencia, distinguiremos cinco tipos de ansiedad:

1. Catastrófica (aniquilación, desintegración): sentimiento de que algo terrible va a suceder y que va a ser insoportable, que no se puede contener ni hacer nada para evitarlo.

2. Confusional: desorientación, bloqueo, perplejidad. No deja pensar ni contener.
3. Persecutoria: sensación de peligro, amenaza, miedo a ser atacado.
4. Depresiva: miedo a perder el objeto amado o querido, su atención, su seguridad, su amor.
5. Ansiedad de separación: necesidad de estar en una relación fusional con el otro por sentimiento de vacío y de falta de integración del Yo.

Mecanismos de defensa

Son los procesos que la mente utiliza para evacuar la ansiedad o el sufrimiento. En el desarrollo de la mente humana primero aparecen unos mecanismos más primitivos, propios de la posición esquizoparanoide propuesta por Melanie Klein (1988), y luego van sumándose otros más evolucionados y maduros. Cuanto más variados, flexibles y evolucionados sean los mecanismos utilizados, más sano es el funcionamiento del grupo. Seguiremos la clasificación de Joan Coderch (1990) para describirlos:

— De control
    — Evitación: mecanismo de defensa utilizado para huir o evitar estímulos o conflictos o sentimientos intolerables o angustiantes para la persona.
    — Desplazamiento: el conflicto queda trasladado a otro lugar más tolerable.
    — Racionalización: utilizar las razones sociales y de tipo externo para explicar de manera inconscientemente falsa el comportamiento motivado por necesidades internas.
    — Control: ejercer un dominio para mantener limitados o suprimidos diferentes impulsos.
— Represivos
    — Disociación: proceso inconsciente por el cual un grupo de procesos mentales son separados del resto de

procesos del pensamiento, dando lugar a un funcionamiento autónomo y a una pérdida de las relaciones habituales.

— Conversión: mecanismo de defensa inconsciente por el cual los conflictos emocionales que producen ansiedad son reprimidos y transformados en síntomas físicos simbólicos, sin base orgánica.

— Aislamiento: la persona se cierra a la relación social. Muestra desinterés por continuar relacionándose con su entorno habitual. Aisla pensamientos hasta que queden desconectados del resto.

— Anulación: intento de deshacerse del hecho de una manera mágica.

— Rituales obsesivos: actividades psicomotrices repetidas para aliviar la ansiedad o evitar su aparición.

— Formaciones reactivas: comportamiento o actitud que va en dirección opuesta a la del deseo reprimido.

— Regresivos
  — Negación: la realidad externa es negada, con un desbordamiento de la realidad interna que puede llegar a ser clínicamente psicótica.

  — Control omnipotente del objeto: control sobre los objetos internos y externos que posibilita mantener separados los objetos «buenos» y «malos».

  — Defensas maníacas: se desarrollan como defensa contra la experiencia de ansiedad depresiva, culpa y pérdida. Menosprecio y desvaloración del objeto para negar la ambivalencia, la dependencia, la preocupación y la culpa de poder hacer daño y de perder a quien queremos. La única manera de superar la fase depresiva es hacer un trabajo de duelo, con elaboración de la pérdida y restauración del objeto.

  — Escisión: dividir en dos. El objeto queda partido en una cualidad buena y una cualidad mala.

  — Identificación proyectiva: mecanismo por el cual el Yo deposita un aspecto parcial de sí mismo en el objeto, identificándose después en él. El objeto externo se transforma en una extensión del sujeto, generando confusión entre el Yo y el Otro. Sería la base de la colusión en las relaciones de pareja.

Transferencia

Es un mecanismo de comunicación universal. Es revivir en una nueva relación emocionalmente relevante experiencias relacionales anteriores que también lo fueron. Como si transportásemos modelos de relaciones del pasado al presente, como adjudicarle inconscientemente a alguien sentimientos que no le corresponden, sino que son de algún otro.

Bernardi (2007) señala que para algunos autores la importancia del concepto de transferencia reside en la repetición del pasado que conlleva, mientras que para otros radica en la oportunidad para una nueva experiencia en el presente. Así pues, algunos lo ven como cocreación y otros destacan su carácter reconstructivo.

En el caso del tratamiento con las familias, el fenómeno de la transferencia se complica y se vuelve más complejo. Se trataría de observar cómo se relacionan los miembros de la familia entre sí y cómo tratan al terapeuta. Podemos discernir entre:

1. La transferencia entre los miembros de la familia.
2. La transferencia de cada miembro de la familia con el terapeuta.
3. La transferencia de la familia como grupo, entendiéndola como un todo, lo que nos permite organizar mejor nuestra comprensión.

Contratransferencia

Es el conjunto de emociones, conscientes e inconscientes, que siente el terapeuta en la sesión con la pareja o la familia. Surge en el terapeuta como resultado de la influencia del paciente sobre sus sentimientos inconscientes no elaborados.

Relaciones intrafamiliares

Se refiere a las modalidades emocionales con las que la familia se ha constituido a lo largo del tiempo y en cuya construcción y mantenimiento han participado y participan todos los miembros; estas relaciones mostrarán al terapeuta la organización interna de la familia (el diálogo que se ha establecido entre la familia real externa y la familia interna de cada uno). El profesional observará quién es el portador del sufrimiento de la familia; las alianzas, rivalidades e identificaciones entre sus miembros; cómo afrontan los momentos evolutivos, los cambios, los duelos, etcétera. Observará las ansiedades predominantes y los mecanismos de defensa utilizados.

Relaciones extrafamiliares

Son las que, como grupo, la familia establece con otras instituciones, en el ámbito de trabajo, académico, social, de amistad, etcétera, y que servirá de índice predictivo del vínculo con el terapeuta.

Factores de riesgo

Son aquellos que aumentan la probabilidad de que una persona sufra un trastorno o enfermedad. Los factores de riesgo nos permiten valorar si la vulnerabilidad o sobrecarga del grupo es más estructural o coyuntural. El profesional determina el papel desencadenante de estos factores de riesgo, si se contrarrestan o no con otros factores de protección y cómo ocurre, y qué mecanismos tiene la familia para afrontarlos y contenerlos. Pueden ser situaciones en las que está indicado trabajar en red o que intervengan varios profesionales o equipos.

Algunos factores de riego, sin seguir un orden concreto, pueden ser las enfermedades somáticas, tener padres adolescentes, las migraciones, el abuso sexual, padecer un trastorno mental grave, situaciones de abandono, desestructuración familiar, maltrato físico, sexual o psíquico, duelos complicados o patológicos, situaciones sociales o económicas precarias, antecedentes traumáticos, entre otros.

Estructuras jerárquicas

El funcionamiento jerárquico en la familia tiene que ver con la diferencia de papeles y responsabilidades de sus miembros. Es importante que el terapeuta observe si dichas estructuras son suficientemente adecuadas, si hay inversión o confusión de roles, si hay rivalidad entre padres e hijos, el juego de alianzas, etcétera.

Es bastante habitual la tendencia a la formación de subgrupos. El funcionamiento sano de la familia es el que genera un subgrupo con la pareja de padres, con sus responsabilidades indelegables sobre el cuidado de los hijos, y el resto de familia que forma otro subgrupo, como una manera de evitar la desintegración en individuos aislados.

El tipo de relaciones que se establece en la pareja parental puede ser sano o patológico. Las relaciones patológicas pueden ser de carácter simbiótico, confusional o de alianzas pseudoadultas (Pérez Sánchez, 1996, p. 245). En las simbióticas, los miembros de la pareja parental entran en una relación de dependencia entre sí de la que se benefician mutuamente, pero sin propiciar crecimiento. La relación confusional surge cuando se pierden los límites de identidad entre los miembros de esa pareja. En la relación pseudoadulta, el subgrupo constituye una pareja que simula funcionar de manera adulta, pero fracasa en el intento. Suele ocurrir cuando un hijo se vincula como pareja parental de un progenitor ante la desvalorización o ausencia del otro.

Estilos comunicativos

Otro aspecto interesante que conviene que el terapeuta observe es el estilo comunicativo de los miembros de la familia. Destacaríamos ocho tipologías básicas:

1. Depresivo: predomina el pesimismo y la desesperanza.
2. Paranoide: predomina la desconfianza, la hostilidad, el tono persecutorio, la rigidez y la autorreferencialidad.
3. Delirante: el diálogo que se establece entre los miembros del grupo no tiene contacto con la realidad.
4. Psicopático: predomina la actuación frente al pensamiento. Se puede concretar en situaciones cotidianas como la de los padres que compran o castigan en lugar de escuchar, hablar, tolerar y contener.
5. Perverso: predomina la envidia y la utilización del otro en beneficio propio.
6. Psicosomático: expresión del dolor por la vía somática como con determinas enfermedades o dolores generalizados que marcan el funcionamiento y la comunicación entre los miembros de la familia en forma de cuidador-cuidado, dependiente-autónomo, imposición y sometimiento. Tiene que ver también con el manejo y la expresión de la agresividad.
7. Histérico: las defensas más frecuentes son la disociación y la represión. Predomina la necesidad de generar un impacto emocional a través de la representación exagerada y dramatizada de los conflictos.
8. Obsesivo: predomina el control y la frialdad emocional como forma de solapar la agresividad y otras emociones.

Después de esta exploración diagnóstica, la formulación clínica se puede sintetizar en si en la familia predominan las funciones emocionales proyectivas sobre las introyectivas o, dicho de otro modo, si la familia se encuentra en una posición esquizoparanoide, con predominio de ansiedades persecutorias, mecanismos de defensa primitivos y relaciones objetales parciales, o bien si se encuentra en una posición depresiva con ansiedades depresivas (integradoras), mecanismos de defensa más evolucionados y relaciones de objeto totales.

Los objetivos serán desarrollados en el capítulo 13 y el foco se ha de determinar en cada familia, ligado al conflicto por el que consultan.

Marco de trabajo

Aunque el marco de trabajo contiene aspectos externos, es conveniente que se interioricen de manera que exista un verdadero marco terapéutico interno que permita superar los imprevistos y los obstáculos que puedan presentarse en el curso del tratamiento.

Setting

El *setting*, entendido como el marco en el que se desarrolla el diagnóstico, es muy parecido al *setting* del tratamiento y presenta diversos aspectos: espacio, tiempo, honorarios, entre otros. A nivel espacial, familia y terapeutas se sitúan en un círculo. Como ya hemos comentado, si bien un solo terapeuta puede ocuparse de toda la familia, es más recomendable que lo haga un equipo, aunque sea en su formación más básica, como es la coterapia.

Todos los miembros de la familia que viven juntos están convocados. Las entrevistas diagnósticas se podrán realizar siempre que acudan los familiares convocados, que como hemos comentado varían de la primera a la segunda y tercera entrevista.

Frente al aspecto temporal, es recomendable que las sesiones tengan una duración de setenta y cinco minutos, con una frecuencia en lo posible semanal sin que sea necesario que se fijen para el mismo día de la semana ni a la misma hora. También se acuerdan los honorarios y la conducta a seguir si la familia no se presenta a una de las sesiones diagnósticas.

En los últimos años los terapeutas que colaboramos en la Unidad Docente de Intervención Familiar (UDIF) del Máster de Terapia Familiar de la Universitat Ramon Llull trabajamos con un equipo terapéutico formado por un coterapeuta que comparte el espacio terapéutico, y entre ocho y diez psicólogos graduados que se forman como psicoterapeutas de pareja y familia, quienes se sitúan detrás de un espejo unidireccional o en un aula con sistema de circuito cerrado. Como explicaremos en el capítulo 13, la función del equipo terapéutico es contener las ansiedades del terapeuta y ayudarle a pensar.

En relación con la intervención de los terapeutas encontramos dos variantes: que los dos terapeutas intervengan indistintamente porque tienen una experiencia parecida o bien que uno intervenga y el otro se mantenga en el papel de observador, frecuente cuando este es un terapeuta en formación, como suele ocurrir en el caso de la UDIF.

El proceso diagnóstico termina con una devolución a la familia de todo aquello que el terapeuta ha observado y que es importante que ella conozca. Si se considera necesario un tratamiento, se le propondrá a la familia, especificando el tipo, el tiempo aproximado de duración y los objetivos a conseguir con él. En el caso de que la familia acepte el tratamiento, se acordará el día y la hora, la frecuencia de las sesiones, los honorarios y se convocará al grupo para empezarlo.

En el capítulo 12 se explicará el diagnóstico y tratamiento desde la perspectiva sistémica y en el 13 presentaremos al tratamiento desde la perspectiva psicoanalítica.

Referencias

BERNARDI, R. (2007). The concept of therapeutic action today: Lights and shadows of pluralism. *The Psychoanalytic Quarterly*, *76*, 1585-1599, https://doi.org/10.1002/j.2167-4086.2007.tb00322.x

CAPRA, F. (dir.) (1938). *You Can't Take it With You* [film]. Columbia Pictures.

CODERCH, J. (1990). *Teoría y técnica de la psicoterapia psicoanalítica*. Barcelona: Herder.

EELLS, T.D. y LOMBART, K.G. (2003). Case formulation and treatment concepts among novice, experienced, and expert cognitive-behavioral and psychodynamic therapists. *Psychotherapy Research*, *13*(2), 187-204.

FERNÁNDEZ MOUJÁN, O. (1973). Familia y adolescencia. *Revista de Psicoanàlisis*, *30*(3-4), 1052-1076.

KLEIN, M. (1988). Notas sobre algunos mecanismos esquizoides. *Obras completas* (vol. 3, pp. 10-33). Barcelona: Paidós.

MELTZER, D. y HARRIS. M. (2023). *El paper educatiu de la família.* Barcelona: Monografies de Psicoanàlisi, Psicoteràpia i Salut Mental [ed. cast.: *El papel educativo de la familia*, Bogotá, Arango Editores, 2019].

PÉREZ SÁNCHEZ, A. (1996). *Prácticas psicoterapéuticas. Psicoanálisis aplicado a la asistencia pública.* Barcelona: Paidós.

PÉREZ TESTOR, C. (1996). La família: funcions i psicopatologia. *Pediatría Catalana*, 56(5), 250-252.

— (2002). Aportaciones psicoanalíticas a la familia. En C. Pérez Testor (comp.), *La familia. Nuevas aportaciones*. Barcelona: Edebé.

— (comp.) (2019). *Psicoterapia psicoanalítica de pareja.* Barcelona: Herder.

— y SALVADOR, G. (1995). La dimensió familiar de la parella. *Revista Catalana de Psicoanàlisis*, *12*(1), 103-112.

11. Alianza terapéutica en intervención familiar

Clara Mateu, Lourdes Artigas, Anna Vilaregut y Sonia Torras

En psicoterapia no se ha demostrado que exista un modelo terapéutico claramente superior en el abordaje de la salud mental. Así pues, modelos distintos resultan ser igualmente eficaces. El hecho de no encontrar una orientación psicológica que destaque en eficacia por encima de las demás se debe al importante papel de los factores comunes en la obtención de buenos resultados (Botella *et al.*, 2015; Wampold, 2007).

Los factores comunes son aquellos ingredientes no específicos de un modelo terapéutico en particular y que son relevantes en el logro del cambio terapéutico. Cada vez hay un mayor interés por comprender el modo en que los factores comunes operan en el cambio psicológico (Castonguay *et al.*, 2015; Laska *et al.*, 2014).

Existen múltiples propuestas de lo que entendemos por factores comunes; una de las más conocidas es la de Norcross y Wampold (2011), quienes plantean que, entre muchos otros, serían factores comunes las características propias del cliente, las cualidades y el estilo personal del terapeuta, la estructura del tratamiento, la vivencia de una experiencia emocional correctiva en terapia, o bien la propia relación terapéutica. Si bien este listado podría resultar mucho más extenso de lo que aquí mencionamos, existe unanimidad en destacar la alianza terapéutica como uno de los factores comunes más influyentes en el resultado del tratamiento.

El concepto de alianza terapéutica se desarrolló a lo largo del siglo xx. Fue planteado por Freud (1940), quien distinguió la alianza del concepto de transferencia y planteó la importancia de que el analista mantuviera un interés y una actitud comprensiva hacia el paciente (Corbella y Botella, 2003). A finales de la década de 1970, Bordin sugirió una definición de la alianza terapéutica desde la que cualquier terapeuta, con independencia del modelo desde el que trabajase, se sentiría reconocido. Este autor planteó tres componentes que configuran la alianza terapéutica: el acuerdo entre el cliente y el terapeuta en los objetivos o metas del tratamiento, el acuerdo en las tareas para conseguir los objetivos o las metas propuestas y el vínculo emocional positivo y de confianza entre ellos (Aznar *et al.*, 2014).

En el marco de la terapia familiar y de pareja, Pinsof y Catherall (1986) han sido determinantes en la conceptualización sistémica y en la investigación de la alianza terapéutica. Estos autores pusieron de relieve que la alianza terapéutica en terapia familiar y de pareja difiere cualitativamente de la alianza en psicoterapia individual, ya que, por un lado, cada miembro de la pareja o de la familia expresa sus sentimientos o reacciones no solo frente al terapeuta, sino también ante los demás, y por otro lado, el terapeuta que establece un vínculo con el paciente tiene un foco claro en terapia individual, pero es multifocal en el tratamiento con una pareja o familia (Pinsof y Wynne, 2000; Pinsof *et al.*, 2008).

Friedlander *et al.* (2009) crearon un modelo teórico y práctico que ayuda a comprender y evaluar la fortaleza de la alianza en el contexto de terapia familiar, un modelo que a su vez es muy valioso para la formación y supervisión de terapeutas familiares. Dicho modelo es el sistema de observación de la alianza terapéutica en intervención familiar (SOATIF; Friedlander *et al.*, 2009), el cual, como no se adhiere a una única escuela teórica, es útil a cualquier terapeuta sin importar cuál sea su orientación.

Las dimensiones que componen el SOATIF son cuatro: enganche en el proceso terapéutico; conexión emocional con el terapeuta; seguridad dentro del sistema terapéutico; y sentido de compartir el propósito de la terapia en la familia. Estas cuatro dimensiones son complementarias y cada una ofrece información específica sobre la fortaleza de la alianza terapéutica en un cliente, pareja o familia (Friedlander *et al.*, 2009).

La dimensión de enganche en el proceso terapéutico refleja el concepto definido por Bordin (1979, 1994) referente al acuerdo entre terapeuta y clientes en la definición de los objetivos y las metas de la terapia. Independientemente del modelo o de las técnicas concretas desde las que se trabaje, se requiere que los clientes estén involucrados en la terapia y que trabajen activamente y en coordinación con el terapeuta. Un cliente podrá mostrar su enganche al proceso terapéutico de múltiples formas, entre ellas, cuando introduce un problema en la sesión para ser discutido en el contexto de la terapia, cuando indica que ha hecho una tarea sugerida por el terapeuta previamente y le ha resultado útil, cuando expresa optimismo respecto a que la mejoría es posible o bien que se ha producido ya un cambio positivo. En todos estos casos el cliente estaría reafirmando el sentido y la utilidad que tiene para él la terapia. Por ejemplo, una paciente podría decidir explicar por primera vez en sesión su dificultad para establecer límites a su familia de origen, sabiendo que exponer aquello que le preocupa es esencial para mejorar:

> Nunca he sabido poner límites a mi hermana o pararle los pies. Mi problema es que no sé ponerle un límite. Decirle: «Hasta aquí, hay un límite y yo no puedo llegar a todo lo que tú quieres». Toda la vida le han solucionado su vida. Y se lo tendría que decir a ella y veo que se lo tengo que decir. Pero me cuesta decírselo. Me duele decírselo y entonces me callo.

Por su parte, el terapeuta también tiene recursos para contribuir favorablemente al enganche en el proceso terapéutico. Por ejemplo, estaría contribuyendo al enganche si pregunta a los clientes acerca de qué quieren hablar en sesión, por su disposición a seguir una indicación o hacer una tarea en casa, si expresa optimismo acerca de un cambio logrado o si señala que un cambio positivo ha ocurrido o puede ocurrir. En este mismo sentido, al inicio de la terapia se esperaría del terapeuta que anime a los clientes a consensuar las metas terapéuticas: «Queremos saber hacia dónde vamos. El objetivo que tendríamos para hoy, si os parece bien, es definir un poco qué objetivos tenemos, qué esperamos de este proceso y cómo podemos conseguirlo. ¿Qué esperáis conseguir de la terapia?». Con ello, vemos que el terapeuta tiene múltiples formas para posicionar a los clientes como agentes activos de cambio en la terapia, para involucrarlos, y así contribuir a que vean el sentido a engancharse en el proceso.

La dimensión de conexión emocional con el terapeuta refleja el vínculo emocional entre este y el paciente. Esta dimensión es fundamental para establecer relaciones terapéuticas sólidas y para mantenerlas a lo largo de la terapia, especialmente cuando surgen conflictos familiares o se experimentan dificultades en el proceso. Hablaremos de una óptima conexión emocional cuando los clientes tienen la sensación de que la relación que establecen con el terapeuta se basa en la confianza, el afecto, el interés, y cuando existe un sentido de pertenencia, cuando el cliente siente que importa de verdad al terapeuta y que este último «está ahí» para él. La conexión emocional se identificaría cuando el cliente comparte un momento de humor con el terapeuta, verbaliza su confianza, indica sentirse entendido o aceptado por él, o incluso cuando expresa interés en aspectos de la vida personal del propio terapeuta. Si bien la conexión emocional se debe construir desde el inicio de la terapia, mostramos a continuación un fragmento de agradecimiento de una pareja al finalizar la terapia que ejemplifica a lo que nos referimos con una conexión emocional sólida: «Os recordaremos mucho y sobre todo el cariño que hemos recibido siempre de vosotros [los terapeutas]. Sois muy buenos y estupendos. Espero que a otras personas les hagáis tanto bien como a nosotros».

También son numerosas las contribuciones que un terapeuta puede aportar en la creación de esta conexión emocional con cada uno de los miembros de una familia o pareja. Para lograrlo, el terapeuta podría expresar confianza o que cree en sus posibilidades y recursos, interesarse por algún detalle importante o acontecimiento de la vida del cliente al margen de la discusión terapéutica propiamente dicha, así como señalar similitudes con el cliente en sus valores o experiencias vitales. En esta línea, el terapeuta podría expresar afecto hacia una pareja con la que ya está terminando el proceso terapéutico del siguiente modo: «Vosotros sois tan acogedores que con cualquier persona que os encontréis creáis un buen clima. Vosotros siempre intentáis ponerlo fácil. Y eso se agradece y os repercute a vosotros positivamente». Asimismo, un terapeuta puede contribuir a que las parejas o familias sientan su interés genuino hacia sus circunstancias vitales cuando les pregunta por algo importante para ellos mencionado en anteriores sesiones: «Por cierto, el otro día nos contasteis que iban a operar a vuestra nieta. ¿Cómo fue la intervención?».

Las dimensiones seguridad dentro del sistema terapéutico y sentido de compartir el propósito de la terapia en la familia reflejan aspectos únicos del trabajo con parejas y familia. La dimensión seguridad dentro del sistema terapéutico se considera una precondición necesaria para establecer una relación terapéutica adecuada. En este sentido, la seguridad permite al cliente sentirse confortable y arriesgarse a nuevas experiencias y aprendizajes para manejar las situaciones familiares. Entenderemos que el cliente manifiesta sentirse seguro en el contexto terapéutico cuando «abre» su intimidad (comenta sentimientos dolorosos, comparte intimidades, etcétera), revela un secreto o algo que otros miembros de la familia no sabían o anima a otro miembro de la familia a abrirse o a decir la verdad. Cuando esto sucede se debe a que consideramos el proceso terapéutico lo suficientemente confortable como para animar al otro a expresarse con total libertad: «Yo creo que es bueno que haya explicado su problema de la impotencia. Si lo ha dicho es porque considera que aquí es un tema que se puede hablar, porque hasta ahora no se lo había explicado a nadie».

El terapeuta también puede contribuir a que esta dimensión se consolide, por ejemplo, proporcionado estructura y directrices de confidencialidad o reconociendo frente a la familia que la terapia implica asumir riesgos con afirmaciones como:

Les agradecemos de verdad, de corazón, la confianza que han tenido para hablar sobre temas que son bastante difíciles. Lo apreciamos y nos sentimos muy contentas de que hayáis confiado en nosotras porque sabemos que es difícil hablar de temas privados con personas que no conoces o conoces muy poco. Entendemos que no es fácil. Hay temas muy sensibles que se han trabajado y esto puede generar cierta intranquilidad.

Si en cualquier momento baja la seguridad, como cualquier otra dimensión del SOATIF, tanto fuera como dentro de la terapia, restablecerla tendrá prioridad por encima de la meta terapéutica (Friedlander *et al.*, 2009).

Por su parte, el sentido de compartir el propósito de la terapia en la familia fue el que Pinsof (1994) conceptualizó por primera vez como alianza intrasistema. Esta dimensión refleja tres aspectos entre los miembros de la familia o de la pareja: el acuerdo entre los miembros de la familia/pareja sobre las metas y tareas de la terapia; su homogeneidad y cohesión como unidad; y el valor que dan a la terapia como un camino para tratar los problemas familiares (Friedlander *et al.*, 2009).

Friedlander *et al.* describen que en esta dimensión los miembros de la familia se ven a sí mismos trabajando en colaboración para mejorar la relación entre ellos y conseguir objetivos comunes para la familia; expresan sentido de solidaridad en relación con la terapia («estamos juntos en esto»), y valoran el tiempo que comparten en ella; en esencia, manifiestan un sentimiento de unidad dentro de la familia en relación con la terapia (2005, p. 9). En diversas investigaciones hemos apuntado que esta dimensión resulta indispensable para obtener buenos resultados terapéuticos y que es fácil que se vea comprometida cuando las parejas o las familias presentan elevados niveles de conflictividad (Artigas *et al.*, 2017, 2020; Mateu *et al.*, 2014; Vilaregut *et al.*, 2018; Escudero y Friedlander, 2019).

Entenderemos que la familia trabaja como una unidad cuando comparten una broma o un momento gracioso o validan mutuamente sus puntos de vista. A modo ilustrativo sobre este último punto, en el siguiente fragmento podemos ver dicha validación: «Tienes toda la razón en lo que dices. Lo que le pasó a él, me pasó a mí. Por eso luego me sentía culpable porque lo metí a trabajar en mí mismo puesto de trabajo. Con el jefe que teníamos yo también estuve a punto de coger una depresión. Es normal que sufriera». Del mismo modo, el terapeuta también puede esforzarse en fortalecer esta dimensión, por ejemplo, cuando promueve acuerdos entre la familia, anima a los clientes a preguntarse entre ellos por sus respectivos puntos de vista o destaca lo que comparten los clientes en cuanto a valores, experiencias, necesidades o sentimientos:

> La unión es un valor importante para los dos y además os entendéis perfectamente. Y no siempre hay la posibilidad de entenderse tan bien con la pareja y por eso en los momentos difíciles sabéis como ayudaros. Vemos que los dos sabéis escuchar, respetarse, y el apoyo que os dais ha ido formando parte de vuestra historia.

Podemos observar que el terapeuta destaca aquello que comparten en valores o experiencias para fortalecer a la pareja.

Esta dimensión es un fuerte indicador del resultado de la terapia, es decir, si los miembros de la pareja o de la familia son incapaces de encontrar un punto en común en terapia y de trabajar colaborativamente, el pronóstico de mejora es muy pobre. Por ello, en ocasiones es posible que la familia no sea capaz de trabajar como un equipo cuando aparecen interacciones hostiles, culpabilizadoras o que devalúan la opinión del otro: «Estoy hundida porque yo estaba hundida, pero a él no se lo he podido decir, porque él no ha creído jamás en la vida como yo me he encontrado, jamás, jamás. Soy una incomprendida. Y bueno… ya está. Él piensa que es de otra galaxia».

Asimismo, destacamos todos aquellos estudios que subrayan la importancia de que los terapeutas contribuyan a incrementar el trabajo colaborativo de las parejas y familias, sobre todo en casos en los que existe un alto grado de hostilidad (Artigas *et al.*, 2020; Heatherington *et al.*, 2005; Mateu *et al.*, 2014). Por ello, cuando aparecen interacciones que ponen en riesgo la dimensión de compartir el propósito es esencial que el terapeuta pueda revertir esta situación fortaleciendo la unidad familiar o de pareja. Por ejemplo, posterior a una interacción hostil entre los miembros de una pareja, el terapeuta procura fortalecer esta dimensión generando acuerdos entre ellos:

> Si tú decides cuidarte, la vamos a ayudar a que te cuide bien. O sea, a que haya este intercambio que además no es solamente

ella la que te tiene que cuidar, tú también la tienes que cuidar a ella, claro. No es una especie de *superwoman* que lo puede todo. Entre los dos podéis trabajar en este espacio para poder cuidaros bien.

A modo de ilustración de todo lo descrito hasta ahora, analizaremos un caso de terapia de pareja para ejemplificar, por un lado, cómo el modelo SOATIF nos sirve a nivel clínico para valorar la alianza de las parejas y las familias y, por otro, para dar herramientas y estrategias a los terapeutas que les permitan saber cómo contribuir a una sólida alianza con las parejas y las familias —algo especialmente importante y difícil de lograr cuando trabajamos con clientes que presentan dificultades para trabajar en colaboración durante las sesiones—. Para ello, mostraremos fragmentos de la primera sesión, para identificar cómo los clientes iniciaron el proceso en términos de alianza, y de la cuarta sesión, momento en que se vio un cambio de tendencia positivo en el que empezaron a trabajar de modo colaborativo. Ponemos además el foco en la terapeuta para detectar posibles contribuciones en la alianza que hayan podido repercutir de forma favorable al proceso.

Jaume y Montse (nombres ficticios), tienen 61 y 56 años, respectivamente. Mantienen una relación de treinta y siete años y tienen dos hijos en común, Gil, de 27 años, y Mariona, de 24 años.

La pareja fue derivada por la psicóloga que atendió a Montse en un centro de salud mental de adultos (CSMA). Montse había presentado ansiedad desde los 11 años y fue diagnosticada de un trastorno de depresión mayor a los 23 años. También tuvo durante su juventud trastorno de bulimia y atracones, motivo por el que estuvo ingresada en un centro de trastornos de la conducta alimentaria durante ocho meses. La mujer había tenido distintos trabajos como contable y administrativa, aunque en el momento de iniciar la terapia de pareja se encontraba de baja laboral y seguía con tratamiento psicofarmacológico debido a la depresión. Montse era la mediana de tres hermanos y provenía de una familia de origen con escasos niveles de protección, afecto y valoración:

Bueno, los tres hermanos hemos tenido mucha carencia emocional... No hemos tenido ni madre ni padre, es muy fuerte decirlo. En la parte emocional ellos han mirado por los estudios, por la escuela, económicamente no nos falta, pero emocionalmente yo creo que los tres hemos tenido... carencia.

Por su parte, Jaume provenía de una familia compuesta por sus padres y su hermano gemelo. Según su relato, el espíritu familiar de sacrificio para trabajar y salir adelante era importante, existía una fuerte unión familiar y había niveles más aceptables de afecto y valoración en comparación con la familia de Montse.

La pareja había vivido momentos difíciles, entre los cuales se destacan el accidente que su hijo tuvo con 11 años al caer de un segundo piso en la escuela y por el que estuvo un mes hospitalizado en coma y desembocó en un trastorno orgánico de la personalidad, o la relación conflictiva que desde siempre Montse había tenido con su familia de origen, especialmente con su hermano mayor. Todo ello se complejizaba con un conflicto conyugal no resuelto que fue considerado a lo largo de los diversos tratamientos de Montse como uno de los factores que facilitaban el mantenimiento de síntomas depresivos. Por este motivo, se consideró oportuno proponer una intervención a nivel de pareja.

Montse expresó que desde el inicio de la relación trató de compensar la falta de afecto que tuvo en su propia familia de origen. La elección de pareja se hizo con base en unas expectativas de protección, validación y comprensión que no fueron cubiertas en su familia, algo que no fue posible cubrir. Como resultado de ello, se produjo un segundo desengaño para Montse al ver de nuevo truncadas sus expectativas de recibir de su marido todo aquello que le había faltado hasta el momento a nivel familiar. En este contexto, aparecieron los síntomas depresivos, como vemos en comentarios de la primera sesión en los que Montse introduce un problema y abre su intimidad: «Yo he claudicado ya, he claudicado, ya no tengo fuerzas para nada, para nada, paso los días en la cama y poco más. Es que yo durante muchas épocas me he querido morir, muchas épocas no he tenido más fuerza». Se trata de comentarios cargados de interacciones negativas hacia el cónyuge, al ser este considerado como gran responsable de la insatisfacción de la paciente en referencia a su relación de pareja.

La terapia de pareja consistió en cuatro sesiones diagnósticas y doce de tratamiento de una hora semanal. Ya desde el inicio del proceso terapéutico se pudo identificar que la elevada conflictividad conyugal con la que llegó la pareja, y el rencor que existía entre ellos respecto a eventos pasados no resueltos, sería un elemento de dificultad en el manejo terapéutico. La hostilidad entre ellos haría difícil que fueran capaces de establecer una adecuada alianza intrasistema, es decir, que trabajasen en equipo y de modo colaborativo durante las sesiones para mejorar entre ambos su relación. Esto se evidencia en un intercambio de comentarios hostiles de la pareja durante la primera sesión, algo que sin duda hacía que esta alianza intrasistema se viera seriamente comprometida. Por ejemplo, Montse explicó que cuando Jaume iba de excursión, durante muchos años no llevaba comida y la cogía de los demás: «Ha sido siempre una sanguijuela de todos los demás». También contó con acritud que Jaume la dejó sola un día que estaban de excursión y se perdió por la montaña: «Sola en la montaña, no se veía ninguna luz ni se veía nada, yo no soy miedosa, pero fue un hijo de puta».

Jaume también expresó su hostilidad de forma abierta con comentarios devaluadores hacia Montse: «No se encarga de nada de la casa, ni la comida, ni de limpiar, ni de nada, ni planchar, ni de lavar, nada… O sea, digamos, rebajada a todo servicio *(se ríe con sorna)*».

Siguiendo el modelo de alianza presentado, resultó esencial que la terapeuta fuera responsiva a este tipo de comentarios hostiles que apuntan a una alianza intrasistema dañada, con el fin de promover intercambios más positivos y constructivos entre los miembros de la pareja. En este sentido, la terapeuta contribuyó con dos estrategias concretas: por un lado, mediante la dimensión de seguridad y, por el otro, con la dimensión de compartir el propósito. En relación con la seguridad, la terapeuta intentó contener la hostilidad después de que Montse hiciera un comentario hostil hacia Jaume diciendo que era «una sanguijuela»: «Lo que de alguna manera nos están contando, ¿no? Que las diferencias entre uno y otro y en la relación de pareja ya están de siempre, desde que se conocieron, y que luego toda la situación de Gil y Mariona…». Es esencial contener dicha hostilidad debido a que el conflicto está abierto y, por tanto, la vulnerabilidad aumenta, y es necesario manejarla antes de analizar los conflictos y las posibles soluciones. Se debe crear primero una zona de seguridad, sobre todo si está presente la hostilidad entre los miembros, en la que se pueda trabajar con el conflicto sin hacerse daño (Friedlander *et al.*, 2009).

Como hemos mencionado, la terapeuta también contribuyó positivamente a través de la dimensión de compartir el propósito. En la primera sesión destacó lo que compartían en cuanto a valores, experiencias, necesidades o sentimientos:

> Lo que hemos entendido es que hay unas dificultades como pareja y diferencias que están desde siempre, que toda la situación con el hijo les ha hecho sufrir mucho, ¿no? Una situación de desgaste… Es decir, la depresión, la ansiedad, etcétera, y cómo han intentado llevar todo esto como pareja, pues ha generado sentimientos de decepción, de soledad, de sufrimiento, de frustración, es decir, están en esta situación desde hace mucho tiempo, ¿no?

Mediante esta contribución positiva la terapeuta procuró fortalecer a la pareja destacando aquellas vivencias que los han unido desde el dolor compartido.

En esta primera sesión se identificaron diversos intercambios hostiles, devaluadores o críticos entre los miembros de la pareja ante los cuales la terapeuta procuró responder contribuyendo a la alianza en tres aspectos clave: destacando optimismo respecto a que la mejoría era posible y podía ocurrir mediante su implicación en la terapia (enganche); trabajando la vinculación emocional con cada uno de los miembros de la pareja (conexión emocional); y sobre todo subrayando similitudes entre ambos cónyuges en referencia a cómo se habían sentido ante el problema en lugar de enfatizar sus diferencias (compartir propósito). Estas contribuciones terapéuticas se mantuvieron de forma constante en las tres primeras sesiones y generaron un cambio de dinámica relacional en la pareja hasta el punto de que en la cuarta sesión fueron capaces de dialogar entre ellos de una forma mucho más empática, respetuosa y colaborativa.

En la cuarta sesión, la terapeuta siguió destinando muchos esfuerzos a generar un clima terapéutico seguro en el que ambos clientes pudieran expresar sus sentimientos y abrirse emocionalmente sin recibir crítica por parte del otro. Así pues, ante el mínimo comentario de la pareja que apuntase hacia una cierta hostilidad abierta entre ellos, la terapeuta recondujo el diálogo para proteger al miembro que se podría sentir atacado. Un ejemplo de cuando Montse se quejaba del tipo de comunicación que Jaume tenía hacia ella, ante lo que la terapeuta respondió: «A lo mejor Jaume tiene otra manera de hablar, es decir, por ejemplo, usted se lo decía *(refiriéndose a Jaume)*, hablar es más que utilizar la palabra. [...] Igual Jaume no contesta con palabras, pero puede ser que lo escuche y lo haga, ¿no? O lo demuestra con un hecho». Esta contribución tuvo un efecto positivo en la interacción, pues Montse fue capaz de reconocer que se había producido un cambio positivo entre ellos y Jaume validó su punto de vista:

> Yo creo que ahora está algo más comunicativo *(refiriéndose a Jaume)* [...] ¿Tú notas que llevamos unos días que hay bastante mejor humor en casa? *(Jaume valida su punto de vista diciendo «sí, puede ser que sí»).* Sí, tú te lo tomas mejor cuando yo te digo lo de la medalla o cuando tú me dices otra cosa... hay más risas, hay como una distensión.

La terapeuta utilizó elementos de dificultad surgidos de la historia de la pareja, por ejemplo el accidente de su hijo Gil y su posterior recuperación, como sucesos ante los cuales ambos habían sufrido, reconociendo también que habían podido repercutir negativamente en su bienestar tanto individual como conyugal. En estos instantes, la terapeuta fue capaz de romper el discurso contrapuesto de la pareja en referencia a su visión del problema y los posicionó como unidos ante el sufrimiento y el esfuerzo que ambos habían hecho para salir adelante. No solo conectó emocionalmente con cada uno de ellos, sino también con la pareja como sistema en términos de todo lo que tenían en común y lo que les había llevado hasta donde estaban. Este tipo de intervenciones fueron especialmente necesarias y difíciles de sostener en el tiempo por parte de la terapeuta, tratándose de una pareja con una elevada conflictividad que tenía la tendencia de llevar de nuevo el discurso hacia el desacuerdo constante. Sin embargo, contribuyeron a generar una positiva alianza intrasistema, es decir, a incentivar su trabajo en equipo para salir adelante. Vemos este hecho cuando la terapeuta destacó lo que ambos compartían en cuanto a experiencias, necesidades y sentimientos:

> De alguna manera han tenido que hacer muy de equipo de padres. Con todas las cosas más graves que les han pasado, han tenido que luchar, salir adelante, y esto probablemente también ha desgastado a la pareja, ¿no? Porque, como usted decía *(a Jaume)*, debían trabajar, debían llevar dinero a casa, tenían que acompañar a Gil a los médicos, a rehabilitación, toda una serie de cosas que hacían el espacio de pareja realmente complicado, ¿no? Es decir, todas las angustias, los miedos, el sufrimiento, todos los sentimientos que esa situación ha conllevado ha podido propiciar esta dificultad de comunicar y de cuidar *(refiriéndose a la pareja)*.

Este tipo de intervenciones fomentaron que la pareja pudiera dialogar en un tono más afectuoso y cómplice, estableciendo un acuerdo de compromiso entre ellos para mejorar la comunicación. Montse, sonriendo, dijo a Jaume: «Creo que si le pusiera más medallas [refiriéndose a valorarlo más] sería más feliz *(se miran y se ríen)*. Pero directamente, sin hacer la coña también. Que estés todo el día diciendo "¡oh!, que bien lo que haces" serías completamente feliz ya *(Jaume sonríe y asiente la cabeza)*».

A modo de síntesis, este caso nos ha permitido evidenciar que cuando nos encontramos con un alta conflictiva conyugal la viabilidad de la terapia puede quedar comprometida. Así pues, es importante salvaguardar la contribución de la alianza no solo a nivel individual con cada uno de los miembros de la pareja, sino también incentivar la seguridad del contexto y fomentar el trabajo colaborativo con la pareja.

Referencias

Artigas, L., Mateu, C., Vilaregut, A., Feixas, G. y Escudero, V. (2017). Couple Therapy for Depression: Exploring how the Dyadic Adjustment determines the Therapeutic Alliance in two contrasting cases. *Contemporary Family Therapy, 39*(3), 1-12.

—, Vilaregut, A., Feixas, G., Mateu, C., Seikkula, J. y Vall, B. (2020). Dialogue and Dominance in Couple Therapy for Depression: Exploring Therapists' Responses in Creating Collaborative Moments. *Family Process, 59*(3), 1080-1093.

Aznar Martínez, B., Pérez Testor, C., Davins Pujols, M., Aramburu, I. y Salamero, M. (2014). La alianza terapéutica en tratamiento conjunto de parejas: evaluación de la alianza y análisis de los factores influyentes en el triángulo terapéutico. *Subjetividad y Procesos Cognitivos, 18*(1), 17-52.

Bordin, E. (1979). The generalizability of the psychoanalytic concept of the working alliance. *Psychotherapy, 16*, 252-260.

— (1994). Theory and research on the Therapeutic Working Alliance: New Directions. En A. O. Horvath y L. S. Greenberg (eds.), *The working alliance. Theory, research and practice* (pp.13-37). Nueva York: Wiley.

Botella, L., Maestra, J., Feixas, G., Corbella, S. y Vall, B. (2015). *Integración en psicoterapia 2015: Pasado, presente y futuro* (documento de trabajo). Recuperado de: https://www.researchgate.net/publication/284869588_Integracion_en_psicoterapia_2015_pasado_presente_y_futuro

Castonguay, L.G., Eubanks, C.F., Goldfried, M.R., Muran,

J.C. y Lutz, W. (2015). Research on psychotherapy integration: Building on the past, looking to the future. *Psychotherapy Research*, *25*(3), 365-382. https://doi.org/10.1080/10503307. 2015.1014010

Corbella, S. y Botella, L. (2003). La alianza terapéutica: historia, investigación y evaluación. *Anales de Psicología*, *19*, 205-221.

Escudero, V. y Friedlander, M.L. (2019). *Alianza terapéutica con familias. Cómo empoderar al cliente en los casos difíciles.* Barcelona: Herder.

Freud, S. (1940). The dynamics of transference. En J. Strachey (ed.), *The standard edition of the complete psychological works of Sigmund Freud* (pp. 122-144). Londres: Hogarth Press.

Friedlander, M. L., Escudero, V. y Heatherington, L. (2009). *La alianza terapéutica: en la terapia familiar y de pareja.* Barcelona: Paidós.

—, —, —, Deihl, L., Field, N., Lehman, P., McKee, M. y Cutting, M. (2005). *Sistema de observación de la alianza terapéutica en intervención familiar (SOATIF-o) Manual de Entrenamiento.* www.softa-soatif.com/docusofta/softa%20 instruments/manuales/SOATIFManual.pdf

Heatherington, L., Friedlander, M.L. y Greenberg, L. (2005). Change process research in couples and family therapy: Methodological challenges and opportunities. *Journal of Family Psychology*, *19*, 18-27.

Laska, K. M., Gurman, A.S. y Wampold, B.E. (2014). Expanding the lens of evidence-based practice in psychotherapy: A common factors perspective. *Psychotherapy*, *51*(4), 467-481.

Mateu, C., Vilaregut, A., Campo, C., Artigas, L. y Escudero, V. (2014). Construcción de la alianza terapéutica en la terapia de pareja: estudio de un caso con dificultades de manejo terapéutico. *Anuario de Psicología*, *44*, 95-115.

Norcross J. y Wampold B. (2011). What works for whom: Tailoring psychoterapy to the person. *Journal of Clinical Psychology*, *67*, 127-132.

Pinsof, W. (1994). An integrative systems perspective on the therapeutic alliance: Theoretical, clinical, and research implications.

En A.O. Horvath y L.S. Greenberg (eds.), *The Working Alliance: Theory, Research, and Practice* (pp. 173-195). Nueva York: Wiley.

— y CATHERALL, D. (1986). The integrative psychotherapy alliance: Family, couple, and individual therapy scales. *Journal of Marital and Family Therapy*, *12*, 137-151.

— y WYNNE, L. (2000). Toward progress research: closing the gap between family therapy practice and research. *Journal of Marital and Family Therapy*, *26*, 1-8.

—, ZINBARG, R. y KNOBLOCH-FEDDERS, L. (2008). Factorial and Construct Validity of the Revised Short Form Integrative Psychotherapy Alliance Scales for Family, Couple and Individual Therapy. *Family Process*, *47*, 281-301.

VILAREGUT, A., ARTIGAS, L., MATEU, C. y FEIXAS, G. (2018). The construction of the therapeutic alliance in couple therapy in two contrasting cases with depression. *Anuario de Psicología*, *48*(2), 64-74.

WAMPOLD, B.E. (2007). Psychotherapy: The humanistic (and effective) treatment. *American Psychologist*, *62*, 857-873. https://doi.org/10.1037/0003-066X.62.8.857

12. Evaluación, diagnóstico relacional e intervención sistémica en la familia

Ana M.ª Gil, Anna Vilaregut
y Meritxell Campreciós

La intervención sistémica con familias implica ayudarles a visualizar el problema que presentan como parte de un todo e ir más allá del síntoma expresado en uno de sus miembros. Es dar la oportunidad a cada uno de aprender de forma compartida la construcción de una nueva realidad que les proporcione más riqueza emocional, menos sufrimiento y más bienestar como familia. Se trata de guiarlas en la corresponsabilidad, a partir del rol que cada uno tiene dentro del sistema familiar, haciendo que tomen conciencia de que el cambio depende en gran medida de ellos, y que acepten redefinir reglas, valores, su posición respecto al poder de la relación, estilo de comunicación y vinculación afectiva. Todo esto es posible si el profesional o terapeuta de familia observa desde dentro, con la familia en el sistema terapéutico, a través de sus conocimientos técnicos y de la experiencia vivencial-emocional que implica compartir las sesiones terapéuticas. En síntesis, tiene que integrarse en el sistema familiar utilizándose a sí mismo de la manera más flexible y adaptativa posible. Esto es lo que Minuchin y Fishman (1984) denominaron «espontaneidad terapéutica».

Cuando familia y terapeuta se encuentran en la sala de terapia se produce un anclaje entre ambos subsistemas que se transforma en lo que O'Connor y McDermott (1998) denominaron «suprasistema», el cual requiere la implicación y colaboración tanto de la primera como del segundo para el buen desarrollo del proceso. En consecuencia, se presentan alternativas de solución al problema por el que se consulta, produciendo mejoras y cambios que han de tener un efecto transformador en las dinámicas y relaciones familiares.

Desde un enfoque sistémico-relacional, la terapia familiar suele consistir entre diez y doce sesiones, con una frecuencia quincenal al inicio y posteriormente mensual. En general, las primeras sesiones, de tres a cinco, se suelen dedicar a las fases de exploración, evaluación y formulación de un diagnóstico relacional.

El proceso de cambio no es lineal, pues durante el recorrido se pueden producir avances y retrocesos. El final de la intervención o de la terapia es fruto de un acuerdo entre la familia y los terapeutas, quienes valoran que ya se han producido los cambios necesarios. Si se ha producido un estancamiento en la evolución, se puede acordar interrumpir el proceso terapéutico hasta otro momento en el que sea posible seguir avanzando.

A continuación describiremos el proceso terapéutico a través de las cuatro fases principales: Fase I. Contacto inicial y exploración; Fase II. Diagnóstico relacional y devolución; Fase III. Desarrollo del proceso terapéutico; y Fase IV. Evaluación de los logros o cambio terapéutico y cierre.

Fase I. Contacto inicial y exploración

El proceso de terapia familiar comienza desde el mismo momento en que un profesional —psicólogo, médico, trabajador social, maestro u otra persona— propone a un miembro de la familia, o a varios, por ejemplo, a los progenitores, consultar con un terapeuta familiar. Como sugiere Bergman (1988), es importante que la derivación haya sido realizada de forma correcta y clara para que la familia que vaya a iniciar el proceso sepa por qué se ha considerado oportuna esta opción terapéutica y qué pueden esperar del encuentro con los profesionales que les van a atender. Es importante confirmar que tengan claro que la unidad de intervención, cuando se trata de terapia de pareja o de familia, es una u otra. Entre los motivos de consulta están las dificultades en la relación entre los miembros de la familia o porque uno de ellos manifiesta sintomáticamente más disfuncionalidad o tiene un diagnóstico psicopatológico. Este miembro familiar sintomático se denomina en terapia familiar sistémica «paciente identificado».

Cuando un paciente identificado está presente en el proceso es necesario aclarar qué función cumple el síntoma en el funcionamiento del sistema familiar y cuál es el rol del portador del síntoma. Puede tener una función estabilizadora o desestabilizadora del equilibrio del sistema. La presencia del síntoma —por ejemplo, consumo de sustancias de un hijo— puede tener una función de desviación del conflicto de la pareja parental hacia el problema del hijo y, por tanto, de una forma más o menos consciente o inconsciente, el hijo mantenga unidos a sus padres. Sin embargo, también puede ocurrir que cuando las familias tengan que dar pasos hacia el crecimiento, y ajustar o reorganizar su funcionamiento para adaptarse a una nueva etapa del ciclo vital, no estén dando los pasos oportunos para hacerlo; en este caso, los síntomas o conductas desestabilizadoras de un integrante de la familia ponen en duda al sistema, lo que provoca que se tengan que revisar y replantear las reglas, los roles, las jerarquías, los subsistemas, las interacciones y el funcionamiento global de la familia.

Por lo general, el terapeuta familiar, previo al primer encuentro con la familia, recoge información básica en el momento en que la familia solicita la cita, ya sea por escrito —que a su vez funciona como un consentimiento informado, en el que se autoriza formalmente a los profesionales a disponer de datos personales y aceptar el tratamiento— o mediante una llamada telefónica. Esta información inicial incluye cuántos miembros integran la familia, con nombre, edad, lugar de procedencia, nivel de estudios o profesión, cuál es el motivo de consulta y qué otros temas les preocupan, quién los ha derivado, etcétera, estando atentos a detectar posibles resistencias por parte de algún miembro a llevar a cabo la terapia. Estos datos ayudan de forma destacada en dos aspectos: por un lado, a definir y organizar la primera convocatoria, estableciendo qué integrantes es pertinente que asistan y cuál es el paciente identificado; por otro, en la preparación de la primera visita, construyendo las hipótesis iniciales acerca del sistema familiar, en lo que se denomina presesión.

Sobre todo en la fase I, la presesión es el espacio en el que se contextualiza el motivo de consulta y se formulan las hipótesis relacionales orientativas acerca de la función del síntoma del paciente identificado y del sistema familiar. Dichas hipótesis sirven para que los terapeutas, durante los primeros encuentros, puedan realizar las preguntas oportunas a los integrantes de la familia, con la finalidad de confirmar o descartar las hipótesis iniciales; asimismo, para obtener información de una manera sistémica y, en consecuencia, guiar la intervención terapéutica. La palabra hipótesis se usa aquí en el sentido científico del concepto (Bergman, 1988).

El Grupo de Milán resaltó que para que las hipótesis sean sistémicas deben incluir a todos los componentes de la familia y proporcionarnos una suposición relativa a todo el funcionamiento relacional (Selvini, 1990). Un ejemplo de hipótesis relacional sería: «La angustia que siente el hijo menor es fruto de la vivencia de estar en una encrucijada entre continuar cuidando y ser un pilar emocional hacía su madre viuda y sus ganas de seguir con su proyecto de vida como lo hace su hermano mayor». De esta hipótesis relacional se deriva que una de las funciones del síntoma sería: «El coste emocional y el conflicto de lealtades se manifiesta a través de la angustia, ya que siente que debe continuar cuidando a su madre (homeostasis) y al mismo tiempo realizar su proyecto de vida como lo hace su hermano (morfogénesis)».

Cuando consultan, todas las familias traen al espacio terapéutico un motivo, por lo general el motivo explícito, pero hay que tener en cuenta que puede haber otros motivos de carácter implícito o latente, y en algunas ocasiones también puede suceder que un miembro de la familia tenga lo que denominamos una «agenda secreta», por ejemplo, un hijo que a través de sus síntomas está trayendo a sus progenitores a terapia de pareja para que dejen de triangularlo en sus conflictos.

El primer encuentro ofrece la posibilidad de obtener información relacional acerca del sistema familiar, por ejemplo, observando cómo los integrantes de la familia se distribuyen en el espacio físico de la sala: quién se sienta cerca de quién y quién se ubica distante de quién, gestos, cambios sutiles en la postura, etcétera, desde la comunicación no verbal. Esta sencilla observación ya aporta información que, por supuesto, se va a complementar de forma verbal a través de preguntas que hace el terapeuta para que todos y cada uno de los miembros aporten la definición propia del problema, así como otras informaciones relevantes sobre la dinámica relacional familiar. A través de las preguntas y ejemplos concretos los terapeutas podrán llegar a formular hipótesis relacionales. Por tanto, una pregunta útil para la familia es «¿Cómo explican el problema?». Watzlawick *et al.* (1982) señalaban que la percepción que la familia tiene del problema contribuye a mantenerlo (homeostasis). Para Bergman (1988), la pregunta nos da información muy rica sobre el estilo de pensamiento de los miembros de la familia, sus sentimientos y su «lenguaje», es decir, la manera en que perciben y comprenden su realidad. En términos de Linares (1996), permite conocer su mitología familiar. En ocasiones, con la pregunta el terapeuta puede hacer evidentes las discrepancias y consensuar con la familia cuál sería el foco de la intervención. Pero será la intervención terapéutica la encargada de ampliar el foco del problema, de cuestionar y redefinir la forma en que la familia se ve a sí misma, planteando cambios necesarios para mejorar o solucionar el motivo de consulta.

Estas primeras sesiones también ofrecen un espacio privilegiado para observar si hay patrones que se repiten en las secuencias de interacción entre los miembros de la familia, que pueden aparecer tanto en el momento de la consulta, como en los ejemplos que aportan cuando describen el problema por el que consultan.

Otra pregunta que nos ayuda a recoger información relacional para formular o validar hipótesis relacionales es preguntar a la familia «¿Por qué ahora, y no antes, acuden a terapia?». Las múltiples respuestas que podemos recoger nos ayudarán a descubrir, por una parte, el momento o las circunstancias que pusieron en riesgo la estabilidad familiar, aunque fuera disfuncional, las soluciones intentadas para solucionar el problema que no han dado resultados, las capacidades y los recursos que tienen como familia y, por otra, el nivel de expectativas y motivación al cambio familiar.

Preguntar por el contexto en el que se encuadra la dificultad, problema o síntoma también es propio de la exploración. Se trata de conocer qué circunstancias concretas está atravesando la familia, por ejemplo, si ha migrado recientemente o ha sufrido pérdidas significativas de cualquier índole. Una manera muy útil para definir este contexto es preguntando «¿En qué situación y cuándo comenzó el síntoma?».

Como podemos ver, el terapeuta asume un rol activo en la sesión, dirigiendo la entrevista de forma organizada y haciendo preguntas abiertas que permitan la libre expresión de los participantes. La mayoría de estas preguntas se denominan «preguntas circulares», y sirven para recoger datos que permitan comprender lo que le sucede a la familia. Algunas veces son una vía de intervención en sí mismas. Realizar preguntas circulares a la familia implica varios aspectos: 1) Se requiere una actitud empática de un miembro hacia el resto («¿Quién está en desacuerdo contigo de que este es el problema?», o «¿Cuál miembro de la familia crees que está más preocupado por el problema?»); 2) Permiten recoger información sobre las secuencias de interacción entre los miembros, ya sean del pasado o actuales de la familia («¿Quién hace qué, cuándo y cómo?, ¿Quién intentó qué cosas y durante cuánto tiempo?); 3) Permite visualizar la percepción que tiene un miembro de la familia acerca de la relación de los otros miembros («¿Qué hace tu padre cuando tu madre llora?»); 4) Permite que la familia tenga una mirada circular acerca de sí misma («¿Cuándo tu madre llora y tu padre está enfadado, qué hacéis tú y tus hermanos?»); 5) La misma formulación de la pregunta circular puede convertirse en una sugerencia de cambio para la familia («Si tu hermano mayor se independizara, ¿qué crees que pasaría? ¿Qué sucedería si el síntoma empeora o mejora?»). En definitiva, las preguntas circulares permiten obtener una imagen de la percepción que los miembros de la familia tienen en ese momento acerca de la forma que están organizados alrededor de un síntoma y de las soluciones que han intentado para resolver el problema (Bergman, 1988).

12. Evaluación, diagnóstico relacional e intervención sistémica en la familia

Durante todo el proceso de la terapia familiar, pero fundamentalmente en el inicio, los terapeutas están atentos a comprender el estilo comunicacional de la familia y a detectar si la comunicación es clara y fluida o si están presentes, como ocurre con frecuencia, formas de comunicación patológica (Watzlawick, *et al.* 1989). Observar si en los intercambios comunicacionales hay congruencias o incongruencias entre el lenguaje verbal (digital) y el no verbal (analógico), o si están presentes rechazos, descalificaciones o desconfirmaciones entre los miembros de la familia, ofrece indicadores y pistas claras a los terapeutas sobre el diagnóstico acerca de la comunicación familiar y, por tanto, podrán definir cómo han de reformular e intervenir para introducir mejoras en el tipo de comunicación (véase el capítulo 2, sobre los axiomas de la comunicación).

En el transcurso de la terapia, las familias explican acontecimientos relevantes de su historia, y lo hacen sobre todo en el comienzo cuando se construye el genograma familiar trigeneracional (Guerin y Pendagast, 1976; McGoldrick y Gerson, 1993) que incluye abuelos, padres e hijos, yendo más allá del presente, narrando los elementos más significativos de la transmisión transgeneracional. Posteriormente, se representan la proximidad o la distancia, las relaciones sanas y fluidas o las conflictivas, fusionales, tensas, violentas, etcétera, en un mapa relacional que completa el genograma.

Para los terapeutas, construir con las familias la representación gráfica, solicitando los datos necesarios para ello, es la oportunidad de conocerlos profundamente como personas en todas sus dimensiones: edad, sexo, género, lugar de procedencia, formación, profesión, salud, pasatiempos, creencias, pertenencia a organizaciones, enfermedades graves, etcétera, con el fin de entender el recorrido familiar y el desarrollo de las relaciones entre sus miembros en el transcurso del tiempo. Para Andolfi (1991), construir un mapa de las relaciones familiares más significativas es básico para definir un plan terapéutico.

Este recorrido temporal se traduce en la construcción con la familia de un cronograma de los acontecimientos más importantes que ha vivido. Es importante conocer el desarrollo de la familia, en qué momento se conocieron los integrantes de la pareja parental; si se dio, cuándo ritualizaron el compromiso de pareja; cuándo y cómo fue la llegada de los hijos. Para Bergman (1988) la determinación del mes y el año de las llegadas (nacimientos, adopciones, matrimonios) y las partidas (muertes, fracasos, enfermedades graves y divorcios) es una información esencial que debe ser rastreada.

La construcción del genograma, del mapa relacional y del cronograma da lugar a un discurso sobre la historia familiar que va recogiendo valores, expectativas, lealtades y temas significativos para la familia, así como reglas familiares, roles y patrones de relación, que nos informa acerca de la mitología y organización familiar (Linares, 1996).

Al mismo tiempo que se obtiene información de cómo han sido y cómo son las relaciones entre los miembros de la familia, nos fijaremos especialmente en las funciones relacionales básicas, la parentalidad y la conyugalidad, y en cómo ha funcionado la nutrición relacional en la familia con el fin de comprender si hay presencia de síntomas y de un paciente identificado y averiguar cuáles han sido las bases relacionales de la psicopatología (Linares, 1996, 2012).

Por último, en esta fase cabe destacar que es importante obtener información sobre las expectativas u objetivos de la familia respecto a la intervención familiar. Una pregunta útil sería «¿Qué espera cada uno de la terapia familiar?». Formular este tipo de preguntas ayuda al terapeuta a conocer el grado de implicación de cada uno de los miembros y valorar las posibilidades de construir una buena alianza terapéutica; en consecuencia, aporta información relevante para un buen pronóstico relacional en términos de proceso y cambio terapéutico.

Sin ninguna duda, en esta primera etapa es esencial fomentar una buena acomodación (Minuchin y Fishman, 1984) con el objetivo de crear un clima de comodidad, confianza y seguridad a la familia para que puedan expresar sus preocupaciones y emociones sin miedo a ser juzgados o cuestionados. Es preciso ser cuidadosos para que todos y cada uno se sientan escuchados genuinamente, favoreciendo una buena conexión emocional y un buen enganche terapéutico con ellos. En esta etapa es fundamental establecer una buena alianza terapéutica con la familia (véase en el capítulo 11, sobre la construcción de la alianza terapéutica en la intervención familiar).

McDaniel (1998) plantea que dirigir los intercambios en esta fase requiere por parte del terapeuta familiar unas habilidades y destrezas diferentes de las necesarias en una consulta individual, como organizar la participación ordenada y respetuosa, observar para señalar las fortalezas, ofrecer ejemplos basados en la experiencia, saber trabajar en equipo y contar con la red profesional para derivar si es necesario.

En síntesis, la exploración del sistema familiar en la fase I del proceso terapéutico, aparte de conocer el tipo de demanda y definición del problema por cada miembro de la familia, incluye detectar las pautas y patrones interaccionales familiares funcionales y disfuncionales, conocer el tipo de comunicación, la estructura y dinámica familiar, comprender la identidad y la narrativa familiar.

Fase II. Diagnóstico relacional y devolución

Suárez señala con acierto que «es conveniente no olvidar que el diagnóstico es un conocimiento en curso, más que un ordenamiento estático. Este conocimiento no se va a agotar en las primeras consultas, sino que va a continuar a lo largo del tratamiento incluso en el contexto de la evaluación de los resultados obtenidos» (2014, p. 192).

Si las primeras sesiones nos ofrecen la oportunidad de conocer a la familia, qué le ocurre, que espera de la terapia y qué le gustaría cambiar (fase I), las sesiones de la fase II tienen que servir para organizar toda la información recogida que permitan dar sentido al diagnóstico relacional. El profesional se puede ayudar con instrumentos de evaluación familiar para el diagnóstico relacional, de forma complementaria a la exploración terapéutica de las primeras sesiones ya descrita. Un instrumento diseñado, desarrollado y validado en población española general y clínica, y desde la orientación sistémica es el *Cuestionario de evaluación de las relaciones familiares básicas* (CERFB) (Campreciós *et al.*, 2020; Ibáñez *et al.* 2012; Mercadal, 2018; Pretel-Luque, 2023; Roca, 2022; Roca *et al.*, 2020), que evalúa de forma simultánea la parentalidad y la conyugalidad a partir de veinticinco ítems, y el *Cuestionario de evaluación de la coparentalidad* (CECOP) (Mollà, 2023) (véase el capítulo 9, sobre la coparentalidad).

Integrar todos los elementos que den sentido a la comprensión global de la familia y sus dificultades requiere tener en cuenta el contexto y en qué etapa del ciclo vital se encuentra la familia (Haley, 1989). Nos preguntamos «¿En qué etapa evolutiva se encuentra la familia?», «¿Qué tareas son importantes para una adecuada adaptación a ese estadio?». Los terapeutas familiares tendremos en cuenta, por tanto, si hay ajuste o desajuste a la etapa del ciclo vital familiar. Es frecuente la consulta de familias con hijos adolescentes en las que la organización familiar no se ha reajustado a la nueva realidad de tener hijos que confrontan o desafían a los padres para que cambien el funcionamiento relacional, pasando de la etapa de decisiones unilaterales de los padres a una nueva en la que se produzca la negociación y el establecimiento de pactos con los hijos.

La interpretación que hagamos del genograma familiar, enriquecido y transformado en herramienta sistémica por el mapa relacional, nos permite detectar de manera gráfica el triángulo disfuncional (tríadas rígidas) o el juego familiar en el que está inmersa la familia (Selvini Palazzoli *et al.*, 1990). Esta información es imprescindible para elaborar un buen diagnóstico relacional (véase el capítulo 2, sobre la familia desde la mirada sistémica).

A partir del diagnóstico relacional, es decir, de la validación de hipótesis por parte del terapeuta y de la confirmación de la función del síntoma, se construye una devolución diagnóstica relacional. Es uno de los momentos importantes para los terapeutas familiares, ya que tienen como objetivo hacer llegar a la familia un mensaje que refleje con claridad las conclusiones de todo lo observado y trabajado en la fases I y II.

Habitualmente, al final de cada sesión se realiza una devolución-cierre de la sesión, que incluye *feedbacks* de lo observado, conclusiones y síntesis de lo trabajado en ella, y quizá alguna propuesta de tarea para el intervalo entre sesiones. Pero esta habría que diferenciarla de la devolución diagnóstica relacional y del plan de intervención terapéutica, que se realiza al final de la fase II de la terapia. La elaboración de una devolución diagnóstica relacional debería contemplar los siguientes puntos:

1. Recoger y sintetizar el motivo de consulta y lo que ha ido apareciendo en las sesiones de evaluación de forma que adquiera sentido.

2. Destacar lo positivo entre lo negativo en un ejercicio de connotación positiva; por ejemplo, «gracias a que la hija presenta conductas de desafío a los padres, han venido a consultar y esto ha permitido que mejore la comunicación y se exprese el afecto».

3. Si es posible, debe incluir la reformulación del síntoma, ampliando las alternativas y posibilidades de solución; por ejemplo, «desde el momento en que la hija adolescente se fugó de casa desafiando la rigidez del padre y poniendo en evidencia la falta de acuerdos entre los padres, la terapia familiar ha introducido un marco en el que los padres han establecido con más claridad y flexibilidad las normas y han aprendido a dialogar y negociar con la hija los acuerdos que luego respeta porque su opinión ha sido tomada en cuenta. Se ha convertido así en un entrenamiento para manejar mejor y prevenir problemas futuros con la hija menor».

4. Proponer objetivos de cambio en el que esté involucrado todo el sistema familiar, lo que supone establecer el plan terapéutico; por ejemplo, en una familia con hijos adolescentes, hacer una tabla consensuada que refleje con claridad los acuerdos respecto a horarios de llegada, uso del teléfono móvil, horario de acostarse, organización y reparto de tareas domésticas, etcétera, en la que participen activamente tanto los padres como los hijos.

5. La explicitación formal o informal de un contrato terapéutico que corresponde a la manera en que el terapeuta

y el sistema familiar definen, sobre el plano práctico, el sentido, el objetivo y los medios de su futura relación (Salem, 1990). En esta formulación es importante observar y analizar la reacción de la familia ante la propuesta, ya que se convierte en un indicador indirecto de pronóstico de la posible evolución de la terapia. Todo ello utilizando un lenguaje claro, preciso, alejado de tecnicismos, buscando términos acordes con el nivel cultural y, si es posible, incluyendo expresiones que han utilizado en su propia descripción de sus preocupaciones.

Por lo general, es en este momento cuando se formula la viabilidad o no de iniciar un proceso terapéutico. Si se va a realizar, se puede elaborar un documento que contenga las consideraciones que se han realizado en la fase I, así como los objetivos de cambio, haciendo explícitos los compromisos que adquieren los intervinientes, tanto los miembros de la familia como los terapeutas familiares. Con mayor frecuencia el contrato terapéutico se realiza solo verbalmente, con las explicaciones de los terapeutas y la confirmación de los miembros de la familia, recogiendo de forma explícita las dudas y aclaraciones oportunas, así como el consentimiento de todos y cada uno de los miembros de la familia.

Fase III. Desarrollo del proceso terapéutico

El proceso terapéutico es un recorrido de trabajo colaborativo entre familia y terapeutas diferente y adaptado a cada familia y situación. En este sentido, los terapeutas familiares necesitan conocer y disponer de una variedad de posibilidades de intervención y herramientas a las que puedan recurrir para dar respuesta a cada situación particular (Papp, 1988). Linares resume de forma clara las claves de la intervención:

La palabra, y por tanto la conversación, es un poderosísimo instrumento al servicio del terapeuta, que este puede articular en técnicas, a su vez engarzables en tácticas y estrategias y si sus intervenciones son pertinentes generarán un proceso de cambio a partir de uno de los tres espacios, pragmático, cognitivo o emocional, que acabará generalizándose a los restantes. Además, una intervención puede utilizar la vía de acceso de uno de tales espacios, para alcanzar otro y, desde este, alimentar la narración de cambio que afecte en definitiva a la totalidad. (1996, p. 132)

Todo esto no sería eficaz si no tenemos en cuenta que, como afirma Escudero (2015), la relación terapéutica que se establece entre familia y terapeuta es lo que realmente determina la bondad de la psicoterapia, facilitando un contexto en el que los integrantes de la familia, y la familia en conjunto, puedan utilizar sus propios recursos para lograr el cambio o los cambios necesarios.

Aunque el desarrollo de los procesos terapéuticos tiene un recorrido diverso dependiendo de cada caso o circunstancia, tienen algunos elementos comunes, entre otros, mantener una buena alianza terapéutica, abordar los patrones, la comunicación, la estructura y la dinámica familiar disfuncionales y reformular las narrativas familiares.

La alianza terapéutica es uno de los ingredientes más importantes para el desarrollo de un buen proceso terapéutico, pero en el recorrido puede sufrir diferentes avatares, por ejemplo, que algún miembro de la familia no quiera seguir asistiendo a las sesiones, que el terapeuta sienta que el trabajo no es productivo o que no encuentra las vías adecuadas para activar cambios. En ocasiones es necesario hacer un ejercicio de metacomunicación, en el que se expliciten las dificultades en la construcción de la relación terapéutica y a partir de ahí tomar decisiones sobre las necesidades recíprocas, lo que puede derivar en una mejora de la relación terapéutica, o en la decisión de interrumpir el proceso, o quizá derivar a otro profesional o recurso.

En esta etapa de la terapia los terapeutas van definiendo quiénes han de asistir a las sesiones y la mera convocatoria se convierte en una herramienta de intervención terapéutica, definiendo y delimitando los subsistemas, cuando, por ejemplo, se citan a diferentes sesiones por separado a los padres y los hijos, para señalar algún desajuste en la estructura y jerarquía familiar.

En el abordaje de los patrones, la comunicación, la estructura y la dinámica familiar disfuncionales se han de hacer explícitas las hipótesis y explicar la percepción que el terapeuta familiar tiene acerca del funcionamiento familiar. Este es el momento en que se manifiesta claramente la intervención terapéutica, con propuestas concretas de cambio a través de las prescripciones y tareas (Haley, 1980; Minuchin y Fishman, 1984) o mediante actos simbólicos y creativos utilizados para afrontar conflictos familiares, en forma de rituales terapéuticos (Bergman, 1988; Black *et al.*, 1991), y en algunas ocasiones con intervenciones que cuestionen y desafíen el funcionamiento familiar y la presencia de síntomas, lo que Selvini *et al.* (1991) denominaron intervenciones paradójicas. Otra forma sencilla propuesta es introducir una nueva narración, una metáfora o una anología que guíe los cambios a realizar, por ejemplo: «Esta relación de pareja se ha construido en el inicio como un edificio con "fallos estructurales", que tendrán que ser revisados uno a uno, y trabajar reforzando los pilares básicos para que los cimientos sean más sólidos antes de seguir construyendo nuevas plantas en el futuro». En algunos casos, con cierta frecuencia cuando hay niños en la familia, los terapeutas elaboran un cuento sistémico (Caillé y Rey, 1990) para transmitir una nueva mirada y narración sobre lo que acontece en la familia.

Las técnicas activas, como la escultura, serán una herramienta facilitadora a través de las cuales la familia recibe mensajes claros acerca de los cambios y modificaciones que debe introducir en la estructura y el funcionamiento familiar. La escultura es una técnica activa, dinámica y no lineal que, aunque está relacionada con el psicodrama, fue incorporada y aplicada a la terapia familiar adquiriendo una esencia relacional importante (Duhl *et al.*, 1973; Papp *et al.*, 1973; Satir, 1972, Población y López Barberá, 1991). Un ejemplo de uso de esta técnica sería cuando en una terapia de pareja se les solicita que realicen una escultura que refleje la percepción que cada uno tiene de cómo está la relación en la actualidad y otra que proyecte cómo les gustaría estar en el futuro. En la diferencia entre las dos esculturas aparecen reflejados claramente los cambios a realizar, quién se ha de acercar a quién, quién tiende una mano a quién, quién acepta cambiar su posición en la relación, quién se instala en una posición con menos flexibilidad al cambio, etcétera.

Otra técnica activa es el cambio de sillas que Minuchin y Fishman (1984) nos enseñaron magistralmente a utilizar y puede producir un efecto mágico. A menudo, casi sin ser conscientes de ello, los miembros de la familia están reproduciendo patrones de relaciones privilegiadas en la elección del lugar donde se sientan en la terapia. Por ejemplo, un hijo parentalizado sentado junto a la madre o los hermanos en conflicto claramente distanciados cada uno en un extremo de la sala de terapia. Cuando los terapeutas quieren sugerir la necesidad de hacer cambios que impliquen flexibilizar los roles y modificar las distancias, es tan fácil como reubicar las sillas para que todos puedan ver gráficamente los cambios a realizar y, desde esa nueva perspectiva, ver cómo se reubican los vínculos y las relaciones.

El tercer elemento común es la reformulación de las narrativas familiares. La familia y sus integrantes exponen la narración de su historia, vivencias, inquietudes y sufrimiento que generan sus problemas. Los terapeutas tienen la misión de ofrecer una narración alternativa, con una nueva mirada, que aporte una apertura, una reflexión clarificadora, que propicie un *insight* acerca de lo vivido. Además, introduce alternativas de solución a los problemas planteados, favoreciendo la implicación de todos en la construcción de una salida diferente a la situación, en la que muchas veces han estado atascados, manteniendo en forma recursiva intentos de solución fallidos o la homeostasis del sistema con la presencia equilibradora de los síntomas. La narración revisada en el proceso de la terapia ofrece una nueva mirada que puede abrir posibles salidas ante las dificultades, sin que la familia quede constreñida por la narración mitológica.

En esta tercera fase se da el mayor despliegue de técnicas de intervención familiar con el objetivo de favorecer nuevas soluciones a partir de las nuevas narrativas familiares basadas en posibilidades. Linares (1996) ha recogido muchas de ellas agrupadas en intervenciones pragmáticas, cognitivas y emocionales. También describe el uso de las cartas terapéuticas (Linares *et al.*, 2005), que se utilizan como medio de comunicación con familiares ausentes o al final de la terapia para dejar constancia de todos los avances, con mensajes que refuercen lo conseguido y previenen recaídas.

Llegados a este punto, nos gustaría hacer un breve apunte. La técnica en sí misma no asegura la eficacia. Como señalaron Minuchin y Fishman, el concepto de técnicas contiene una referencia a cierta artesanía: cuidar los detalles, atender a la función del producto y a la relación entre el esfuerzo y los resultados. Si el profesional o terapeuta permanece aferrado a la técnica su contacto con los clientes o pacientes será objetivo, desapegado, limpio, pero también superficial y poco espontáneo, en definitiva, no muy eficaz (1984, p. 16).

Queremos subrayar la importancia de realizar una buena formación en intervención familiar sistémica. El futuro terapeuta familiar debe aprender a experimentar la realidad como los miembros de una familia la viven, involucrarse en el juego familiar que los define y forma su estructura, su dinámica y su estilo de comunicación, además de enseñar técnicas. Asimismo, debe ser capaz de establecer una relación con todos los miembros basada en el respeto que facilite una buena alianza terapéutica para que pueda ser un agente de cambio a partir de las reglas en general y de la complejidad del sistema familiar en particular. No cabe duda de que saber técnicas no es suficiente, pues, como señala Linares (2012), para hacer buenas intervenciones familiares o realizar una terapia familiar se requiere de una buena inteligencia terapéutica.

Fase IV. Evaluación de los logros o cambio terapéutico y cierre

A medida que avanzan las sesiones del proceso terapéutico, con frecuencia se van produciendo cambios significativos, acordes con los objetivos planteados y los logros de la familia en consonancia con la intervención terapéutica. Pero no siempre es así, en ocasiones la situación de mejora se estanca o, lo que es peor, no se produce o empeora. Por esto es importante ir revisando y consensuando con las familias tanto los objetivos como la evolución que se está produciendo.

Cuando el motivo por el que han consultado o los síntomas que presenta el paciente identificado están empeorando, los terapeutas tienen que hacer una valoración sobre la posibilidad de contar con otros profesionales de la red asistencial, tal vez algún especialista específico en la atención a dichos síntomas, por ejemplo, si hay la exacerbación de un trastorno de conducta alimentaria que puede implicar riesgo para la vida, poder valorar un ingreso hospitalario en una unidad especializada.

Cuando se produce el estancamiento, en ocasiones, la intervención de equipo escindido (Navarro, 1992) se utiliza como un recurso de estímulo provocador, ya que plantea las dos alternativas que tiene la familia para afrontar el *impasse* en el que se encuentran, dejando a su elección qué camino quieren elegir, si el que propone o sugiere una parte del equipo, u otro. Cuando no hay equipo, se puede añadir el punto de vista de un colega o supervisor al que se haya consultado por el caso. Uno de los dos caminos es que continúen haciendo «más de lo mismo» por lo que, de seguir igual, corren el riesgo de empeoramiento del síntoma, mientras que el otro camino implica cambios, pero requiere del esfuerzo de los miembros de la familia para introducir otros patrones relacionales, estilos de comunicación y funcionamiento. Se trata de un reto que el profesional plantea a la familia que, cuando llegan a la siguiente sesión, suelen haber respondido al desafío de forma favorable.

Cuando se han producido cambios significativos el objetivo terapéutico fundamental es conseguir que se mantengan en el curso del tiempo y que la familia pueda cerrar el proceso. Algunos terapeutas familiares utilizan registros continuos de cada sesión sobre la percepción de los integrantes de la familia en relación con las metas que se proponen, así como sobre el estado de la relación terapéutica. De esta forma, se puede cuantificar en qué medida se están consiguiendo los cambios deseados y, al mismo tiempo, los terapeutas pueden contrastar cualitativamente con la familia los matices acerca de los logros, de los mecanismos que han puesto en acción para conseguirlos, los movimientos que han hecho y en qué aspectos tienen que seguir trabajando para avanzar más o consolidar lo logrado.

En las últimas sesiones es muy frecuente utilizar preguntas de futuro con las que se invita a cada miembro de la familia a definir cómo imaginan que serán las cosas transcurrido un tiempo, por ejemplo, «¿Cómo creéis que estaréis dentro de un año, o tal vez en cinco años?». Es interesante ver qué proyección de futuro tienen tomando como referencia los cambios que ya se han producido y, por tanto, sus expectativas favorables. Por ejemplo, en el caso de una familia con un hijo joven que ha tenido conductas problemáticas, llegado el final del proceso, ver si imaginan que han puesto las bases para que el hijo siga madurando y construyendo su individuación sanamente.

La prevención de recaídas también suele estar presente en esta etapa final. Es importante anticipar las posibles dificultades que puedan aparecer en el futuro inmediato, dejando constancia de lo que tendrían que hacer en tal caso. Se pueden utilizar preguntas como «¿Qué tendrían que hacer para que estos cambios perduren?», «¿Que tendrían que hacer para evitar una recaída?».

Por último, siempre hay que cerrar el proceso enfatizando la responsabilidad que todos y cada uno de los integrantes de la familia han tenido en el cambio, señalando literalmente, o a veces a través del uso de metáforas, los reajustes que todos han producido para conseguir mejorar, y cómo han transformado la narración familiar inicial con un cambio de narrativa más constructiva y potenciadora de los recursos sanos o funcionales de la familia. Como dice Selekman:

> Siempre que puedo, me gusta hacer de la última sesión de terapia un acontecimiento memorable. Me agrada celebrar con la familia el rito de pasaje de un contexto saturado de problemas a un contexto de cambios. Este ritual de fin de terapia le permite a la familia enorgullecerse y disfrutar del triunfo sobre sus problemas opresivos. (1996, p. 157).

Para terminar, queremos sintetizar las cuatro fases que hemos descrito, con los objetivos propios de cada una, y de forma orientativa las técnicas de intervención terapéutica que suelen estar más presentes en cada una de ellas.

Intervenciones centradas en el ejercicio y consolidación de una coparentalidad adecuada

FASE	OBJETIVOS	TÉCNICAS DE INTERVENCIÓN FAMILIAR SISTÉMICAS
I. Contacto inicial y exploración	– Explorar tipo de demanda y definición del problema por cada miembro de la familia. – Explorar el contexto del problema. – Detectar las pautas y patrones interaccionales familiares funcionales y disfuncionales. – Conocer la comunicación, estructura y dinámica familiar. – Crear una buena alianza terapéutica. – Comprender la identidad y la narrativa familiar. – Ampliar el enfoque del problema.	– Preguntas circulares. – Genograma y mapa relacional. – Cronograma. – Observar la estructura familiar. – Observar secuencias de interacción repetitivas. – Uso de metáforas y analogías. – Reformulación (redefinición o reencuadre). – Definición de la convocatoria a las sesiones.
II. Diagnóstico relacional y devolución	– Detectar el juego relacional familiar. – Definir el triángulo relacional disfuncional e hipótesis relacionales. – Formular la viabilidad o no de iniciar un proceso terapéutico. – Establecer un contrato terapéutico.	– Valoración e integración de los datos obtenidos en genograma, mapa relacional y cronograma. – Connotación positiva. – Devolución oral y escrita relacional. – Metáfora / Cuento (en la devolución).
III. Desarrollo del proceso terapéutico	– Mantener una buena alianza terapéutica para favorecer el cambio terapéutico. – Abordar los patrones, la comunicación y la dinámica familiar disfuncionales. – Reformular las narrativas familiares. – Favorecer nuevas soluciones a partir de las nuevas narrativas familiares. El cambio por el cambio. – Favorecer una mirada familiar constructiva basada en posibilidades entre todos los miembros.	– Definición de la convocatoria a las sesiones. – Prescripciones de tareas o rituales. – Prescripciones paradójicas. – Escultura familiar. – Cuento. – Equipo reflexivo. – Cambio de sillas. – Cartas y documentos terapéuticos. – Equipo escindido. – Uso de metáforas y analogías. – Reformulación (redefinición o reencuadre). – Definición y reformulación del problema desde un patrón general.
IV. Evaluación de los logros o cambio terapéutico y cierre	– Evaluar de manera cuantitativa (si es posible) y cualitativa los logros y el cambio terapéutico. – Enfatizar y fortalecer que el cambio es fruto de un trabajo compartido de una nueva narrativa familiar.	– Equipo escindido. – «Preguntas de futuro». – Prevención de recaídas.

Referencias

ANDOLFI, M. (1991). *Terapia familiar. Un enfoque interaccional.* Barcelona: Paidós.

BLACK, E.I., ROBERTS, J. y WHITING, R.A. (1991). *Rituales terapéuticos y ritos en la familia.* Barcelona: Gedisa.

BERGMAN, J. S. (1988). *Pescando barracudas. Pragmática de la terapia sistémica breve.* Barcelona: Paidós.

CAILLÉ, P. y REY, Y. (1990). *Había una vez…: del drama familiar al cuento sistémico.* Buenos Aires: Nueva Visión.

CAMPRECIÓS, M., VILAREGUT, A., CALLEA, T. y MERCADAL, L. (2020). Aplicabilidad clínica del Cuestionario de evaluación de las relaciones familiares básicas (CERFB) en los trastornos de la conducta alimentaria: relación conyugal y parental en estructuras tradicionales de familia. *Actas Españolas de Psiquiatría, 48*(5), 191-199.

DUHL, F., DUHL, B. y KANTOR, D. (1973). Learning, space and action in family therapy: A primer of sculpture. En D. Block (ed.), *Techniques of family psychotherapy* (pp. 119-139). Nueva York: Grune & Stratton.

ESCUDERO, V. (2015). *Amenazan con quererme. Relatos breves sobre el cambio y la relación terapéutica.* Madrid: Grupo 5.

GUERIN, P.J. y PENDAGAST, E.G. (1976). Evaluation of family system and genogram. En P.J. Guerin (comp.), *Family therapy: Theory and practice* (pp. 450-463). Nueva York: Gardner.

HALEY, J. (1980). *Terapia para resolver problemas. Nuevas estrategias para una terapia familiar eficaz.* Buenos Aires: Amorrortu.

— (1989). *Terapia no convencional. Las técnicas psiquiátricas de Milton H. Erickson.* Buenos Aires: Amorrortu.

LINARES, J.L. (1996). *Identidad y narrativa. La terapia familiar en la práctica clínica.* Barcelona: Paidós

— (2012). *Terapia familiar ultramoderna. La inteligencia terapéutica.* Barcelona: Herder.

—, PUBILL, M.J. y GUTIÉRREZ, R.R. (2005). *Las cartas terapéuticas. Una técnica narrativa en terapia familiar.* Barcelona: Herder.

McDaniel, S. (1998). *Orientación familiar en atención primaria*. Barcelona: Springer Ibérica.

McGoldrick, M. y Gerson, R. (1993). *Genogramas en la evolución familiar*. Barcelona: Gedisa.

Mercadal, L. (2018). *Validación y aplicabilidad clínica del Cuestionario de evaluación de las relaciones familiares básicas (CERFB) en los trastornos relacionados con sustancias* [tesis doctoral]. Barcelona: Universitat Ramon Llull. http://hdl.handle.net/10803/552404

Minuchin, S. y Fishman, H. (1984). *Técnicas de terapia familiar*. Barcelona: Paidós.

Mollà, L. (2023). *Validación y aplicabilidad clínica del Cuestionario de evaluación de la coparentalidad (CECOP) en diferentes estructuras familiares* [tesis doctoral no publicada]. Barcelona: Universitat Ramon Llull. http://hdl.handle.net/10803/688247

Navarro, J. (1992). *Técnicas y programas en terapia familiar*. Barcelona: Paidós.

O'Connor, J. y McDermott, I. (1998). *Introducción al pensamiento sistémico. Recursos esenciales para la creatividad y la resolución de problemas*. Barcelona: Urano.

Papp, P. (1988). *El proceso de cambio*. Barcelona: Paidós.

—, Silverstein, O. y Carter, E. (1973). Family sculpting in preventive work with «well families». *Family Process*, *12*(2), 197-212. https://doi.org/10.1111/j.1545-5300.1973.00197.x

Población, P. y López Barberá, E. (1991). La escultura en terapia familiar. *Revista Vínculos*, *3*, 77-98.

Pretel-Luque, T. (2023). *Abordaje relacional de la familia en el trastorno del espectro autista: Proyecto TEAm_FAM* [tesis doctoral no publicada]. Barcelona: Universitat Ramon Llull. http://hdl.handle.net/10803/687453

Roca, M. (2022). *Evaluación de las relaciones familiares en el trastorno límite de personalidad* [tesis doctoral no publicada]. Barcelona: Universitat Ramon Llull. http://hdl.handle.net/10803/675717

—, Vilaregut, A., Palma, C., Barón, F.J., Campreciós, M. y Mercadal, L. (2020). Basic family relations, parental bonding, and dyadic adjustment in families with a member with psychosis. *Community Mental Health Journal 56*, 1262-1268. https://doi.org/10.1007/s10597-020-00581-z

SALEM, G. (1990). *Abordaje terapéutico de la familia.* Barcelona: Masson.

SATIR, V. (1972). *Peoplemaking.* Palo Alto: Science y Behavior Books [trad. cast.: *Peoplemaking. El arte de crear una familia*, Barcelona: RBA].

SELVINI, M. (1990). *Crónicas de una investigación.* Barcelona: Paidós.

SELVINI PALAZZOLI, M., BOSCOLO, L., CECCHIN, G. y PRATA, G. (1991). *Paradoja y contraparadoja.* Barcelona: Paidós.

—, CIRILLO, S., SELVINI, M. y SORRENTINO, A. (1990). *Los juegos psicóticos en la familia.* Barcelona: Paidós.

SELEKMAN, M. (1996). *Abrir caminos para el cambio. Soluciones de terapia breve para adolescentes con problemas.* Barcelona: Gedisa.

SUÁREZ, T. (2014). El contexto de intervención. En A. Moreno (comp.), *Manual de terapia sistémica. Principios y herramientas de intervención* (pp.174-207). Bilbao: Desclée de Brouwer.

WATZLAWICK, P., WEAKLAND, J.H. y FISCH, R. (1982). *Cambio. Formación y soluciones a problemas humanos.* Barcelona: Herder

—, BEAVIN, J. y JACKSON, D. (1989). *Teoría de la comunicación humana.* Barcelona: Herder.

13. Intervenciones psicoanalíticas en la familia

Carles Pérez Testor, Cristina Nofuentes,
Maria Rosa Coca y Eva de Quadras

Una vez descrito en el capítulo 10 cómo diagnosticamos a las familias que piden nuestra ayuda, este capítulo se dedica a las intervenciones que los terapeutas de pareja y de familia de nuestra unidad utilizan en el tratamiento de familias. Ya mostramos nuestra manera de tratar a las parejas en *Psicoterapia psicoanalítica de pareja* (Pérez Testor, 2019), por lo que aquí nos circunscribiremos a las principales modalidades que utilizamos con el grupo familiar. En primer lugar, presentaremos cómo tratamos a las familias en la Unidad Asistencial de Pareja y Familia (UAPF) y, en segundo lugar, una adaptación que hemos realizado con el objetivo de formar a nuevos terapeutas y también para poder investigar sobre los conflictos que presentan las familias.[1]

La intervención en la unidad asistencial de pareja y familia

Desde 1976, cuando se creó la UAPF en la Fundación Vidal i Barraquer de Barcelona, hemos ido desarrollando la teoría y la técnica de la psicoterapia psicoanalítica de pareja, basada inicialmente en el trabajo de Donald Meltzer y Marta Harris (2023), que ha ido transformándose a partir de nuestra experiencia y de la influencia de diversos compañeros y compañeras con los que hemos debatido desde la fundación de la Asociación Internacional de Psicoanálisis de Pareja y Familia (AIPPF).

---

1   Una primera versión de estas adaptaciones las presentamos en el IX Congreso de la AIPPF (Pérez Testor *et al.*, 2020).

El objetivo principal del tratamiento familiar es conseguir *insight* y modificar conflictos inconscientes y dinámicas relacionales que generan sufrimiento para que la familia pueda generar un cambio terapéutico en la relación entre sus miembros. Cuando una familia decide consultar y buscar ayuda es porque, en principio, desean mejorar la relación y no son capaces de resolver la situación por sí solos. Para que se produzca un cambio efectivo es esencial que todos los consultantes entiendan que es imprescindible su participación en el trabajo común que se les propone de forma voluntaria y sin presiones externas.

Los terapeutas (terapeuta y coterapeuta) ofrecen un espacio en el que se facilita la interacción entre los miembros de la familia para que emerja el «aparato psíquico familiar» (Ruffiot *et al.*, 1981; Losso y Packciarz Losso, 2017). Los terapeutas proponen un trabajo de investigación que proporciona comprensión a los conflictos de la relación y, con ello, se pretende ayudar a descubrir aspectos de la familia que hasta el momento podían haber sido ignorados o encubiertos.

La terapia puede cumplir diversas funciones, como mejorar la relación entre los miembros, apreciar aspectos individuales de cada uno de ellos que quizá puedan necesitar más atención, tomar conciencia de las dificultades y valorar si el cambio es posible o no.

Pensamos que es importante centrar el trabajo terapéutico en la dinámica de la relación entre los miembros de la familia, perfilando una y otra vez la distinción entre la realidad externa y la mirada interna que cada uno tiene de esa realidad. En ese sentido, los objetivos fundamentales del tratamiento son:

— Generar un cambio terapéutico en la relación que permita contener las ansiedades y modificar las defensas del grupo.
— Alcanzar un buen conocimiento de sí mismo por parte de cada miembro de la familia para poder entender cómo actúa en su relación.
— Aceptar y comprender a los otros miembros tal como son.
— Mantener expectativas próximas a la realidad respecto de cada uno y la propia relación familiar.

253. Intervenciones psicoanalíticas en la familia

— Permitir y respetar las áreas personales.
— Detectar e interpretar el elemento patógeno compartido por la familia que, como hemos comentado, tendrá relación con las funciones emocionales del grupo.
— Estimular el funcionamiento reflexivo de cada miembro.

Los objetivos específicos serían:

a. En relación con las funciones parentales y los vínculos:
— Reforzar la alianza de pareja y la función parental.
— Disminuir las exigencias superyoicas y las proyecciones sobre los hijos.
— Ayudar al reagrupamiento afectivo de la familia.
— Identificar dificultades individuales y los conflictos de relación entre sus miembros.
b. En relación con los aspectos carenciales:
— Ayudar a tomar conciencia de las necesidades emocionales de los hijos.
— Ayudar a una elaboración de aspectos pasados y conectarlos con la problemática actual, que es la que focalizaremos.
c. En relación con las separaciones:
— Ayudar a crear o rehacer vínculos.

En general, se trataría de potenciar las funciones emocionales introyectivas y minimizar las funciones emocionales proyectivas.
Los objetivos según la tipología familiar serían:

a. Familias aglutinadas:
— Trabajar la diferenciación e individualidad.
— Tener en cuenta y contener las ansiedades de separación.
— Favorecer el crecimiento y la autonomía individual de cada uno de los miembros.
— Promover el diálogo y la capacidad reflexiva. Dar espacio para que cada miembro pueda expresar su propia opinión, su propio criterio, discrepar y legitimarlo.

- Si predominan ansiedades persecutorias (resistencia al cambio, lo nuevo es peligroso), estimular y trabajar el sentimiento de confianza.
- Ayudar a adquirir capacidad de mentalización.
- Disminuir las proyecciones y la utilización de la identificación proyectiva masiva.

b. Familias uniformadas:
- Rebajar la imposición y el autoritarismo. Ayudar a diferenciar autoridad y autoritarismo.
- Ayudar a gestionar y exteriorizar la agresividad de forma adecuada.
- Potenciar el respeto entre las jerarquías.
- Salir de la dinámica dominio-sometimiento.
- Intentar salir más de las normas y las órdenes para dar paso a pensar, dialogar y discrepar.
- Ayudar a llegar a acuerdos, pactos, saber ceder de forma flexible.
- Rebajar las expectativas más exigentes, superyoicas y elitistas, y poder verbalizar los deseos y proyectos que podrían vivirse como oposiciones o transgresiones de la norma.
- Rebajar las proyecciones y el uso de la identificación proyectiva.

c. Familias aisladas:
- Trabajar el acercamiento afectivo y los vínculos.
- Favorecer la comunicación.
- Potenciar la confianza en el vínculo, reconocer la necesidad del otro y el beneficio de compartir.
- El estilo comunicativo: pasar del mensaje concreto, pobre, operativo, informativo a la expresión de emociones y a la reflexión.
- Ayudar a elaborar las ansiedades persecutorias hacia un tipo más depresivo y unos mecanismos de defensa menos primitivos.

En definitiva, ir hacia una tipología de familia integrada.

Setting

El *setting* es la envoltura contenedora que los terapeutas proponen a la familia para trabajar los aspectos transferenciales y contratransferenciales que se generan en un tratamiento. Para Anna Maria Nicolò, «se refiere al rol del analista y a las constantes espaciotemporales y contractuales organizadas por el analista para el desarrollo ordenado del análisis» (2014, p. 214).

Podríamos describir dos tipos de *setting*: el interno y el externo. Según Raffaele Fischetti:

> [El *setting* terapéutico interno] contiene el *setting* familiar y, a su vez, puede deteriorarse por la emergencia de funcionamientos regresivos que resultan como reales ataques a la tarea terapéutica. El *setting* es el marco donde el proceso adquiere sentido terapéutico y su estabilidad permite la representatividad de las alteraciones del encuadre familiar. (2018, p. 3)

Siguiendo a la misma autora, el *setting* interno se caracteriza «por la disposición mental del psicoterapeuta, es decir, por su capacidad de contacto y comprensión de las vivencias, emociones y de las sensaciones psicológicas del paciente» (Nicolò, 2014, p. 214).

El *setting* externo está formado por las constantes que se mantienen invariables: espacio, horarios, etcétera. En nuestra unidad, el espacio en el que se atiende a las familias se distribuye en círculo. Las sillas son idénticas para todos, por lo que no hay un predominio y todos pueden verse directamente. Por lo general, los terapeutas se sientan juntos escenificando la pareja terapéutica.

Ritmo de trabajo

Intentamos que las instrucciones que damos a la familia sean breves y claras. Del *setting* externo resaltamos:

— Frecuencia: las sesiones se realizarán semanal o quince-
nalmente.
— Duración: cada sesión será de sesenta minutos.
— Honorarios: se especificará el precio de la sesión y se
acordará la conducta a seguir si no acuden a la entrevista.
— Vacaciones: se detallarán los días o la época del año en
que no se realiza terapia.
— Finalización del tratamiento: si se prevé que la duración
del tratamiento será breve, puede acordarse el final de
tratamiento en este momento. Habitualmente proponemos una fecha aproximada (por ejemplo a finales del mes
x) y se concreta el día de la última sesión en un acuerdo
posterior.

Intervenciones de los terapeutas

Las intervenciones de los terapeutas son fundamentales en todo
proceso terapéutico. El *setting* ha de generar el marco que permita que las intervenciones, ya sean verbales o no verbales, puedan
ser eficaces. Todas ellas han de generar pensamiento compartido
en y entre los miembros de la familia que les permita comprender
y generar cambios.

El trabajo de los terapeutas se concretaría en tres ámbitos:
actitud de disponibilidad, atención y contención; silencio; e intervenciones verbales.

Actitud de disponibilidad, atención y contención

El espacio y la situación que se concede a los miembros de la
familia para comunicarse entre ellos en un ambiente tolerante,
con disponibilidad, atención y contención por parte de los terapeutas, e introduce respuestas nuevas en el contexto del grupo
familiar.

Silencio

Los terapeutas guardan silencio al principio de la sesión con el propósito de no perder la información que transmite la familia espontáneamente. Unos minutos en silencio pueden ser necesarios en muchos momentos, ya que favorecen la capacidad de observación y pueden tener numerosos significados. Ante los problemas de contratransferencia, los terapeutas pueden llegar a sentirse incapaces de tolerar el silencio y reaccionar interviniendo verbalmente de forma excesiva como respuesta a su ansiedad. Si esto llega a ocurrir, puede ser una señal que indique al terapeuta que necesita supervisar el tratamiento.

El silencio puede ser una forma de intervención, pues representa en sí mismo un tipo de comunicación. Puede ser interpretado positivamente cuando se entiende como atención, disponibilidad, comprensión, respeto a la intimidad e incluso libertad, pero también como comportamiento destructivo y revelar frustración e irritación.

Intervenciones verbales

Con ellas el terapeuta estimula la capacidad de la familia para observar de forma diferente su conducta y fomentar una nueva comprensión de su aparato psíquico familiar interno. Sin embargo, como indica Nicolò, los terapeutas tienen otros instrumentos bastante eficaces a su disposición:

> La narración de la historia familiar que cada miembro puede hacer, a menudo al principio del proceso terapéutico, permite la creación de una historia compartida por los miembros; esto tiene un potente efecto tanto con respecto del conocimiento del otro como con respecto al reforzamiento de la identidad familiar [...]. En todo caso, la narración que nos ofrece el *setting* familiar nunca es individual, sino el producto colectivo de muchas narraciones; es una «co-narración» construida en el campo familiar por todos los miembros en interacción y con el analista. (Nicolò, 2014, p. 225)

Además de fomentar la narración de la historia familiar, los terapeutas familiares utilizamos las mismas técnicas de intervención que en las terapias individuales, pero modificadas. Las principales técnicas son: la confrontación, la clarificación y la interpretación.

Confrontación

Se utiliza para dirigir la atención de los miembros de la familia hacia aspectos importantes que pueden pasar inadvertidos en sus intervenciones.

Los terapeutas utilizan la confrontación siempre que les parezca conveniente que los miembros de la familia profundicen y reflexionen sobre aspectos del relato que permanecen relegados en un segundo plano, como si no mereciera ninguna atención especial. Aunque la confrontación puede referirse a innumerables aspectos de la comunicación o comportamiento de la familia, algunos de ellos son esencialmente idóneos como instrumento terapéutico. Se suele utilizar para poner de relieve omisiones o repeticiones importantes de los consultantes, así como aquellas partes de la narración de la familia que se apartan de la realidad de forma notoria y excesivamente destacada como para ser pasadas por alto.

Como ya comentamos en el tratamiento con parejas (Pérez Testor, 2019), utilizamos la confrontación cuando el relato de los consultantes presenta lagunas, omisiones o contradicciones importantes, cuando los terapeutas juzgan conveniente hacer resaltar algunos aspectos de la comunicación a los que no han prestado suficiente atención o cuando es necesario señalar alteraciones de las pautas descritas en el marco de trabajo, tales como faltar a las sesiones, llegar tarde, etcétera.

Una característica de la confrontación es que siempre es directiva. Se pretende despertar el interés de la familia por comprender aquello que se oculta tras determinadas conductas y, a su vez, preparar el camino para clarificar las distintas situaciones que se van presentando.

Clarificación

Aquí los terapeutas resumen, sintetizan y devuelven en forma de extracto la comunicación mantenida entre familia y terapeuta que ayuda a entender su relación. Una característica de la clarificación es que no se introducen ideas o sentimientos que no se hayan expresado.

Podemos distinguir tres formas principales de clarificación: síntesis, retorno de los sentimientos y elucidación. La síntesis es el resumen de lo expresado verbalmente por los consultantes, y se dirige a organizar el material de la comunicación que muchas veces se presenta de forma desordenada. Los terapeutas les devuelven su relato organizado y sintetizado. El objetivo del retorno de los sentimientos es detectar cuáles son los sentimientos y emociones que se esconden debajo del relato y comunicarlo a los miembros de la familia, mientras que el de la elucidación es sacar a la luz elementos que no surgen directamente en las palabras de los consultantes, pero que son deducibles. Son elementos que la familia en condiciones apropiadas podría entender por sí misma.

Interpretación

Interpretar consiste en la formulación de hipótesis por parte de los terapeutas para mostrar a los miembros de la familia aquello que desconocen de sí mismos, tanto desde un punto de vista conceptual como operativo. Lo más significativo es la toma de conciencia de los consultantes respecto de las contradicciones y frustraciones sentidas o provocadas. Las hipótesis serán verificadas o refutadas por la familia, si estas les ayudan a entender y modificar su sufrimiento o no les aportan absolutamente nada. A pesar de que los terapeutas puedan formular brillantes hipótesis interpretativas, si estas no llegan a los pacientes, no sirven.

Para Nicolò, las interpretaciones deberían recoger tres niveles de significado:

Hay un primer nivel, el «horizontal», que se refiere a la cantidad y a la calidad de las identificaciones proyectivas cruzadas y recíprocas, y de las correspondientes escisiones, y también a los demás mecanismos de defensa que emergen en las relaciones entre los miembros de la familia.

El nivel «vertical» tiene en cuenta lo que emerge en la historia traumática de la familia: la problemática de un hijo se relaciona, por ejemplo, con los conflictos no resueltos de los padres y con sus problemáticas subjetivas o con su relación con las familias de origen, etcétera. Una particular modalidad con la que la familia ha vivido y compartido cuanto ha heredado de forma consciente e inconsciente del propio pasado es la construcción de lo que muchos autores llaman el «mito familiar».

El tercer nivel interpretativo es el «transversal», es decir, la interpretación de la transferencia-contratransferencia. Es necesario recordar que la pareja terapéutica puede representar y hacer actual fantasmáticamente en el aquí y ahora de la sesión a una pareja de padres con la que analizar las modalidades de relación de cada miembro con los padres y de la pareja de padres con la familia de origen. Las emociones y sentimientos de los terapeutas, si son elaborados y no contra-actuados, representan un instrumento de conocimiento privilegiado para comprender las profundas emociones vividas por el grupo familiar. Este es el nivel de interpretación que contribuye a crear y potenciar cada vez más el vínculo entre familia y terapeutas, creando una sólida base para la alianza terapéutica. (2014, pp. 227-228)

La interpretación debería mostrar las configuraciones relacionales, las defensas transpersonales que los miembros han creado y las angustias compartidas. La reacción global de la familia habitualmente nos confirma si la interpretación ha sido correcta y oportuna. Las respuestas por la intervención de los terapeutas pueden provenir de uno u otro miembro de la familia y con frecuencia la reacción del grupo es ofrecer un rico material asociativo. Cuando esto ocurre, consideramos que la interpretación es susceptible de tener un efecto terapéutico. Podríamos describir dos formulaciones técnicas de la interpretación:

— Reflexiva: terapeuta y coterapeuta dialogan coconstruyendo una interpretación.
— Mutativa: la interpretación se realiza de forma directa al grupo familiar en conjunto de forma global y completa.

Siempre que sea posible es preferible la interpretación reflexiva porque, además del contenido, se ofrece a la familia un ejemplo de trabajo compartido y no competitivo.

Como ya comentamos en nuestro trabajo sobre la interpretación en terapia de pareja (Pérez Testor y Nofuentes, 2019), las bases teóricas y la intencionalidad de las interpretaciones corresponden por igual a las interpretaciones que llamamos transferenciales como a las interpretaciones conocidas como extratransferenciales. En ambas se trata de un esfuerzo por mostrar a la familia aquello que desconoce de sí misma, por descubrir y poner luz a aquellas partes de su mundo mental que se hallan reprimidas o disociadas, a fin de que pueda recuperarlas y reintegrarlas en el conjunto de su sistema psíquico. La única diferencia radica en el hecho de que así como en las interpretaciones transferenciales intentamos alcanzar esta finalidad mostrando el entramado de su mundo interno, que la familia externaliza en su relación con el terapeuta, en las interpretaciones extratransferenciales damos a conocer esta misma trama afectiva del mundo interno poniendo de relieve cómo se externaliza en las relaciones con aquellos con quienes conviven y con el mundo externo en general.

En resumen, en las relaciones extratransferenciales el terapeuta expone a la familia las fantasías inconscientes que subyacen, en cada momento, tras su estilo de vida, su comportamiento y la manera de vincularse entre sí y con los demás. No hay experiencias totales y exclusivamente nuevas únicamente determinadas por las condiciones externas, sino que en todas ellas se infiltran, en mayor o menor medida, las primitivas relaciones objetales internas que perviven en el inconsciente durante toda la vida. En la psicoterapia familiar se intenta interpretar el «aquí y ahora» de lo que ocurre en la sesión, siendo las más frecuentes las de carácter extratransferencial. Estas son interpretaciones que se expresan y ponen de manifiesto en la vida cotidiana de la familia y que fuera de la sesión impregnan cualquier acontecimiento y relación.

Las fantasías inconscientes que forman la transferencia surgen estrechamente ligadas a las características del objeto actual y presente, los terapeutas, y a las peculiares relaciones propias del *setting* terapéutico. En la función terapéutica, sean cuales sean los rasgos característicos de cada terapeuta y su propio modo técnico de operar, es suficiente para que los miembros de la familia revivan la trama fundamental de las relaciones objetales compartidas internas. Pero otros muchos matices y particularidades de estas relaciones no llegarán nunca a manifestarse, sino que precisan unas realidades presentes y actuales para surgir y desarrollarse.

Aunque una de las finalidades del *setting* terapéutico es que los terapeutas se mantengan neutrales y abstinentes, para no perturbar el desarrollo de la transferencia, la reserva y el anonimato del analista tiene unos límites. Todo analista muestra suficientes rasgos de su personalidad para influir de alguna manera en el despliegue de la transferencia y favorecer la aparición de ciertos elementos por encima de otros, aunque en el curso de una terapia siempre aparecen los factores más centrales y decisivos de la vida psíquica de los pacientes. También sucede lo contrario, que algunos componentes del mundo interno de la familia dejan de mostrarse en la transferencia debido a que no se les brinda una realidad presente que les permita expresarse en la transferencia. En cambio, es posible que puedan hacerlo en diversas oportunidades de su vida, fuera de la sesión, cuando, por las circunstancias que sean, ciertos contenidos psíquicos inconscientes son reactivados.

La transferencia está presente en todas y cada una de las relaciones humanas que cada miembro de la familia mantiene en su vida, antes, durante y después de la terapia, y si no se interpreta, las fantasías inconscientes que se manifiestan no pueden ser recuperadas. El aparato psíquico familiar nunca aparece por completo en la transferencia. Algunos de sus elementos, tanto los más patológicos como los que pertenecen a las partes más sanas de la personalidad, pueden ser desplazados, disociados y representados fuera de la sesión terapéutica (Lemaire, 1974; Lemaire, 1998; Nicolò, 1999).

La dificultad de los terapeutas para interpretar, teniendo en cuenta que la situación es grupal, es encontrar el momento y la forma adecuada de la interpretación que debe ser conjunta, ya que uno de los miembros puede sentirse atacado o intentar establecer una alianza con el terapeuta, mientras otro puede intentarlo inconscientemente con el coterapeuta. El terapeuta debe percibir este tipo de movimiento transferencial, tenerlo presente y solo utilizar la interpretación cuando pueda ser grupal.

Una de las dificultades del tratamiento de familia, al igual que los tratamientos de pareja, consiste en la imposibilidad de hallar criterios absolutos que delimiten con claridad diferentes categorías de casos, el grado de profundidad de las interpretaciones, la conveniencia o no de continuar formulándolas y, en consecuencia, la duración de la terapia, que solo puede evolucionar gradualmente. La decisión de proseguir o, por el contrario, de limitar el tratamiento debe tomarse en la evaluación de las ventajas e inconvenientes que tendría el hecho de profundizar en las interpretaciones. El trabajo de agudeza comprensiva e integración de las interpretaciones se realiza de la misma manera que en el psicoanálisis o en las psicoterapias individuales.

Un problema frecuente en terapia familiar es el que se plantea en las terapias de grupo cuando uno de sus miembros posee una capacidad de penetración mucho mayor que la de los demás. En las familias, dicha situación se resuelve de forma distinta, ya que quienes la integran están en condiciones de percibir los aspectos más profundos de los otros, pues existen entre ellos afinidades inconscientes.

El tratamiento de una familia tiene características propias y, en consecuencia, dificultades concretas. La mayor dificultad es el control de la contratransferencia. La forma en que se manifiesta es clara para los terapeutas que se han enfrentado a ella. Se traduce a menudo en una gran fatiga que habitualmente decrece con la experiencia. Si toda psicoterapia implica observar en varios planos, como los diferentes niveles de profundidad en los que se puede comprender lo que dice el paciente o los distintos movimientos transferenciales y contratransferenciales, en la psicoterapia de familia (así como en la de pareja) no supone desdoblar los planos de observación, sino multiplicarlos.

La presencia de toda la familia, con la complejidad contratransferencial correspondiente, produce no solo una superposición considerable de planos, sino múltiples afectos, movilizados por la realización simbólica de la escena primaria.

Estas dificultades se traducen en la fatiga que experimenta el terapeuta y en la necesidad de una sólida formación, una supervisión permanente y gran experiencia para superarlas.

La ampliación del equipo terapéutico en la psicoterapia psicoanalítica de pareja

Con la creación de una nueva unidad asistencial la Unidad Docente de Intervención Familiar (UDIF), en la Fundación Vidal i Barraquer, se constituyó un laboratorio de innovación del Grup de Recerca en Parella i Família (GRPF), dado que introducimos cambios sustanciales en la técnica que veníamos utilizando en psicoterapia psicoanalítica de familia.

La UDIF se creó para participar en la formación práctica de los psicólogos y psiquiatras matriculados en el Máster de Terapia Familiar organizado por la FPCEE Blanquerna, con la colaboración de la Fundación Vidal i Barraquer y la Escuela de Terapia Familiar del Hospital de Sant Pau de Barcelona.

Para permitir que estos profesionales pudieran formarse en el modelo psicoanalítico se implementaron cambios en el trabajo con las familias que permitiera la observación y la coterapia. Uno de esos cambios ha sido la utilización del espejo unidireccional (Cámara de Gesell), una herramienta muy valiosa creada por Arnold L. Gesell y utilizada primero por Charles Fulweiler en Berkeley para la clínica y la formación y después por la terapia sistémica para tratamiento y formación. En la Fundación Vidal i Barraquer se ha utilizado como instrumento de formación en «escenoterapia» (Cabré, 2014) desde la década de 1970.

Otra novedad es la filmación de todas las sesiones, a través de un sistema interno de grabación mediante cámara, micrófonos y un *software* básico de control de la voz y la imagen. Las familias que son atendidas en la UDIF reciben información al respecto cuando piden hora de visita. En la primera sesión vuelven a ser informada verbalmente y por escrito, filmándose el proceso de información y de firma de la autorización. Los miembros de la familia pueden decidir en cualquier momento finalizar la filmación; esta puede ser de nivel 1, solo para el trabajo terapéutico; de nivel 2, donde se añade la investigación; y de nivel 3, donde se añade la docencia.

Un cambio adicional es la gratuidad del tratamiento. En efecto, las parejas y las familias atendidas, como contrapartida a su generosidad de aceptar ser filmados para fines docentes y de investigación, se benefician de recibir el tratamiendo gratis. Los honorarios del terapeuta supervisor docente y los costes del sistema de grabación y sonido son asumidos por la matrícula de los créditos de prácticas del máster de los profesionales en formación.

Por último, la más importante de todas es la ampliación del equipo terapéutico. Si en la UAPF está conformado por el terapeuta y el coterapeuta, en la UDIF lo integran el terapeuta, el coterapeuta y un grupo de entre ocho y doce profesionales de la salud que se forman en la técnica de la psicoterapia psicoanalítica de pareja y de familia en el Máster de Terapia Familiar de la Universitat Ramon Llull de Barcelona (URL).

El procedimiento terapéutico

En la UDIF ofrecemos intervenciones terapéuticas breves de dieciséis sesiones, de carácter semanal, con una duración aproximada de cuatro a cinco meses. Las cuatro primeras sesiones son diagnósticas y las doce restantes forman parte del tratamiento. A pesar de que realizamos tanto terapias familiares como de pareja, en este trabajo nos referiremos a la psicoterapia psicoanalítica de familia.

Los miembros de la familia se sientan en una disposición en círculo en el que se integran terapeuta y coterapeuta. Uno de los terapeutas es un supervisor docente y el coterapeuta es uno de los profesionales clínicos en formación.

La sala de terapia de grupos y familias (sala 1) es el espacio terapéutico, una amplia sala donde se colocan sillas para todos los miembros de la familia y para los terapeutas. La sala dispone de un espejo unidireccional o cámara de Gesell que la separa de un espacio en el que tres miembros del equipo terapéutico siguen las sesiones (sala 2). La sala 1 dispone de una cámara y micrófonos para grabar las sesiones, que pueden controlarse desde la sala 2 o desde el aula 4. La imagen y el sonido se proyecta en *streaming* a un aula adyacente del Departamento de Docencia del Instituto Universitario de Salud Mental Vidal i Barraquer (aula 4), donde el resto del equipo terapéutico sigue la sesión.

El tiempo se distribuye como sigue: presesión de treinta minutos, sesión de sesenta minutos y postsesión de treinta minutos.

La presesión se realiza en el aula 4 con los dos terapeutas y el equipo terapéutico. Se revisa el registro escrito de la sesión anterior elaborado por un miembro del equipo terapéutico y se complementa con los comentarios del resto de miembros. Se repasan los comentarios de la postsesión y el texto que el coterapeuta leerá a la familia. Se designan tres miembros que seguirán la sesión en la sala 2 y cuál de ellos elaborará el registro escrito. Los demás seguirán la sesión desde la misma aula 4 por *streaming*.

La sesión dura sesenta minutos, siguiendo una estructura habitual. El coterapeuta empezará refiriéndose al ET, con una fórmula parecida a: «Hemos estado reflexionando lo ocurrido en la sesión anterior y el equipo terapéutico piensa que...». De esta manera, en cada sesión se introduce la variable del ET evitando que se convierta en una estructura secreta y persecutoria, que se esconde detrás del espejo. Tras la intervención del coterapeuta, los pacientes traen todos aquellos aspectos que les preocupan, asociando libremente. La pareja terapéutica contiene las ansiedades de la familia con una escucha atenta interviniendo mediante la confrontación, la clarificación y la interpretación (Pérez Testor y Nofuentes, 2019).

Empieza entonces el tercer tiempo de discusión abierta en el aula 4, la postsesión, con un debate entre terapeutas y equipo psicoterapéutico, integrando aspectos teóricos que pueden ayudar a entender lo que ha sucedido en la sesión y, si es el caso, se puede vincular a otras sesiones del tratamiento.

Este espacio no solo permite a los terapeutas «cambiar impresiones e integrar el efecto desintegrador de las proyecciones de la familia sobre nosotros» (Gil-Corbacho y Monedero-Mateo, 2019, p. 78), también permite un intercambio entre los terapeutas y el equipo terapéutico que se ha demostrado de una gran riqueza. En efecto, el equipo terapéutico está más protegido tanto de los sentimientos transferenciales y contratransferenciales como de la identificación proyectiva de los pacientes. Esto tiene un efecto positivo porque permite a los terapeutas recibir una imagen complementaria de la que ellos se hacían, antes de terminar la sesión, y también elaborar entre todo el grupo una posible devolución de los principales aspectos que han aparecido en ella.

En nuestra experiencia, hemos podido describir tres niveles transfero, contra e intertransferenciales. El primero es el que aparece en la sala 1, donde la relación de cercanía permite un umbral más elevado de percepción emocional; el segundo es el que sienten los miembros del ET que observan en la sala 2, separados de la sala 1 por el espejo; el tercero se da en el aula 4, donde las emociones quedan distorsionadas, en parte, por la imagen y el sonido proyectados. Veamos un ejemplo.

En una sesión con una familia con un funcionamiento muy primitivo, en la que los miembros se sentían amenazados por la expresión de descargas violentas y el pacto denegativo se fundaba «como un espacio psíquico intersubjetivo defensivo que intoxicaba el vínculo» (Jaitín, 2019, p. 216), aparecían niveles transfero, contra e intertransferenciales distintos según el nivel en el que se encontraba el observador. Así, los terapeutas en la sala 1 percibían las amenazas que podían intercambiarse la pareja parental de forma más modulada que los observadores de la sala 2 y estos mejor que los del aula 4, de manera que en la postsesión los compañeros del aula 4 estaban mucho más temerosos y alarmados de lo que podría ocurrir a los padres de esa familia. Pen-

samos que es necesario investigar con una metodología cualita-
tiva lo que ocurre a nivel inconsciente en estos tres espacios.

En este espacio se decide la devolución que el equipo terapéutico realizará en la siguiente sesión a la familia y que ya hemos
comentado. Terapeutas y equipo terapéutico están unidos por la
interfantasmatización de la tarea de ayudar a las parejas que acuden a nuestro servicio.

Existe también la posibilidad de reproducir algún fragmento
de la sesión filmada que pudiera ayudar a profundizar. Habitualmente, la revisión del material filmado se realiza en otros espacios
dedicados a la investigación, dada la dificultad de contar con el
tiempo suficiente y la complejidad para revisar todo el material
filmado.

El equipo terapéutico

Como hemos comentado, el equipo terapéutico de la UDIF está
formado por profesionales con experiencia en psicoterapia individual o con formación en psicoterapia sistémica que quieren
formarse como psicoterapeutas de pareja y familia de orientación
psicoanalítica, dado que el Máster en Terapia Familiar de la URL
tiene las dos orientaciones: sistémica y psicoanalítica.

La formación de estos profesionales se basa en el aprendizaje por la experiencia (Meltzer y Harris, 2023). Además de las
clases teóricas, el verdadero aprendizaje se adquiere participando
como coterapeutas o como miembros del equipo terapéutico que
atiende a parejas y familias. Además de la finalidad de formarse,
el equipo terapéutico tiene como función ayudar en la observación,
contención y elaboración de lo observado en las sesiones entre
los pacientes y la pareja terapéutica desde la sala 1. Al no estar en
el propio espacio terapéutico, quedan más protegidos de los sentimientos transferenciales y contratransferenciales, de la identificación proyectiva y de posibles actuaciones.

El equipo es más que la suma de los individuos que lo integran.
Acaban generando una sola mente grupal que se complementa
con la de los terapeutas. Además, ayudan a registrar toda la co-

municación verbal y no verbal de la sesión, los silencios y a integrar todo el contenido de lo sucedido, minimizando visiones más parciales o personales.

Colaboran en la valoración y reflexión sobre las intervenciones de los terapeutas, y contienen las ansiedades de estos últimos, al compartir un espacio previo y posterior a la sesión, ayudando a poner palabras y a pensar sobre ella. Es importante tener en cuenta que, por la gratuidad del tratamiento, las parejas y familias que acuden a la UDIF acostumbran a ser casos muy graves, derivados por equipos de la red pública de salud mental con la esperanza de que un espacio terapéutico semanal, de forma continuada durante unos cuatro meses de duración, pueda ayudar a mejorar situaciones complejas. El equipo terapéutico fomenta la metabolización de sentimientos de impotencia o de desesperanza, generando pensamiento alternativo sobre el funcionamiento de la familia o la pareja. El equipo también se identifica con los diferentes miembros de la familia, lo que potencia el conocimiento de cada uno de ellos.

Es interesante apuntar que, durante el confinamiento por la COVID-19 que generó cambios en la dinámica en parejas y familias (Günther et al., 2020), pudimos mantener el mismo sistema mediante la videoconferencia, reduciendo el sistema de tres a dos salas: la sala que albergaba el espacio terapéutico y la sala en el que se reunía el ET. En estos momentos está en curso una investigación sobre una plataforma que permitirá reproducir los tres espacios de forma muy sencilla.

Pensamos que esta nueva modalidad, ya sea presencial o virtual sincrónica, se irá desarrollando y mejorando en los próximos años.

Referencias

CABRE, V. (comp.) (2014). *Escenoterapia. Aplicaciones clínicas y educativas*. Barcelona: Herder.

FISCHETTI, R. (2018). Acerca del *setting* grupal y familiar. *Área 3. Cuadernos de Temas Grupales e Institucionales*, (3).

GIL-CORBACHO, P. y MONEDERO-MATEO, C. (2019). Demand

analysis: the treatment of a couple. En T. Keogh y E. Palacios (eds.), *Interpretation in Couple and Family Psychoanalysis: Cross-Cultural Perspectives*. Nueva York: Routledge.

GÜNTHER-BEL, C., VILAREGUT, A., CARRATALA, E., TORRAS-GA-RAT, S. y PÉREZ TESTOR, C. (2020). A Mixed-method Study of Individual, Couple and Parental Functioning During the State-regulated COVID-19 Lockdown in Spain. *Family Process*, 59(3), 1060-1079. https://doi.org/10.1111/famp.12585

JAITÍN, R. (2019). Comentario al capítulo 4. En: T. Keogh y E. Palacios (eds.), *La interpretación en psicoanálisis de pareja y familia. Perspectivas interculturales*. Madrid: Psimática Editorial.

LEMAIRE, J.G. (1974). *Terapias de pareja*. Buenos Aires: Amorrortu.

— (1998). *Les mots du couple*. París: Payot.

LOSSO, R. y PACKCIARZ LOSSO, A. (2017). Crisis en la familia, crisis en la pareja. *Revista Internacional de Psicoanálisis de Pareja y Familia*, (16-1).

MELTZER, D. y HARRIS, M. (2023). *El paper educatiu de la família*. Barcelona: Monografies de Psicoanàlisi, Psicoteràpia i Salut Mental [ed. cast.: *El papel educativo de la familia*, Bogotá, Arango Editores, 2019].

NICOLÒ, A.M. (1999). Essere in coppia: funzione mentale e construzione relazionale. En A.M. Nicolò, *Curare la relazione: saggi sulla psicoanalisi e la coppia*. Milán: Franco Angeli.

— (2014). *Psicoanálisis y familia*. Barcelona: Herder.

PÉREZ TESTOR, C. (comp.) (2019). *Psicoterapia psicoanalítica de pareja*. Barcelona: Herder.

— y NOFUENTES, C. (2019). Tratamiento de los trastornos de pareja. En C. Pérez Testor (comp.), *Psicoterapia psicoanalítica de pareja*. Barcelona: Herder.

—, —, ALLUÉ, J., ARIAS, J., CAPO, B., FABREGAT, N., GROSSMANN, J., LEON, M., MARGALEF, M., MUNGIA, V., NAVARRO, M., OBANDO, M.J. y RIBERA, E. (2020, 21-25 de octubre). *La introducción del equipo terapéutico en la psicoterapia psico-analítica de pareja* [ponencia sesión plenaria 6, Cambios en los dispositivos terapéuticos de familia]. E-Congreso AIPPF.

Avances en psicoanálisis de pareja y familia en el mundo actual.

RUFFIOT, A., EIGUER, A., LITOVSKY, D., LIENDO, E., GEAR, M.C., PERROT, J. (1981). *La thérapie familiale psychanalytique*. París: Dunod.

14. Familias hipermodernas: todo pasa y todo queda
Anna Pagés Santacana

> Creemos que decimos lo que queremos, pero es lo que otros han querido, particularmente nuestra familia, lo que nos habla.
>
> JACQUES LACAN

Se dice que la familia hipermoderna ha modificado la estructura de la familia tradicional. Los sociólogos han descrito las causas de este cambio como un proceso de desinstitucionalización generalizada: del Estado, de las iglesias, de la escuela, y también de la familia. Las instituciones en general han perdido fuelle, estabilidad y consistencia. La sociedad jerarquizada de las clases sociales ha dado paso a un mundo de pequeñas sociedades (grupos de presión, asociaciones, clubes) en las que la identidad o identidades constituyen el rasgo fundamental que ordena los intercambios. La familia no ha sido ajena a estas transformaciones. Jean-Claude Milner (2022) propone distinguir entre la cuestión «societal» —grupos que se identifican/reivindican a sí mismos como víctimas de desigualdad— y la cuestión social —el problema común de la injusticia en el seno de una determinada sociedad en el sentido clásico—. En el caso de la familia, la crisis del patriarcado y el impulso de los feminismos en plural, pero también los avances en biotecnología y sus consecuencias en los modos de reproducción, la desvinculación entre sexualidad y procreación, han sido motores importantes de deconstrucción de la familia clásica y sus valores asociados a la autoridad de la figura del padre. Hoy deberíamos decir «familias» en plural, según cómo se establecen sus identidades y formas de identificación de manera societal. Por ejemplo, en el caso de las familias monomaternales/monoparentales, que reivindican sus derechos derivados del prefijo que las define. Son un tipo de familia que no se presenta como un modelo general ni aspira a serlo, pero que reclama su ser diferente e igual a sí misma. Se dibuja, entonces, una pluralidad de situaciones familiares que forman parte de la sociedad actual llamada de individualismo de masa. Es el individuo quien genera identidades e identificaciones masivas para fundar un grupo de iguales por cuya mera existencia se puede militar políticamente. Hemos dejado atrás las épocas de representación institucional, en las que la sociedad delegaba sus formas de organización y relación en las así llamadas instituciones (del latín *in stare*, lo que se sostiene en sí mismo para perdurar).

¿A qué apuntan realmente estas aproximaciones de tipo descriptivo y sociométrico? ¿Qué elementos subyacen tras la cuestión del cambio en las familias hipermodernas? Al formular estas preguntas recordamos la frase del protagonista de *Il Gattopardo* de Tomaso di Lampedusa, el príncipe de Salina, cuando dice:

> Noi fummo i Gattopardi, i Leoni; quelli che ci sostituiranno saranno gli sciacalletti, le iene; e tutti quanti Gattopardi, sciacalli e pecore continueremo a crederci il sale della terra.[1]

Pero también, como indica el título de este capítulo, parafraseando a Antonio Machado:

> *Todo pasa y todo queda,*
> *pero lo nuestro es pasar,*
> *pasar haciendo caminos,*
> *caminos sobre la mar.*

Pensar el problema de las familias hoy implica superar los datos estadísticos, la mera descripción, para imaginar conceptualmente qué está en juego. Tal vez sea lo de siempre, y los cambios encubran lo que ha estado siempre ahí para mantenerse. La lógica

1 «Hemos sido los gatopardos, los leones; quienes nos sustituirán serán los chacales, las hienas; y todos, gatopardos, chacales y ovejas, seguiremos creyendo que somos la sal de la tierra» (Di Lampedusa, 1958). *(Trad. de la A.)*

institucional se desmorona para reconstruirse, como el ave Fénix, de sus cenizas. Creemos que algo ha cambiado para que nada cambie, sí, pero ¿qué?

Nos proponemos, entonces, analizar qué ha cambiado para seguir igual en la familia, con la finalidad de entender sus repercusiones en la subjetividad contemporánea. Al mismo tiempo, trataremos de situar algunos puntos útiles para orientar la práctica de los profesionales que atienden las distintas situaciones y problemas familiares actuales: maestros, psicólogos, psicopedagogos, personal sanitario, educadores sociales. Se trata de enmarcar algunas cuestiones básicas en un contexto más amplio para seguir pensando.

En una interesante reflexión sobre la familia actual, Serge Cottet se refiere a la «novela familiar de los padres». Sería el reverso del título del texto de Freud «La novela familiar del neurótico», publicada en 1908 como parte de una publicación de Otto Rank. En su contribución, Freud trata de explicar cuáles son las dificultades psíquicas en el proceso de crecimiento y de separación de los padres. El niño imagina cosas sobre los padres con el fin de «librarse de ellos y sustituirlos por otros, en general de una posición más elevada» (Freud, 1988, p. 218). La finalidad de estas fantasías sobre padres y madres más prestigiosos e importantes que los reales es preservar el ideal inconsciente de lo que estas figuras representan para el individuo, con el fin de hacer menos ardua la separación:

> Y aún el íntegro afán de sustituir al padre verdadero por uno más noble no es sino expresión de la añoranza del niño por la edad dichosa y perdida en que su padre le parecía el hombre más noble y poderoso y su madre la mujer más bella y amorosa. (Freud, 1988, p. 220)

Cottet subraya que lo mismo podría decirse de los padres y madres en la hipermodernidad: «Podemos denominar novela familiar de los padres al conjunto de ficciones que sostienen las recomposiciones y los disfuncionamientos familiares de hoy a favor de la parentalidad/maternalidad elegidas» (2007, p. 35). En un contexto de posliberalismo, en el que (supuestamente) todo se elige libremente sin traba alguna, en el que todos responden al sí mismo constructor de un proyecto de vida ejecutado más que vivido, también se puede hablar de la fantasía de la familia como de un buffet abierto en el cual es posible componer el plato con el colorido que se quiera de formas, sabores y texturas. Tanto los *gender studies*, la antropología posestructural como la sociología (a menudo, en el caso de Lasch y su texto de 1979, crítica con el individualismo actual y nostálgica de los valores de antaño) dibujan un panorama de múltiples combinaciones y mutaciones.

La familia constituye el escenario de estas modalidades de construcción con piezas múltiples, como si se tratara de un juego de Lego: familias homoparentales/maternales; familias reconstituidas; familias monoparentales/monomaternales; familias tradicionales, heteropatriarcales o conyugales. La idea de fondo es que la familia hipermoderna constituye un espacio de total permutabilidad: el genitor puede muy bien no ser el padre y lo mismo puede aplicarse a la portadora cuando se trata de una gestación subrogada (en aquellos países que la permiten) que no necesariamente es considerada la madre del bebé. Sin embargo, Jacques Lacan recordó que hay un límite a la permutación: «No es lo mismo haber tenido a su propia mamá que a la mamá del vecino» (2001, p. 45).

En otras palabras, y a pesar de la cultura general del intercambio y el relativismo, existe un límite a la fantasía de la familia a la carta. Este límite tiene relación con la forma en que el niño reprime (en su inconsciente) el misterio de la unión y la desunión de los padres, y con el modo en que los padres intentan en vano convencer de su propia teoría al respecto. De la misma manera, podemos afirmar que los padres reprimen la cuestión del deseo inconsciente que los anima, y de su transmisión, bajo la actual pluralidad de formas innovadoras de familias, en sus combinatorias y modelos posibles:

El discurso del amo está dispuesto a hacer contratos para todos. Familias recompuestas o no, parejas homo o padres hetero, consideran ser felices en familia gracias a la invención de nuevos significantes, bajo la orden: «Constrúyanse, reconstrúyanse». (Cottet, 2007, p. 44)

Tanto la familia heteropatriarcal como las nuevas modalidades híbridas de familia coexisten en el mundo contemporáneo. Las transformaciones al uso no han reemplazado en su totalidad a las modalidades clásicas. Sin embargo, ambas opciones encubren el enigma que para cada padre y madre, hijo e hija, hermano o hermana, supone vislumbrar los efectos subjetivos de la idealización de lo que en 1938 Lacan llamó «los complejos familiares en la formación del individuo». También Freud apuntó esta idea cuando en su texto de 1908 se refería a «la fantasía como la expresión del lamento por la desaparición de esa dichosa edad (la infancia)» (1908, p. 220).

La separación de los padres por parte de los hijos y de los hijos por parte de los padres incluye un duelo y a veces una cierta melancolía recubierta por la idealización sostenida por el principio «cualquier pasado fue mejor». Ahora bien, pensando en clave subjetiva, parecería que nada ha cambiado: el problema de cómo ser familia no se ha resuelto aunque creamos todos ser «la sal de la tierra», en palabras del príncipe de Salina en la historia de Lampedusa. Por otra parte, la idea de la familia como experiencia se ha extendido y generalizado, respondiendo a las normas estándar por las que la ley política pretende regular los fenómenos sociales y reclamando una mayor regulación, incluso para situaciones que parecían imposibles hace dos siglos.

En Francia, el movimiento *Mariage pour tous* («matrimonio para todos») constituyó, en la década de 2000, un buen ejemplo de este asunto, de este interés de todos por «ser familia», y al mismo tiempo del debate sobre qué familias son de verdad y cuáles participan de la invención colectiva. No obstante, tanto unas como otras se sostienen de una cierta ficción novelesca, a la que apuntó Freud cuando quiso definir la neurosis respecto de quién es padre y quién madre, y por qué.

Desde el punto de vista del niño, las cosas se complican un poco más. El niño se ha convertido hoy en el fundador del grupo familiar. En el antiguo régimen (usando la conocida expresión de

Philippe Ariès, 1987) la familia como institución constituía un pilar básico de la sociedad, previo a cualquier experiencia de filiación. En Cataluña, por ejemplo, en las zonas rurales, cuando el *hereu* se casaba, la joven pareja iba a vivir a la casa de los padres de él. La idea era que cuidaran de los padres (o suegros) en su vejez, lo cual, como perspectiva, a menudo era poco halagüeña para la recién casada, que tenía que lidiar con la suegra en casa, y con alguna cuñada soltera gruñona también, el resto de su vida. Pero el contacto entre generaciones era algo intrínseco a la institución familiar, que preexistía al matrimonio. En ese contexto venían al mundo los hijos: a un mundo precedido por la tradición y los valores fijos que la representaban, lo cual no garantizaba, ni mucho menos, una vida ideal.

En el mundo contemporáneo, en el que la unidad familiar muchas veces se reduce a la madre o el padre y un solo hijo (es el caso de las familias monomaternales/monoparentales), la situación ha cambiado radicalmente. La familia no existe antes de la llegada del hijo. Es el niño quién funda la familia. Así como en el antiguo régimen el niño garantizaba una unión que ya existía, refrendada social y religiosamente, en la familia hipermoderna el nacimiento del niño es el desencadenante de la generación de la familia como fenómeno y como experiencia. Hoy, antes de la llegada del hijo, se habla de pareja o de individuo y nada más. De hecho, y en lo que se refiere por ejemplo al matrimonio, muchas parejas de hecho deciden «formalizar» su situación después de la llegada de los hijos, aunque las leyes actuales permiten refrendar oficialmente una pareja de hecho en las mismas condiciones que una pareja casada. Sea como sea, el niño funda la familia: esta característica sitúa al recién llegado en una posición particularmente interesante que tiene consecuencias.

Cómo se plantea la cuestión del origen sería una primera consecuencia. ¿Quién soy yo y de dónde procedo exactamente, quién «me quiso tener» y por qué? Es la pregunta del niño que se pierde en los grandes almacenes bajo la forma del interrogante implícito de la demanda de amor: si yo me perdiera, ¿tú qué harías? Todas estas preguntas apuntan a la cuestión del porqué haber nacido, de «quién soy para el otro». Estos interrogantes no tienen una respuesta clara y concisa. Se parecen a la pregunta heideggeriana: ¿Por qué hay ser en lugar de nada? Para este tipo de interrogantes, de corte existencial, normalmente no hay una respuesta sino una elaboración en marcha, una tentativa de orientarse, una invención provisional para salir del paso. Sin embargo, la psicología conductista al uso y una lectura desviada de los conocimientos de la ciencia creen, hoy, poder responder claramente a ello. Para estos discursos, incluido el de la parentalidad y sus múltiples opciones, no hay secretos, todo es transparencia.

En las ficciones contemporáneas, todas las preguntas tienen respuesta. La familia ilustra esta condición. En el caso de la reproducción asistida, por ejemplo, la confusión entre «donante» y «padre» (Ansermet, 2007) difumina muchas veces la diferencia entre la procreación por la célula (espermatozoide) y la biografía (la forma en que cada niño construye su propia historia sobre su origen, forma inesperada y muchas veces inventada). Según Ansermet, «las reproducciones asistidas son una falsa respuesta a una verdadera cuestión, a una pregunta imposible, por el origen y por la procreación» (2007, p. 34). Que un niño llegue a fundar una familia por métodos biotecnológicos no le evitará recibir, por una parte, una interpretación de su origen más o menos *prêt-à-porter*, tomada prestada de la ciencia sin que esta se ocupe de ello (padres biológicos, donantes de óvulo, etcétera), lo que Ansermet define con la expresión «vértigos biotecnológicos». Por otra parte, tampoco no evitará a este hijo tener que imaginar una forma de «venir al mundo» para construir una filiación más allá de la procreación/gestación biológicas.

Dicho de otra manera, la biografía no puede reducirse a la mera historia (clínica o médica). Esta cuestión se plantea cuando los padres quieren contar a los niños «toda la verdad» de su origen, confundiendo origen con procreación, distinguiendo entre tipos de padres o de madres, por ejemplo. Incluso algunos padres llegan a proponer celebrar la fecha de la procreación junto con la del nacimiento. Con el tiempo, y a veces también con un poco de escucha, la construcción biográfica del niño termina por recubrir o desmentir los términos que usaron los padres o las madres en su discurso oficial sobre cómo fue concebido y qué tiene importancia simbólica en este recorrido de entrada en la vida.

En este contexto ocupa un lugar esencial lo que el niño imagina, de manera progresiva y a veces con ayuda, respecto de quién es y por qué vino al mundo. Ansermet llamará a esta operación «poscreación», parafraseando al *Ulises* de Joyce, en el sentido de «una creación más allá de qué fue procreado». (2007, p. 37).

Así pues, la familia, fundada por la venida al mundo de un hijo, se establece por la represión esencial de la cuestión del origen, como dijo Lacan: «Si los recuerdos de la represión familiar no fueran verdaderos, habría que inventarlos» (Vinciguerra, 2007, p. 82). El enigma del amor y del encuentro entre los sexos no se puede resolver ni con una respuesta estándar ni con una sola fórmula. Es precisamente lo que no está claro y hay que imaginar. El mundo contemporáneo tiene dificultades para aceptar que algo no se sepa. No entiende de enigmas, solo de problemas cuya resolución será posible de una vez por todas, a corto o a largo plazo. Esta seguridad técnico-instrumental, cientificista, del discurso contemporáneo produce, en cambio, una mayor desorientación subjetiva, porque, en su formalización y contenido, no convence. En las redes sociales, por ejemplo, proliferan las cuentas de mujeres que han creado asociaciones de madres[2] o que, por cuenta propia, describen su día a día y los obstáculos que van sufriendo en la crianza y educación de sus hijos. Estas cuentas sirven a estas mujeres (con nula referencia a sus parejas, dicho sea de paso, ya sean homo, hetero o trans) a visibilizar sus dificultades para ejercer de madres solas. Un ejemplo de estas cuentas es @malasmadres, que define así su perfil: «malasmadres con mucho sueño, poco tiempo libre y alergia a la ñoñería. Nuestra lucha @asociación_yonorenuncio».

La finalidad de estas cuentas es compartir con la red social algunas preguntas, consultas o problemas con los que se van encontrando para que otras como ellas les den consejos, respuestas

2 Véase, por ejemplo, en Instagram: @malasmadres; @clubdemalasmadres; @madres.malas; @madreselefantas; @somos3encasa.

y ayuda. No renuncian: no se dan por vencidas en sus dificultades diarias. Como todas, quieren ganar. En estos casos, el saber-hacer de los miembros de mayor edad de la familia extensa (abuelas, tías, hermanas mayores) que podían orientar en las pautas de crianza en el pasado, ha sido sustituida por la red anónima de las iguales (que no semejantes).

El supuesto que anima a estos comportamientos, además de la soledad real, es encontrar una receta que sirva en la mayoría de los casos. Esta respuesta debe permitir hacer frente a la contingencia que surge de la experiencia. Este es el contexto de lo que Eric Laurent llama «el imperio del *storytelling*», en el que los padres y madres se ven atrapados en un montón de dichos y refranes del mundo contemporáneo que tienen sus inconvenientes:

> La multiplicación de las ficciones y sus incertidumbres ofrecen un campo nuevo a las concepciones de los padres en cuanto a lo que esperan de un niño. Así, vemos cómo los padres tratan su culpabilidad de no estar a la altura de los ideales transmitidos por la tradición, la televisión y la circulación del *storytelling* en general. (Laurent, 2014, p. 146)

Como ya hemos visto en el ejemplo de las malas madres, hay una serie de fantasías sobre qué hacer, cómo y cuándo, que reducen la autoridad (entendida como un límite) de los padres a una serie de técnicas y regulaciones al uso para practicar con sus hijos en el día a día, en forma de autoayuda. En este contexto, tratar al niño como un elemento del bricolaje ambiental, sin que actúe un límite sobre lo que se puede o no hacer, decir o saber, coloca al niño en una posición frágil que no le conviene:

> El deseo de la madre, su desciframiento, tiene un límite: el niño nunca podrá descifrar ese código extraño del que proviene, revelándose así como lo que es: un obstáculo para su familia y para sus ideales. [...] Cuando aparece el niño, el círculo de familia explota y se fragmenta. (Laurent, 2014, p. 149)

La maternidad como problema, y particularmente como decepción a las expectativas y los ideales creados, es hoy un objeto en el primer plano del estudio y de la investigación. Desde la publicación de *Madres arrepentidas: una mirada radical a la maternidad y sus falacias sociales* (2016), de la socióloga israelí Orna Donath, la maternidad se ha convertido en un tema controvertido: la experiencia de ser madre se piensa por fuera de los ideales de la normatividad, el sacrificio o el instinto maternal. Excluir de la tradición y los valores transmitidos a la maternidad sitúa a las mujeres en una especie de tierra de nadie, donde únicamente sus propios valores y su capacidad de invención, pero también el aislamiento social y las dificultades subjetivas, permitirán salir adelante por el bien de sus hijos y de ellas mismas. En este contexto, sin embargo, el bebé deja de ser una prioridad y se tiene en cuenta el estado de ánimo de la madre como la clave para entender qué es la maternidad más allá de los ideales intocables.

Hay otra variable que se pone de manifiesto en las familias hipermodernas: es el lugar que ocupa el niño como menor en relación con los adultos que, supuestamente, deben hacerse cargo de él. Hoy, el lugar del niño está relacionado con la posición de los padres y madres en su delirio adolescente, orientado a divertirse y no someterse a cualquier norma que exija renunciar a una satisfacción inmediata. Asumir la paternidad como una responsabilidad implica que no todo se puede. En una época basada en la satisfacción sin límite, la renuncia constituye el obstáculo principal para los padres y madres actuales, demasiado centrados en su propia satisfacción y en convertir a sus hijos en objetos de *divertimento* compartido. Se puede afirmar que las familias actuales se parecen más a una fraternidad o a una comunidad de iguales que a un grupo en el que se constata la diferencia de generaciones (mayores y pequeños): «El niño ya no es, como pensaba el poeta romántico Wordsworth, el padre del hombre, sino más bien nos encontramos con el niño-compañero» (Vinciguerra, 2007, p. 83).

Además, y como indica Narodowski, «es difícil ser adulto. El problema que se presenta en la actualidad consiste en el cuestionamiento a la autoridad adulta y por ende se presenta una crisis de legitimidad que trastoca nuestra vieja cultura posfigurativa» (2016, 81). Refiriéndose a Margaret Mead, Narodowski distingue entre culturas prefigurativas y culturas posfigurativas. En las segundas,

> la cultura se reproducía en contextos de cambios relativamente espaciados entre sí. [...] Quienes transcurrieron más tiempo de su propia vida en el seno de esos paradigmas son los que podrán con más éxito avizorar cambios y asimilarlos en forma cabal: los adultos, incluso los mayores.

En cambio, en las culturas prefigurativas «los cambios vertiginosos en un determinado escenario social son los que establecen una forma diferente en el intercambio intergeneracional: serán ahora los niños y los jóvenes los portadores de bienes culturales valiosos, ya que su dominio de acciones y discursos fue configurado en la nueva situación: son portadores de lo nuevo porque no participaron de lo viejo» (Narodowski, 2016, pp. 82-83). En el contexto actual prefigurativo hay que reconceptualizar las etapas de la vida, en particular la infancia, subraya Narodowski:

> Ser joven (incluso ser niño o adolescente) ya no supone una carencia que va a ser saldada por la correcta acción formativa adulta a través del paso del tiempo sino, al contrario, constituye una serie de atributos positivos no solo en ellos, sino —y esto muy especialmente— en los adultos que ahora intentan lograr una fisonomía exterior, un lenguaje y unos gustos estéticos asimilables a los de los más jóvenes. (2016, pp. 84-85)

En este contexto, la cuestión de los padres o madres ocupando el lugar de los adultos de la familia queda trastocada. La adultez ha venido a menos. Se aspira a una juventud-adolescencia permanente, cuya característica fundamental es la diversión o la amistad, pero no la responsabilidad. Hacerse cargo de los más pequeños desde la posición de quién es capaz de hacerse cargo de sí mismo ya no abunda en las familias contemporáneas, pero tampoco en el nivel de la experiencia social en general. Esa es la razón principal de la falta de límites que los maestros y las maestras localizan en sus alumnos a lo largo de todo el recorrido formativo: desde la escuela infantil hasta la universidad. También desapareció la idea del sacrificio de los padres y madres hacia los hijos, de los profesores hacia sus estudiantes:

> Ya nadie se vanagloria en público ni parece sentirse orgulloso íntimamente por las privaciones o las postergaciones que tuvo que acometer por el hecho de criar a un menor. Como para el papá del pececito de *Buscando a Nemo*, lo único culturalmente admisible es —en todo caso— la culpa por no haber protegido de un modo adecuado a su hijo. (Narodowski, 2016, p. 93)

La dificultad en poner límites a la diversión, la satisfacción y el placer de todos los miembros del grupo ha conducido a la familia a supeditar los valores que antaño la estructuraban a un tipo de vida totalmente innovador cuya finalidad es promover las trayectorias vitales de cada uno. Este fenómeno afectará también a los abuelos —al «abuelazgo» en términos de Narodowski:

> De jefe de la gente, de líder de clan propio de lo posfigurativo, [...] el abuelo-viejo suele ser despreciado y desvalorizado, salvo que su tiempo libre sirva para cuidar a los nietos y así liberar a los padres de sus obligaciones sacrificiales. (2016, p. 95)

Sin embargo, aunque el individualismo de masa se haya apoderado de las relaciones familiares, un nuevo tradicionalismo patriarcal resurge de las cenizas con más intensidad y fuerza. La familia tradicional, jerárquica, numerosa y conservadora sigue existiendo. Debemos pensar, entonces, en una pluralidad de modalidades de familias que no responden de manera exacta a los aires del tiempo.

Reconocer esta diversidad, desde lo que se preserva más o menos intacto del antiguo régimen hasta lo que se innova completamente casi *ex novo*, resulta fundamental para quienes nos ocupamos de abordar el fenómeno familiar desde un punto de vista conceptual. En definitiva, la familia sigue existiendo, no se va a extinguir. Esta es la tendencia que constatamos. Sigue siendo un entorno de protección, de valores, de referencias sociales, de primeras experiencias. La novela familiar persiste, ya sea del lado de los hijos o del de los padres y madres. Inventa nuevas ficciones a partir de otras realidades. Y a pesar de que los tiempos cambian, se puede hablar de la familia como lo que pasa y también como lo que queda, en su multiplicidad de versiones posibles, dinámicas y formas de vida. Esta condición contemporánea de las familias (en plural) no impide a la cultura prefigurativa alterar el orden genealógico e intergeneracional, convertirla en ocasiones en un club o un grupo que hace excursiones o sale de vacaciones estivales. Tal vez esta sea la principal dificultad: cómo convivir con distintas constelaciones familiares en sus diferencias únicas, en un entorno en el que reina el individualismo. En efecto, la familia se ha convertido en una suma de individuos concentrados en la obtención de satisfacciones inmediatas, empeñados en prosperar y vivir bien, pero también con la energía, la creatividad, el impulso vital suficiente para no acordarse de aquellos de los que debería hacerse responsable (ocuparse o proteger).

Quienes se dedican a las profesiones de ayuda de tipo social (psicólogos, pedagogos, educadores sociales, pediatras, maestros y maestras, logopedas, psicopedagogos) deben recordar que la familia sigue ahí. En el trabajo diario habrá que descubrir dónde están los adultos del grupo (si es que queda alguno) y si cumplen con su función de hacerse responsables, de poner los límites necesarios, de proteger a los más vulnerables, de proporcionar experiencias de afecto y amor. La igualdad intergeneracional dificulta a veces esta tarea de crianza y educación familiar. No se trata de amigos, sino de parientes. Los lazos de sangre se han modificado gracias a la ciencia, la biotecnología, las nuevas prácticas sociales de agrupación entre personas. El afecto entre miembros de un grupo familiar, el amor entre quienes lo componen, constituye la clave para que se inculquen el resto de valores.

La responsabilidad compartida, la solidaridad y la tolerancia son dimensiones básicas de toda dinámica familiar, sea cual sea la versión que la encarna. La brújula que guie en el futuro el acompañamiento familiar en el ámbito profesional rescatará todos estos puntos clave. Hay todavía muchos continentes por descubrir en las familias modernas, siempre en movimiento. Abramos los ojos para ver mejor qué facilita lo humano y por dónde circula.

Referencias

Ansermet, F. (2007). L'envers de la procréation. *La Cause du désir*, 1, 31-37.

Ariès, P. (1987). *El niño y la vida familiar en el Antiguo Régimen.* Madrid: Taurus.

Cottet, S. (2007). Le roman familial des parents. *La Cause Freudienne*, 65, 39-44.

Di Lampedusa, G.T. (1958). *Il Gattopardo.* Roma: Feltrinelli [trad. cast.: *El Gatopardo*, Barcelona, Anagrama, 2019].

Donath, O. (2016). *Madres arrepentidas. Una mirada radical a la maternidad y sus falacias sociales.* Barcelona: Reservoir Books.

Freud, S. (1988). La novela familiar de los neuróticos. *Obras completas* (vol. 9, pp. 215-220). Buenos Aires: Amorrortu.

Lacan, J. (2001). Conférences et entretiens dans les universités nord-américaines. *Écrits.* París: Éditions du Seuil.

Lasch, C. (1999). *La cultura del narcisismo.* Barcelona: Andrés Bello.

Laurent, E. (2014). Proteger al niño del delirio familiar. *Estamos todos locos*, Madrid: Gredos.

Milner, J.-C. (2022). *La destitution du peuple.* Lagrasse: Verdier.

Narodoswki, M. (2016). *Un mundo sin adultos. Familia, escuela y medios frente a la desaparición de la autoridad de los mayores.* Barcelona: Debate.

Vinciguerra, R.P. (2007). La psychanalyse à l'endroit des familles, *La Cause Freudienne*, 65, 81-85.